Le grand livre du lâcher-prise

Le grand livre du lâcher-prise

EDITIONS ESI

Sommaire

DEUXIÈME PARTIE :
LÂCHER PRISE POUR MAIGRIR

MAIS NOOONN! TOUT VA BIEN, RIEN NE M'EMPÊCHE D'AVANCER!

INTRODUCTION

Pourquoi ce guide ? Face à la vie stressante que nous menons, il est parfois difficile de nous sentir bien. Nous devons mener de front notre vie sociale, professionnelle et familiale et il est souvent bien compliqué de prendre du temps pour se retrouver. Nous dépensons beaucoup d'énergie à vouloir tout contrôler, tout maîtriser. Nous sommes parfois inquiets, tendus, agités, débordés, fatigués. Peut-être est-il temps de nous occuper un peu de nous-mêmes et de vivre la vie qui nous correspond. Essayons de retrouver notre calme et notre sérénité : lâchons prise.
Ce guide vous apportera notamment des réponses aux questions suivantes : Comment définir le lâcher-prise ? Quelles sont les étapes nécessaires pour lâcher prise ? Quels sont les obstacles au lâcher-prise ? Quels principes devons-nous appliquer au jour le jour ? Quels moyens et outils avons-nous à notre disposition ? Le grand livre du lâcher-prise se veut utile et pratique. Il peut aussi bien être lu de bout en bout que de façon ponctuelle en piochant des informations dans les différents chapitres. Tout y est expliqué simplement et les méthodes, si elles sont appliquées, facilitent grandement l'accès au lâcher-prise.

Le lâcher-prise peut permettre aussi de vous aider à perdre du poids si vous en ressentez le besoin. Le premier réflexe qui nous vient tous à l'esprit est de suivre un régime. Cela revient parfois à suivre une méthode fantaisiste, qui fonctionne à court terme mais dérègle nos habitudes alimentaires et nous apporte des carences. C'est aussi se fixer des interdits et créer ainsi des frustrations qui feront le lit de la rechute et de la reprise de poids. Forcer la nature de son rapport à la nourriture est inutile et nous mène tous, plus ou moins rapidement, à l'échec de l'amincissement. Face à cela, il est nécessaire de trouver une autre solution. Traiter directement le symptôme ne semblant pas être probant, pourquoi ne pas s'intéresser plus profondément à notre rapport à l'alimentation ? Pourquoi ne pas essayer de comprendre ce qui nous pousse à manger au-delà de notre faim et d'instaurer une relation saine avec la nourriture ? Il suffit de regarder autour de soi pour constater que souvent, les personnes minces sont celles qui ont un rapport simple à la nourriture, sans interdits, fait de plaisir et surtout, de bon sens. Le lâcher-prise, qui fait ses preuves au quotidien en psychologie, peut aussi facilement s'appliquer spécifiquement à notre rapport à l'alimentation. Vous apprendrez ici à chasser la frustration, à retrouver la pleine conscience de ce que vous mangez, à mieux connaître vos envies et vos émotions et surtout, à respecter et écouter votre corps pour mieux lui donner ce dont il a réellement besoin.

Apprendre à lâcher prise

Qu'est-ce que le lâcher-prise ? Ce guide fournit les clés nécessaires pour comprendre et mettre en pratique cette notion ; il permet aussi bien à ceux qui souhaitent approfondir le sujet qu'à ceux qui le découvrent d'étudier en détail ce que le concept du lâcher-prise recouvre et implique.

Définition du lâcher-prise

« Il faut faire éclater la coquille pour voir ce qu'il y a à l'intérieur. »

Maître Eckhart

Témoignage

« Pour moi, le lâcher-prise est un outil qui m'aide à vivre mieux. J'essaie de le mettre en pratique quotidiennement mais ça n'est pas si simple. Je l'ai compris grâce à la lecture d'ouvrages mais j'ai mis un peu de temps à assimiler ce concept. Si je devais donner une définition, je dirais que c'est l'art d'accepter toutes les choses que la vie nous propose. Mais, pour saisir le sens du lâcher-prise, il faut l'appliquer. Il faut donc auparavant être dans une certaine démarche. Concernant ma propre expérience, c'est parce que ma souffrance m'était devenue insupportable que j'ai fait l'effort d'apprendre ce qu'est vraiment le lâcher-prise. J'avais alors des difficultés dans mon travail. J'étais attachée commerciale et je ne parvenais plus à atteindre mes objectifs hebdomadaires. À chaque réunion, je vivais un véritable enfer. Mon supérieur me tenait pour unique responsable des mauvais résultats que j'obtenais. Il avait soin de mettre en avant mon incompétence. Il est vrai que mes collègues réussissaient mieux que moi. Néanmoins, je m'accrochais et j'essayais réellement de remporter davantage de contrats. Les semaines passaient et, malgré quelques chiffres encourageants, je ne parvenais toujours pas à obtenir des accords suffisants. Mon supérieur m'a alors posé un ultimatum : si dans un mois je n'avais pas réalisé les ventes souhaitées, il serait obligé de me licencier. La pression était forte. Comme je suis d'une nature plutôt optimiste, j'ai foncé, en me disant que j'allais y arriver ! Mais ça n'a pas été le cas. La dernière semaine, j'ai enfin compris que je n'y arriverai pas. La veille de la réunion, en désespoir

de cause, je n'ai pas travaillé. J'ai marché. J'ai traîné dans les rues de la capitale, la tête vide. Je ne savais plus quoi faire. J'ai appelé une amie, qui m'a dit : "Si tu n'y arrives pas, c'est peut-être que tu dois faire autre chose". Ça a été le déclic. Dans le même temps, j'ai ressenti un immense soulagement. J'allais me libérer de ce travail. Elle avait raison. Pourquoi est-ce que je m'évertuais à faire ce métier qui ne me plaisait pas vraiment ? Il fallait que je cesse d'y tenir et envisager un emploi différent. Il fallait que je lâche prise pour m'ouvrir à un avenir plus intéressant. J'ai passé la soirée à discuter avec mon amie qui m'a confié un livre sur le lâcher-prise. Depuis, j'ai effectivement changé de profession et je me sens nettement plus heureuse. »

Céline, 38 ans

Un peu de théorie

Un puissant levier du changement

Le lâcher-prise est une notion complexe. Bien que le terme même de lâcher signifie laisser, il met néanmoins en œuvre un changement. Il s'agit de laisser ou plus exactement de *« cesser de tenir, de serrer »*, nous dit *Le Petit Robert*. Pour donner une définition du lâcher-prise, disons que c'est l'action qui consiste à laisser de côté ce qui nous empêche d'aller bien. En lâchant prise, nous nous ouvrons et accueillons le nouveau. En procédant de cette façon, nous nous engageons vers une vie plus heureuse, en meilleure adéquation avec qui nous sommes.

Un moment opportun

Il arrive un point culminant où il nous faut abandonner les choses qui n'ont plus lieu d'être. Nous nous sommes agrippés désespérément à ce que nous tenions, mais à un moment donné, il nous faut reconnaître que cela ne sert à rien. Certaines choses sont dépassées et nous empêchent d'évoluer. En effet, lorsqu'une situation nous semble intenable et que nous traversons une sorte de chaos intérieur, c'est qu'il est temps de lâcher prise.

Une attitude qui soulage

Le lâcher-prise ne se voit pas puisqu'il agit au niveau de l'esprit, mais il se ressent. C'est un voyage à l'intérieur de soi qui, à force de courage et de volonté, permet d'abandonner ce qui nous fait souffrir. En lâchant prise, tout ce que nous subissions disparaît. Nous nous allégeons du poids de cette douleur.

Le véritable détachement

Lâcher prise, c'est renoncer à nos résistances intérieures. En général, quand les choses ne vont pas très bien, nous nous acharnons encore plus pour que rien ne change. Par exemple, votre compagnon veut aller vivre en province alors que vous venez de perdre votre emploi. Au lieu d'en discuter tranquillement avec lui et de voir quel genre de travail vous pourriez effectuer ailleurs, vous allez vous entêter à penser que vous devez absolument rester au même endroit afin de retrouver un poste similaire.

Découvrons notre véritable nature

Si nous sentons que nous nous acharnons, c'est forcément que nous luttons contre notre nature. L'effort que nous éprouvons indique que nous nous trompons. Nous faisons fausse route. Il ne sert à rien de se crisper sur la chose que nous voulons absolument conserver. Le lâcher-prise, c'est arrêter d'agir dans le « mauvais » sens pour que notre véritable nature s'épanouisse.

Renoncer, c'est lâcher prise

Le lâcher-prise est une technique ancienne qui fait partie de la sagesse orientale. Ainsi, pour les bouddhistes, le lâcher-prise s'apparente au renoncement. Cet état d'esprit conduit à la paix intérieure. Ils considèrent que faire, avoir et devenir occupent une grande partie de notre vie. Ce sont des distractions qui nous éloignent de notre nature essentielle. Y renoncer nous libère et nous permet d'emprunter le chemin qui mène vers soi.

Le Wu Wei, le lâcher-prise taoïste

Pour les taoïstes, l'art du lâcher-prise est le Wu Wei, qui se traduit par le non-agir ou l'absence d'effort. Cela ne veut pas dire ne rien faire mais plutôt œuvrer de façon juste, en accord avec une force qui nous dépasse. Lorsque l'attitude vraie est atteinte (une combinaison du vouloir et de l'intention), l'action peut se réaliser.

À RETENIR

Le lâcher-prise est un processus

C'est une démarche qui consiste à abandonner ce qui nous fait souffrir. Tant que nous résistons, le lâcher-prise ne peut s'effectuer. Moins nous avons de freins, plus il est facile de mettre en œuvre le lâcher-prise.

Lâcher prise, c'est cesser de donner raison à ce qui nous tourmente

Si nous réalisons que nous donnons de l'importance aux choses qui ne le méritent pas, nous avons fait un grand pas en direction du lâcher-prise.

Le lâcher-prise vient de l'intérieur

Le lâcher-prise ne vient pas de l'extérieur. Même si l'événement qui nous trouble se situe à l'extérieur de notre personne, c'est notre façon de le considérer qui est en jeu. Il nous faut modifier notre perception pour lâcher prise.

Le lâcher-prise ne signifie pas résignation, ni soumission

L'acte apporte au contraire de la joie et du bien-être. Se défaire des liens qui nous emprisonnaient ne peut être que libérateur.

Modifions nos habitudes

Lâcher prise, c'est permettre de changer nos comportements. C'est revoir un certain nombre d'habitudes qui nous limitent ou nous font souffrir.

Les principes du lâcher-prise

« La vie est un mouvement ; plus il y a vie, plus il y a flexibilité ; plus vous êtes fluide plus vous êtes vivant. »

Arnaud Desjardins

Témoignage

« Je travaillais en tant que chef de projet informatique dans une petite structure. L'ambiance était très décontractée et nous avions vraiment des bonnes relations entre collègues et membres de la direction. Chaque année, nous avions même un ou deux repas organisés par les dirigeants pour que nous puissions nous connaître mieux (certaines personnes exerçaient sur les sites clients). Bref, l'ambiance était plutôt chaleureuse et fort agréable. Mais, un jour, nous avons appris que la société allait être rachetée par un groupe renommé dans le secteur. Nous allions changer de lieu de travail pour intégrer les locaux de la nouvelle compagnie. Nos habitudes allaient être fortement modifiées puisque nous devions exercer dans un open space. Fini la tranquillité de nos petits bureaux. Outre l'aspect physique, il faut noter aussi les transformations de nos façons de travailler. L'organisation allait être différente, plus encadrée, avec des exigences de résultats plus formels. Autant dire que toutes ces modifications n'enchantaient personne. Nous étions réticents car nous n'avions pas décidé ce changement. Il nous restait à accepter ou à refuser. Pour ma part, changer de lieu ne me gênait pas vraiment, j'allais même gagner du temps sur la durée des transports. Par contre, le fait d'être davantage contrôlé ne m'enchantait guère et j'étais assez hostile à l'idée de partager la même pièce que 50 autres personnes. Nous avions trois mois pour réfléchir et accepter ou non de faire partie du groupe. Certains ont changé d'employeur. D'autres, comme moi, ont pesé le pour et le contre pour finalement accepter. J'ai essayé de modifier mon attitude.

Après tout, cette expérience pouvait être enrichissante, j'allais connaître davantage de monde et peut-être avoir l'opportunité de travailler sur des projets plus intéressants. Petit à petit, j'ai vu les bons côtés et j'ai intégré la nouvelle équipe assez joyeusement. C'est en changeant mon point de vue que j'ai pu accepter cette nouvelle entreprise. »

Christophe, 34 ans

Un peu de théorie

Rien n'est permanent, tout est en perpétuelle évolution

Un des principes du lâcher-prise est de prendre conscience que chaque chose, chaque être évolue sans cesse. Nous ne pouvons pas arrêter le temps. Chaque personne change. Nous nous transformons physiquement, intellectuellement, émotionnellement, tout au long de notre vie. Il en est de même pour tout ce qui nous entoure : les plantes, les animaux, le vent, la pluie. Les objets aussi se modifient, ils se patinent, se cassent, sont recyclés. Il ne sert donc à rien de s'attacher à quoi que ce soit puisque tout se transforme.

Acceptons le changement

Comme tout évolue, il est inutile de vouloir retenir ce qui est passé. De toute façon, quoique nous pensions, quoique nous fassions, les choses se transforment. Nous n'y pouvons rien. C'est la loi de la nature. Si nous refusons, nous allons contre la nature. En acceptant les transformations, nous sommes en accord avec l'ordre des choses. En général, nous refusons ce qui nous arrive parce que nous jugeons l'événement négatif. Comme Christophe, qui, lorsqu'il a appris le rachat de sa société, a tout d'abord vu tout ce qui l'ennuyait, à savoir travailler dans un open space et fournir des résultats. Au lieu d'avoir des réticences, il vaut donc mieux adopter tout de suite une attitude beaucoup plus ouverte et regarder ce que le changement peut nous apporter de positif. Ainsi

Christophe a réalisé qu'il mettrait moins de temps pour se rendre au travail, qu'il allait faire des nouvelles connaissances et qu'il pourrait peut-être travailler sur des projets plus intéressants.

Acceptons tout ce qui arrive

Tout au long de notre vie familiale, professionnelle, sentimentale et relationnelle, nous sommes confrontés à des événements heureux et malheureux. Les premiers nous transportent de joie. Les seconds nous attristent et nous avons souvent la fâcheuse tendance à dramatiser la situation. Or, en lâchant prise, c'est-à-dire en acceptant la « difficulté », le malaise s'estompe pour faire place à la sérénité. Ainsi, lorsque vous apprenez que votre ami ne pourra pas se libérer pour aller en week-end avec vous, il n'est pas nécessaire de vous mettre en colère ou de lui faire une scène. Même si vous aviez très envie de partir, vous pourrez le faire plus tard. Profitez de votre temps libre pour prendre soin de vous. L'acceptation délivre de toutes les émotions et permet de changer son point de vue. Les choses paraissent plus simples. Tout se déroule parfaitement.

Nous ne pouvons pas tout maîtriser

Nous n'avons pas la capacité de changer le cours des événements. Notre culture occidentale veut nous faire croire le contraire, en nous faisant miroiter que nous avons le pouvoir de changer les choses, de guérir, d'être riche, etc. Si cela était vrai, nous pourrions échapper aux catastrophes naturelles, à la guerre, aux épidémies. Tous nos projets pourraient être réalisés facilement. Or, cela ne semble pas fonctionner ainsi. Avez-vous décidé d'être licencié ? Non. Reconnaissons que nous n'avons pas le pouvoir sur toutes les choses. Nous pouvons uniquement nous efforcer de faire de notre mieux.

Nous ne pouvons pas tout contrôler

Si nous nous accrochons désespérément aux choses, c'est parce que nous sommes persuadés que nous allons en venir à bout et en sortir vainqueur. C'est parce que nous avons l'illusion de contrôler les choses. Libérons-nous de cette pensée erronée. Nous n'avons pas de tels pouvoirs. Nous n'avons pas la capacité de diriger le monde. Nous avons nos limites. Admettons-le. En acceptant de ne pas tout contrôler, une ouverture s'effectue. La place pour d'autres événements se crée. Dans le même temps, le calme succède à l'agitation inutile du mental.

Accepter ne veut pas dire approuver

Votre frère ne peut toujours pas vous rembourser une somme d'argent qu'il vous avait empruntée voici six mois. Il vous avait pourtant promis de le faire et vous comptiez un peu dessus pour régler une note imprévue de plomberie. En acceptant que les choses ne se déroulent pas comme vous le pensiez, vous allez pouvoir résoudre votre problème autrement. Mais cela ne signifie pas pour autant que vous approuviez l'attitude un peu légère de votre frère. Vous êtes tout à fait en droit de lui faire remarquer que cela vous aurait facilité la tâche, s'il vous avait restitué votre argent.

À RETENIR

Accepter, c'est recevoir

Acceptons le changement. Au lieu de se bloquer sur un événement indésirable, et donc de le refuser, il est préférable de l'accueillir. D'une part, nous ne gaspillons plus notre énergie en nous énervant, et d'autre part, nous ouvrons un espace pour que les choses s'enchaînent de manière fluide.

Le calme accompagne l'acceptation

Pour vous rendre compte si vous avez vraiment accepté tel ou tel événement, observez si vous ressentez une sérénité. Généralement, l'apaisement voire le soulagement font partie intégrante du processus d'acceptation. C'est donc très agréable.

Soyons indulgents avec nous-mêmes : acceptons nos limites

Ne soyez pas trop exigeant avec vous. Soyez réaliste et bienveillant avec votre propre personne. Vous ne pouvez pas tout faire. Ouvrez-vous aux résultats au lieu de vous acharner à en obtenir. De plus, en reconnaissant nos propres limites, il devient plus facile d'accepter celles des autres.

Restons humbles

N'ayons pas la prétention de changer le monde. C'est uniquement nous-mêmes que nous pouvons améliorer.

Lâcher quoi ?

« La volonté d'un homme est son paradis, mais elle peut devenir son enfer. »

Proverbe islandais

Témoignage

« Je viens de rompre avec Lisa, mon amie. Nous étions ensemble depuis 3 ans. C'est la deuxième fois que je vis une rupture vraiment douloureuse. Je réfléchis, j'essaie de comprendre pourquoi je ne parviens pas à rester en couple. Je ressens cela comme un échec. J'admets que je ne suis pas toujours de bonne humeur et que j'ai tendance à voir les choses de façon négative. Mais je fais des efforts. J'essaie de m'améliorer. Lisa me dit qu'elle en a eu assez de me voir lire dans le fauteuil, de ne pas vouloir sortir, d'être casanier. Mais je ne l'empêchais pas d'aller au restaurant avec ses copines. Je n'apprécie pas trop leur compagnie, et les dîners en tête à tête, je préfère les faire à la maison. Si j'aime être chez moi, est-ce une raison pour me quitter ? Je ne comprends pas. Je pensais que Lisa m'aimait suffisamment pour supporter mes défauts. Je me suis trompé... Voilà le genre de pensées que j'ai eu pendant un certain temps. Heureusement, mon ami Olivier m'a dit : "Arrête de te prendre la tête, lâche !" J'ai été surpris parce que c'est exactement ce que je faisais, je me prenais la tête. Sur ses conseils, j'ai essayé de ne plus penser et, effectivement je me suis senti mieux. La douleur a cessé. Mais ça n'a pas duré. Deux minutes plus tard, j'ai replongé dans mes idées noires. Je n'arrivais pas à faire taire ce flot de pensées. J'ai donc décidé d'examiner ce qui me faisait souffrir. Je me suis posé toutes sortes de questions. Est-ce que j'étais incapable d'aimer ? Non. Est-ce que j'étais incapable d'avoir une relation ? Non. Je me suis alors demandé en quoi la rupture me

gênait. Est-ce que je me sentais blessé dans mon amour propre ? Là, j'ai compris que je tenais une piste. C'était mon orgueil qui était touché. En fait, je me suis rendu compte que je craignais le regard des autres. Je ne souhaitais pas m'afficher seul. Je voulais montrer que moi aussi, comme la plupart de mes copains, je pouvais vivre en couple. J'ai été très surpris par cette prise de conscience. Du coup, je me suis aperçu que je n'avais pas vraiment aimé Lisa. Grâce à ce cheminement, j'ai réussi à lâcher, comme le dit Olivier. Maintenant je ne fais plus attention à ce que pensent les autres et j'essaie d'assumer ma solitude actuelle ».

Éric, 45 ans

Un peu de théorie

Les liens qui nous empêchent d'aller bien

Le lâcher-prise nécessite de rompre les liens qui nous attachent à notre malaise. Ces liens sont très variés. Ils peuvent correspondre à des croyances ou à des habitudes de pensées dont il nous faut faire le deuil. Il peut s'agir de comportements dépassés et que pourtant nous nous acharnons à reproduire. Parfois ce sont les épreuves elles-mêmes qui semblent nous tenir ligotés. Pourtant, pour lâcher prise, il faut briser toutes ces attaches car ce sont elles qui nous empêchent de nous sentir en harmonie avec nous-mêmes.

Nos liens ne nous protègent pas

Nous faisons le nécessaire pour conserver nos liens alors qu'ils nous empêchent de vivre pleinement. Plus nous insistons pour les garder, plus ils nous aveuglent et nous cachent notre nature profonde.

Abandonnons nos résistances

Il nous faut donc briser toutes nos chaînes. Certaines seront faciles à couper, d'autres nous demanderont beaucoup d'efforts. Tout dépendra de la valeur que nous attribuons à nos liens. Ainsi, Éric a beaucoup de difficultés à admettre sa rupture avec Lisa. Il tient à être en couple. Il va se torturer et se raccrocher à tous les éléments qui prouvent que son couple aurait pu fonctionner. Il résiste. Comme il refuse d'accepter la rupture, il revoit en détail son attitude passée. C'est lorsqu'il change d'attitude qu'il prend conscience de ce qui le fait souffrir : il a honte d'être seul. Voilà donc la vraie nature de ses liens. En le comprenant, Éric peut ainsi s'en défaire.

Relâchons nos tensions

Si nous voulons lâcher prise, il faut réaliser que nous tenons à quelque chose. Ce n'est pas l'objet qui est en cause, mais le fait de prendre. Lorsque nous prenons un grain de café et que nous l'enfermons dans notre main, c'est l'action d'enserrer qui doit cesser. C'est la tension que nous devons ôter. Il nous suffit juste d'ouvrir la main. Il faut faire la même chose avec tout ce qui encombre notre mental : faire tomber les tensions pour nous détacher.

Qu'est-ce qui nous pèse ?

Parfois, nous devons nous débarrasser d'un poids. Ce que nous portons nous semble trop lourd. Par exemple, nous rendons visite à un parent parce que c'est notre devoir. Nous nous sentons obligés d'y aller. Nous nous imposons de le faire alors que personne ne nous le demande. Pourquoi se fabriquer une telle contrainte ? Est-ce vraiment nécessaire ?

Quelle est la nature de nos liens ?

Pour pouvoir se libérer, il faut connaître ce qui nous emprisonne. C'est une question de bon sens. Le problème c'est que nous avons pris des « mauvaises » habitudes et, comme pour toute accoutumance, il n'est pas aisé de s'en défaire. Le plus difficile est de s'apercevoir qu'il s'agit d'habitudes. Par exemple, vous vous levez chaque jour très tôt par crainte d'arriver en retard à votre travail. De ce fait, vous arrivez souvent avec quinze minutes d'avance. Comme vous êtes persuadé que vous pouvez être confronté à toutes sortes de contretemps, comme une grève ou un incident technique dans les transports, vous prévoyez toujours un temps supplémentaire. Quand vous réaliserez que votre crainte d'arriver en retard est liée à celle de vous faire réprimander par votre supérieur (ce qui n'est, dans le fond, pas si grave), vous pourrez changer de comportement. Pourquoi avoir peur ? C'est ridicule. De plus, votre crainte est infondée car vous ne savez absolument pas comment va réagir votre patron. Vous vous inventez des scénarios.

Nos liens sont fictifs

Comme le dit si justement Guy Finley, expert en lâcher prise, *« les liens qui nous retiennent sont des créations de notre esprit »*. Ils n'existent que dans notre tête et ne sont pas réels. Nous les avons élaborés et entretenus. Souvent, il suffit d'en prendre conscience pour les faire disparaître. Parfois, le travail est un peu plus long. Tout dépend de leur nature et de l'intensité de l'attachement.

À RETENIR

Réglons nos conflits

Notre malaise vient parfois d'un conflit intérieur qui a besoin d'être résolu. Si nous ne le faisons pas, notre mal-être reviendra. Il disparaîtra lorsque nous aurons saisi sa nature et décidé de nous en débarrasser.

Des efforts inutiles

Prenons conscience de l'énergie que nous déployons pour nous accrocher à notre malaise. Toute cette tension ou cette crispation montrent que nous fournissons des efforts alors que notre nature n'en a pas besoin. Nous respirons sans le vouloir. Nous sommes en vie sans le décider. Pour être bien, il est inutile de forcer les choses. Si nous nous tendons, c'est que nous ne sommes plus en accord avec nous-mêmes.

Deux forces contraires

La chose à nous défaire est celle que nous retenons. Plus nous avons de résistances, plus nous avons du mal à la laisser de côté. Nous nous acharnons. Nous sommes si certains de notre pouvoir ! Nous sommes persuadés qu'à force de volonté nous allons y arriver. Mais cela ne fonctionne pas ainsi. Il ne faut pas s'opposer à ce qui est mais l'accepter. Il faut suivre l'ordre naturel des choses.

Pourquoi lâcher prise ?

« Chaque jour possède son lot de pensées, de mots et d'actions. Vivez au diapason du jour. »

Rabbi Nahman de Bratslav

Témoignage

« Je suis divorcée et maman de deux enfants. J'ai eu plusieurs aventures sentimentales avant de rencontrer Marc. Nous nous voyons régulièrement depuis bientôt quatre ans mais nous ne souhaitons pas vivre ensemble, du moins pas pour le moment. Peut-être changerons-nous d'avis un jour. Nous essayons de prendre les choses comme elles viennent. Pour le moment, nous nous aimons et nous sommes très bien comme ça. Aujourd'hui, je vois les choses de façon optimiste. Je suis assez confiante. Mais il a fallu que je fasse un travail personnel pour parvenir à cet état d'esprit. J'ai pris conscience que j'avais des attentes concernant ma vie affective. Je demandais beaucoup aux hommes. J'exigeais d'eux des choses qu'ils ne pouvaient pas me donner. J'avais besoin de preuves d'amour car je manquais terriblement de confiance en moi. Je doutais toujours de l'amour que les hommes me témoignaient. Je ne parvenais pas non plus à rester seule. Je voulais une présence masculine. Cela me rassurait. À force de réflexion et de prises de conscience, j'ai réussi, petit à petit, à me débarrasser de tout ce qui m'encombrait. J'ai réalisé, par exemple, que je ne me trouvais pas à la hauteur et que je souffrais d'un complexe d'infériorité. Je pensais aussi que les autres femmes étaient bien mieux que moi. J'avais donc une piètre estime de ma personne. Alors comment les hommes pouvaient-ils m'aimer si je ne m'aimais pas moi-même ? Petit à petit, j'ai pris conscience que tout ce qui me faisait souffrir était faux. J'ai appris à me connaître au fur et à mesure que je m'allégeais. Je commençais à m'apprécier. Je me suis sentie en harmonie et je suis

parvenue à m'aimer de nouveau. Aujourd'hui, j'apprécie ma compagnie et je me sens bien avec moi-même. Je recherche même à être seule. C'est pourquoi mon emploi du temps comporte des plages de solitude pour alimenter mon bien-être intérieur. Je n'ai pas besoin de faire des choses spéciales. Il m'arrive parfois de rester dans un fauteuil sans rien faire, juste à contempler une plante ou un oiseau. J'éprouve simplement du plaisir à être avec moi. Je suis devenue très gentille avec ma propre personne. Quand je regarde en arrière, je souris. Toutes mes peurs se sont envolées. Je fais confiance à la vie. Mon état d'esprit a radicalement changé. Je suis plutôt sereine. J'accepte ce qui m'arrive. C'est certainement grâce aux changements que j'ai effectués que j'ai pu rencontrer Marc… »

Valérie, 48 ans

Un peu de théorie

Les effets sur le corps

Lâcher prise permet de se détendre. Les tensions disparaissent. Le corps, lui aussi, est soulagé. La respiration est calme, régulière. Il suffit d'écouter son corps pour s'en apercevoir. Le lâcher-prise entraîne immédiatement un bien-être corporel.

Les bienfaits sur la santé

Le facteur stress est à l'origine de bien des maux. Ainsi, le lâcher-prise qui procure le calme intérieur ne peut que favoriser la santé. Il faut à ce propos mentionner les disciplines énergétiques orientales, comme le qi gong, qui permettent réellement de relâcher les tensions, d'où un corps détendu et une meilleure circulation des énergies.

Le calme intérieur

Le lâcher-prise agit bien sûr sur l'esprit. En abandonnant tous les liens inutiles, le mental se tait, l'esprit se sent apaisé. L'effet est immédiat.

Lorsque l'esprit se calme, c'est que le lâcher-prise a été effectué. N'est-il pas préférable de vivre de manière apaisée plutôt que de subir l'agitation de l'esprit ? Quand nous vivons dans un état de paix intérieure, nous pouvons alors porter notre regard sur ce qui nous entoure. C'est une ouverture à la beauté. Si nous restons aux prises avec nos préoccupations, nous ne voyons pas le monde extérieur, même si nous le regardons.

Le soulagement

Le lâcher-prise entraîne un soulagement intérieur. En lâchant prise, ce qui nous tracasse n'existe plus. Nous sortons enfin de cette prison ! Après tous nos débats intérieurs, nous pouvons de nouveau respirer. Nos tensions s'envolent. Nous sommes débarrassés de ce qui nous torturait et cela nous apaise profondément.

La connaissance de soi

Le lâcher-prise nous donne accès à la totalité et à la profondeur de notre être. Comme Valérie qui est arrivée à se connaître parce qu'elle s'est débarrassée de tout ce qui ne faisait pas partie de son être véritable. En laissant de côté tout ce qui la faisait souffrir inutilement, elle a pris conscience de qui elle était réellement. Elle est parvenue à s'estimer de nouveau et s'est sentie en harmonie. C'est en recherchant cet état de bien-être intérieur que nous pouvons connaître notre « moi », c'est-à-dire notre nature essentielle. Nous nous sentons unifiés, entiers. Nous sommes à notre juste place. C'est une impression agréable et réconfortante.

La liberté

En rompant les liens qui nous empêchent d'être bien, le poids dont nous souffrons s'en va. Nous sommes libérés. Il s'agit d'une libération joyeuse ! En lâchant prise, nos dépendances disparaissent. Nous devenons des êtres libres.

Une sensation de légèreté

En nous débarrassant de tout ce qui nous freine ou nous empoisonne l'existence, nous nous apercevons que tout ce poids est vraiment inutile et qu'il est plus aisé de poursuivre sa route ainsi allégés.

La confiance

Plus nous abandonnons ce qui nous bloque, plus nous avançons avec confiance dans la vie. Rien ne nous effraie. Nous accueillons sereinement les événements qui se présentent à nous.

Des relations saines

Lorsque nous sommes dans le lâcher-prise, nous acceptons plus facilement les petits travers de nos semblables. Nous sommes plus indulgents. Nous ne leur faisons pas de reproches injustifiés. Nous les acceptons tels qu'ils sont.

Une ouverture

Moins nous contrôlons les choses, plus nos actions ont des chances d'aboutir. Par exemple, pour obtenir un logement, nous déposons un dossier de candidature : une fois que nous l'avons remis, n'y pensons plus. Restons confiants. En adoptant une attitude ouverte, nous permettons aux événements de se produire.

Le discernement

Lâcher prise ne signifie pas être le jouet des événements. Cela ne veut pas dire laisser faire. Au contraire, le lâcher-prise permet d'être maître de sa vie en acceptant ce qui ne peut pas être modifié. En pratiquant le lâcher-prise, nous écartons ce qui nous empêche d'avancer sereinement. Plus nous avançons dans cette sagesse, plus les choses se clarifient.

À RETENIR

Le bien-être

Lâcher prise se ressent physiquement. Lâcher prise agit sur la santé et l'esprit. Nous sommes au calme et en harmonie.

Recevoir

Lâcher prise nous permet d'accueillir le changement. Nous pouvons découvrir ce que la vie nous réserve. Nous laissons la place au possible. Lorsque nous sommes fermés, les événements sont bloqués. Si nous sommes détendus et confiants, les événements arrivent.

Aimer

Lâcher prise permet de s'aimer et d'aimer les autres. Débarrassés de nos craintes, de notre culpabilité, nous pouvons alors aimer. Nous apprécions les autres pour ce qu'ils sont.

Évoluer

En pratiquant le lâcher-prise, nous nous allégeons de nos peurs, nous avançons avec davantage de confiance. Nous gagnons en sagesse. Bref, nous évoluons de façon positive. Plus nous pratiquons, plus nous apprenons sur nous-mêmes et sur la vie. Le lâcher-prise apporte une grande richesse intérieure.

Vivre pleinement

En lâchant prise, nous procédons à une ouverture du cœur. Nous disons oui à ce qui est. Nous disons oui à la vie.

Les attitudes à adopter

« L'optimisme vient de Dieu, le pessimisme est né dans le cerveau de l'homme. »

Proverbe arabe

Témoignage

« Je m'efforce de lâcher prise pour ne plus être "débordée". J'ai compris que lorsque j'accepte les choses, je peux les régler calmement. Ça ne me sert à rien de m'emporter ou de m'agacer. J'essaie d'appliquer cette règle lors des petits tracas de la vie quotidienne. Par exemple, quand je me trouve dans la file d'attente d'un commerçant et qu'une personne dépasse tout le monde, l'air de rien. Avant, je réagissais immédiatement et j'invectivais contre l'escroc. Aujourd'hui, j'essaie, car je n'y parviens pas toujours, de ne rien dire et de m'amuser de la situation. Après tout, cette personne a peut-être quelque chose à m'apprendre, ou alors cela peut être l'occasion de sourire ou encore de communiquer avec ceux qui attendent. Je prends du recul. Du coup, je ne suis pas stressée mais très calme et même assez enjouée. Pour des événements un peu plus sérieux, j'adopte le même comportement : j'observe, je considère la chose et j'agis tranquillement si c'est nécessaire. Par exemple, le mois dernier, ma cave a été visitée. La porte a été forcée et ne tenait plus. Tout d'abord, J'ai vérifié le contenu : rien n'a été volé. Ensuite j'ai regardé si la porte pouvait être réparée. Ce qui était le cas. J'ai donc acheté un nouveau cadenas, des vis et j'ai remis la porte en état. Tout simplement. Il y a quelques années, je me serais mise en colère et j'aurais téléphoné à mes copines pour leur raconter ce grand malheur. J'ai progressé depuis et je m'en porte d'autant mieux. Mais pour cela, il faut que je sois très présente. C'est d'ailleurs la principale difficulté pour

parvenir à lâcher prise sur les petits tracas quotidiens. L'autre jour, le vent a emporté mon chapeau. J'ai couru à sa poursuite mais je ne suis pas parvenue à le rattraper. J'ai arrêté ma course et je l'ai regardé s'envoler. Je me souviens même lui avoir dit au revoir. J'ai réussi à accepter en me disant que j'en trouverai certainement un mieux. Après tout, il ne m'allait pas si bien que ça ! J'essaie de me réconforter pour passer à autre chose. Il faut bien reconnaître que ça ne sert à rien de dramatiser ou de s'apitoyer. Ce qui arrive n'est pas bien grave. Mais je reconnais que je ne suis pas au point dans toutes les situations : il m'arrive encore de m'énerver, quand je suis au volant de ma voiture par exemple... »

Manon, 42 ans

Un peu de théorie

Prenons les choses comme elles viennent

Plutôt que de se crisper pour être prêt à bondir, en réaction à ce qui survient, essayons d'accepter les événements pour ce qu'ils sont. Votre voisin vient d'inonder votre séjour ? Bien. Ne vous précipitez pas chez lui dans le feu de la colère. Considérez ce qui se passe. Quelle action devez-vous entreprendre en premier ? Mettre une bassine sous la fuite ? Très bien. Avertir ensuite votre voisin des dégâts que vous constatez chez vous ? Parfait. Vous pouvez aller sonner chez lui. Ainsi, en adoptant un état d'esprit positif et pratique (puisqu'il faut bien l'être dans cette situation), vous resterez calme et parviendrez à régler le problème posément sans créer des tensions inutiles.

Détachons-nous

Lorsque nous sommes impliqués dans un événement, nous nous oublions pour faire corps avec ce qui se vit. S'il s'agit d'une activité artistique ou d'un travail qui requiert toute notre attention, il est naturel de le faire. Par contre, si cela concerne une chose extérieure à nous, il n'est pas nécessaire de s'investir autant. C'est même déconseillé puisque nous agissons alors contre notre nature, en nous identifiant à ce qui arrive. Il n'existe aucun enjeu, aucun défi à relever. Par exemple, vous tombez en panne avec votre voiture sur une route de campagne. La ville la plus proche se trouve à vingt kilomètres et la circulation est quasiment inexistante. Au lieu d'enrager ou de vous effondrer (il existe toute une palette de réactions) et donc de vous assimiler à la panne, il vaut mieux prendre du recul. En adoptant une attitude détachée, le problème n'est plus insurmontable mais vite résolu. En plus, votre humeur n'est pas modifiée.

Prenons le temps de réfléchir

Le lâcher-prise s'apprend et s'entretient. Il nécessite des prises de conscience ainsi que des mises au point. Il faut donc consacrer du temps à la réflexion. Nous devons, par exemple, nous interroger sur ce qui nous bloque pour être capables de lâcher prise.

Faisons-nous confiance

Pour lâcher prise, il est nécessaire d'avoir confiance en soi pour ne pas céder à la peur ou à toute autre émotion négative. C'est une attitude juste et responsable. Nous devons avoir de la considération pour nous-mêmes. Dans le fond, nous savons que nous pouvons mener notre vie en toute quiétude, quoiqu'il arrive. Se faire confiance amène un relâchement des tensions dans le corps et l'esprit.

Faisons confiance aux autres

Lorsque nous parvenons à accorder notre confiance à ceux qui nous entourent, nos relations s'en trouvent améliorées. Essayons de ne pas vouloir changer les autres, car de toute façon, c'est impossible : nous ne pouvons changer que nous-mêmes. Cessons de contrôler ce que font nos collègues, par exemple. Lorsque nous leur faisons confiance, nous nous apercevons d'ailleurs qu'ils sont très efficaces. En plus, nous sommes détendus !

Faisons confiance à la vie

Cette attitude confiante, il faut essayer de l'adopter en permanence, sur tout. Dès le réveil, essayez d'être confiant et prolongez cet état tout au long de la journée. Même si vous ne parvenez pas tout le temps à le faire, car vous êtes trop occupé dans vos actions quotidiennes, pensez à mettre en pratique cette confiance le plus souvent possible. Votre qualité de vie n'en sera que meilleure.

Mettons le cap sur l'essentiel

Apprenons à relativiser. Votre veste est fichue parce que vous n'avez pas vu l'étiquette « nettoyage à sec ». Dans le fond, est-ce si important ? À quoi tenez-vous vraiment dans la vie ?

Attendons-nous à recevoir

En nous délestant de tout ce qui nous encombre, en nous ouvrant sur la vie, nous provoquons des changements en nous-mêmes qui semblent se répercuter sur l'extérieur. Ainsi, lorsque nous sommes confiants, nous émettons une énergie joyeuse. C'est comme si cette énergie trouvait un écho quelque part et nous renvoyait ce que nous sommes en mesure de recevoir. Mais cela n'arrive que si nous sommes prêts à l'accueillir. Par exemple, après avoir adressé notre candidature à une société, n'y pensons plus. Restons confiants.

À RETENIR

Arrêtons-nous

À chaque fois que nous résistons, arrêtons-nous pour identifier nos tensions et comprendre ce qui se passe en nous.

Apprenons à nous observer

Pour parvenir à déceler les pensées qui encombrent inutilement notre esprit, nous devons apprendre à nous observer. En prenant du recul, il est alors tout à fait possible de considérer nos ruminations et de s'apercevoir qu'elles n'ont rien à faire là. Elles nous ennuient. Cette prise de conscience nous permet de nous en défaire.

Ouvrons-nous à l'imprévu

En ayant l'esprit ouvert, nous pouvons nous attendre à tout (le meilleur si possible). Il suffit d'activer sa curiosité naturelle, se préparer à découvrir quelque chose de nouveau pour obtenir cette attitude. Souvenons-nous de notre comportement lorsque nous étions enfants. Le monde, avec tous ses trésors, nous appartenait. Retrouvons notre esprit d'aventure et notre capacité à nous adapter à tout type d'événement.

Soyons positifs

En étant positifs, nous renforçons notre capacité à lâcher prise. Nous ne sommes plus attachés aux choses malheureuses. Notre façon de voir les choses nous permet, au contraire, d'être moins confrontés aux désagréments.

Comment faire ?

« Descendez en vous-même et vous reconnaîtrez la pauvreté de votre demeure. »

Proverbe perse

Témoignage

« Je me souviens très bien de la première fois où j'ai expérimenté le lâcher-prise. Je dirigeais une petite société qui, au bout de dix ans d'activité, montrait des signes de faiblesse. J'ai essayé de faire le maximum pour la sauver. Je démarchais des clients, je relançais ceux qui tardaient à me répondre, je revoyais nos formules… bref, je m'acharnais. Mais rien n'y faisait. En plus, la banque commençait à s'impatienter à force de ne plus voir rentrer l'argent. C'est le jour où l'informatique est tombée en panne que je me suis enfin résolue à baisser les bras. Là, c'en était trop. Il fallait que je me rende à l'évidence : la société n'était plus viable. Il était temps de tourner la page. J'ai ressenti un vide, puis un soulagement. Je ne savais pas du tout que je venais de lâcher prise, je ne connaissais pas vraiment la signification de cette expression. Je crois que pour bien saisir son sens, il est nécessaire de l'expérimenter. Toute la tension que j'avais alors, en raison des efforts fournis, est retombée. Je me suis presque sentie mieux. Tout ce à quoi je m'accrochais, comme le refus d'échouer (par orgueil) ou la peur de manquer, s'est évaporé d'un seul coup. J'ai pu ainsi accepter la fin de mon entreprise. Ensuite, d'autres choses se sont mises en place : un ami m'a proposé un poste dans sa société, j'ai liquidé la mienne et j'ai pu ainsi élaborer d'autres projets. Je ne regrette rien car cette étape m'a permis d'accéder à un travail plus créatif, qui me correspond mieux. Désormais, je sais comment procéder lorsqu'une pensée m'obsède ou que je suis contrariée (bien sûr, il faut d'abord en prendre conscience). Je respire un grand coup. Je m'arrête de

penser et je m'écoute ou, plus exactement, je suis attentive à mon silence intérieur. C'est très calme et rassurant au-dedans. Une fois que j'ai pris contact avec ce que j'appellerai "mon être essentiel", je m'aperçois que la pensée nocive m'est étrangère. Je la considère, avec amusement et affection. Je ne me sens nullement attachée à elle. Je la regarde un instant puis je la laisse s'éloigner. À force d'expérimenter le lâcher-prise, il m'est facile de dépister les pensées négatives. J'apprends et je m'améliore. Nous sommes tous capables de résoudre nos conflits, simplement en nous reliant à notre sagesse intérieure. Je ne sais pas trop comment la nommer. Certains l'appellent le guide ou la force intérieure. C'est une présence très apaisante qui a les réponses à tous nos soucis. »

Bénédicte, 45 ans

Un peu de théorie

La réponse est en nous

Nous avons tous les éléments en nous pour lâcher prise. Même si cela n'est pas aisé, c'est à notre portée, ce qui est plutôt encourageant. Cela implique une meilleure connaissance de soi. Pour parvenir à lâcher prise, il faut comprendre que nous nous attachons à des choses qui sont distinctes de nous. Comme Bénédicte qui s'efforce de conserver son entreprise. Plus nous avançons, plus nous nous apercevons de nos erreurs et nous en délestons. Au bout du compte, lâcher prise va nous permettre de nous découvrir en profondeur. En cherchant à savoir qui nous sommes, nous allons réaliser que certaines choses ne nous correspondent pas et pouvoir nous débarrasser de tout ce qui nous encombre. Petit à petit, notre véritable nature apparaît.

Prendre conscience de nos émotions

Pour lâcher prise, il faut se rendre compte de la présence de nos émotions. Elles nous avertissent que nous sommes en réaction, face à un événement ou une situation. Si elles sont négatives, elles sont précieuses. En effet, leur apparition nous signale que nous ne sommes plus en accord.

La conscience de soi

Un des premiers pas consiste à saisir qui nous sommes réellement. Cette perception de soi permet de comprendre que certaines pensées (justement celles qui nous agacent ou nous font souffrir) nous sont étrangères. Elles n'ont rien à faire en nous. Pour prendre conscience de soi, il suffit de se dire intérieurement « je suis ». De cette façon, nous mettons de la distance par rapport à nos pensées. Nous réalisons quelles sont les idées illusoires qui nous habitent. C'est à partir de ce moment-là que nous pouvons cesser de nous identifier à elles. Nous ne sommes pas ces pensées ! Dès qu'une pensée sombre traverse notre esprit, il faut s'arrêter et observer ce qui se passe en nous. C'est un moyen efficace pour la balayer.

La présence intérieure

Les désordres que nous subissons nous poussent à trouver la paix en nous. En effet, nous recherchons la tranquillité. Nous en avons assez de ne pas obtenir ce que nous voulons, de courir après l'argent ou autre chose encore. Nous aspirons à une vie plus harmonieuse, plus équilibrée. Bonne nouvelle, la paix tant recherchée est à l'intérieur de nous. Mais la plupart du temps, nous essayons de la trouver à l'extérieur de nous. Or, toutes les réponses et les solutions sont en nous. Nous y accédons dans le calme intérieur. C'est là que nous rencontrons qui nous sommes vraiment et que nous sommes guidés vers un mieux-être.

L'écoute

Pour faire taire les pensées encombrantes, il est inutile de s'agiter dans tous les sens. Ne faisons rien. Écoutons-nous. Dans le silence intérieur, les pensées n'ont plus cours. Elles s'arrêtent. Cela est de courte durée car elles voudront toujours revenir. Mais nous saurons comment les distinguer et les faire taire à nouveau.

Cherchons la simplicité

Si nous sommes perdus dans nos pensées, c'est qu'elles sont nombreuses et compliquées et qu'elles nous encombrent. Pour aller dans la bonne direction, c'est-à-dire pour nous retrouver et renouer avec notre être essentiel, cherchons la voie de la simplicité. Faisons le vide dans nos têtes ! Dépouillons-nous de nos pensées confuses. Cette quête va nous mener directement là où nous sommes vraiment, à notre véritable nature, à notre richesse intérieure.

À RETENIR

Arrêtons de vouloir

Nous sommes habitués à agir en permanence, persuadés que si nous ne faisons rien, notre vie va s'arrêter. Nous voulons réussir, avoir de l'argent, vivre le grand amour, bâtir une famille… car nous pensons que c'est ainsi que nous serons heureux. Mais la quête du bonheur ne se fait pas à l'extérieur de soi. Le bonheur est un état intérieur.

Cherchons la paix intérieure

Pour éviter de se laisser embourber par un flot de pensées noires, ayons le réflexe de chercher la paix intérieure. Comme l'indique Guy Finley, *« la paix que vous recherchez est elle-même à votre recherche »*. Cela est plutôt réconfortant : nous finirons bien par la trouver !

Cherchons le vrai

Toutes nos craintes ou nos douleurs alourdissent notre vie et nous masquent qui nous sommes réellement. Ne les laissons plus nous envahir. Dans le calme intérieur, recherchons notre vérité profonde. Elle dissipe toutes les pensées et les émotions qui n'existent que si nous le voulons bien.

Nécessaire solitude

Nous sommes venus au monde seuls, nous le quitterons de la même façon. Pour goûter au silence intérieur, il faut accepter sa propre solitude.

Travail d'investigation

« Ne confonds pas ce qui est naturel de ce qui est habituel. »

Gandhi

Témoignage

« J'ai connu une période un peu douloureuse. J'étais seule. La solitude me pesait. Je m'angoissais en me demandant si je connaîtrais un jour le grand amour. Les années passaient, j'allais bientôt avoir 30 ans et ma situation avait l'air bien bloquée côté cœur. Comme mes amies avaient toutes un compagnon, cela m'était de plus en plus pénible d'aller les voir, seule. Je souffrais de ne pas trouver quelqu'un. Je me demandais ce que j'avais de moins bien que les autres pour être encore seule. C'est grâce à une de mes tantes, à un dîner de famille, que j'ai compris qu'il fallait que j'accepte d'abord la solitude. Lorsque ma tante m'a embrassée, elle m'a dit : "Alors, toujours ennuyée de venir avec toi ?" Cela m'a interpellée. Elle avait touché quelque chose de juste. J'ai compris que je ne devais pas me sentir accablée par le fait d'être seule. Pourquoi est-ce que je n'assumais pas la solitude ? Ma tante s'est assise à côté de moi pendant le repas et m'a conseillé de faire des choses que j'aimais. Passer du temps avec moi devait être agréable car j'étais de charmante compagnie. Pourquoi ne voulais-je pas le reconnaître ? J'ai admis que la solitude me faisait peur et que je ne savais pas quoi faire. "Change ta façon de voir. Aime-toi. Tu vas découvrir quelqu'un de merveilleux parce que tu es merveilleuse." Ma tante m'a réconfortée et j'ai compris que je m'y prenais mal lorsque j'étais confrontée à moi-même. Sitôt de retour chez moi, j'ai essayé de comprendre pourquoi je me fuyais autant. J'ai pris conscience que je m'étais imposée de trouver quelqu'un avant l'âge de 30 ans. Ce qui est ridicule, pourquoi me mettre ainsi la pression ? J'ai constaté que

j'avais envie d'avoir des enfants, mais que j'avais encore le temps. Cela ne servait à rien d'avoir des craintes sur un futur hypothétique. Enfin, j'ai réalisé que j'idéalisais le modèle du couple et que je n'admettais pas d'être seule ! J'enviais beaucoup les couples et je trouvais qu'ils symbolisaient le bonheur. J'ai vite corrigé mon point de vue : les célibataires aussi pouvaient être heureux. Ce n'est pas moi que je fuyais mais le fait d'être seule. Le fait de le comprendre m'a immédiatement apaisée. Du coup, j'ai décidé de suivre les conseils de ma tante : j'ai fait des choses que j'aimais et je continue de le faire encore aujourd'hui. Cette période remonte à 2 ans. Je suis toujours célibataire mais la solitude ne me pèse plus et je reste optimiste quant à une future rencontre amoureuse. »

Karine, 31 ans

Un peu de théorie

Les liens qui nous entravent

Pour pouvoir lâcher prise, il faut se libérer des liens inutiles. Un petit travail d'investigation est alors nécessaire pour prendre conscience de leur nature. En effet, toutes sortes de liens peuvent nous gâcher la vie : des liens affectifs, relationnels, professionnels ou personnels. Ainsi Karine tenait à l'idée de vivre absolument en couple. Pour elle, il était impensable de vivre seule. Lorsqu'elle a compris qu'être célibataire était compatible avec le bonheur, elle a rompu avec ses anciennes opinions.

Nos relations amicales

Essayons de clarifier les liens que nous entretenons avec autrui. Nous avons des amis et c'est très bien ainsi. Mais comment nous comportons-nous avec eux ? Et qu'attendons-nous d'eux ? Nous pouvons, par exemple, nous montrer toujours très disponibles, surtout lorsque nos amis ont besoin d'aide. Le faisons-nous volontiers ou cela nous pèse-t-il ? En retour, quand nous avons des problèmes, éprouvons-nous le besoin de nous confier et le pouvons-nous ? Pouvons-nous compter sur nos amis ? Demandons-nous beaucoup à nos amis ? Un jour, nous pouvons être déçus ou douter de l'amitié. Quelle valeur attribuons-nous à l'amitié ? Nos relations sont-elles en cohérence avec notre nature profonde ? Il s'agit de saisir quelle sorte de liens nous unit aux autres et si cela nous convient.

Avec notre partenaire

Une relation se construit et évolue au fil des années. Les disputes sont inévitables et souvent salutaires. Mais les scènes de ménage ne sont pas obligatoires pour améliorer sa relation à l'autre ! Lorsque quelque chose nous déplaît, il vaut mieux en parler, calmement, plutôt que de crier ou encore d'attendre deux semaines, en ruminant, avant de percer l'abcès. Montrons-nous responsables et exposons tranquillement à notre moitié ce qui nous tracasse. Un échange de points de vue est toujours apaisant et libérateur. Cela permet de mettre en lumière ce que nous attendons l'un de l'autre et ce que nous pouvons donner et recevoir.

Nos relations familiales

La famille est le lieu de tous les conflits et cela dès l'enfance. Il est difficile de se séparer totalement de nos interdits conscients et inconscients. Notre objectif est de pouvoir nous exprimer librement et d'apprécier la compagnie de nos parents. Avons-nous des reproches à leur formuler ? Quelles sont nos attentes ? Quelles sont nos obligations ? Avons-nous pardonné ? Nous sommes-nous pardonnés ? Nous sentons-nous aimés ? Les aimons-nous ? Le montrons-nous ? Répondre à ces questions permet de nous alléger si des nœuds non résolus persistent.

Nos relations professionnelles

Au travail, il est fréquent de ne pas avoir de bonnes relations avec tout le monde. Cela ne nous préoccupe généralement pas. Mais, parfois, nous rencontrons de réelles difficultés à travailler avec d'autres. Il peut s'agir, par exemple, d'un chef de service zélé. Si nous nous sentons détachés par rapport à ce problème relationnel, c'est que nous sommes au clair avec nous-mêmes. Par contre, si cela nous pèse, il est alors nécessaire de nous interroger. En quoi cette relation est-elle stressante ? Qu'attendons-nous de notre supérieur ? Qu'attend-il de nous ? La relation peut-elle évoluer ? De quelle façon ? Que faut-il faire ? Quels liens souhaitons-nous entretenir avec notre entourage professionnel ?

Nous n'avons pas le temps

C'est la réponse que nous donnons lorsquc nous pourrions nous fairc du bien. Nous nous l'interdisons. Nous n'avons pas le temps de prendre un verre après le travail. Nous n'avons pas le temps de faire une activité artistique. Nous n'avons pas le temps d'aller au théâtre. Nous n'avons pas le temps de méditer. Nous n'avons pas le temps de prendre un bain, etc. La prochaine fois que nous prononçons cette phrase, demandons-nous ce que nous fuyons.

À RETENIR

Être au clair avec nos relations

Lorsque nous nous sentons « obligés » de voir quelqu'un (un ami, une relation, un membre de notre famille) ou de faire quelque chose pour cette personne, examinons si cette action nous pèse. Si c'est le cas, cherchons pourquoi.

Nos liens avec le passé

Peut-être que l'autorité parentale agit encore sur nous, plus ou moins consciemment. Nos réactions actuelles nous le disent. Avons-nous systématiquement l'esprit rebelle ? Comment percevons-nous les ordres ? Restons-nous calmes dans n'importe quelle situation contraignante ou autoritaire ?

Sommes-nous dans l'urgence ?

La vie nous demande beaucoup ou plutôt nous nous laissons étouffer par notre quotidien. Nous courons dans tous les sens : après l'argent, le travail, l'alimentation, le logement... Est-il vraiment nécessaire de stresser ainsi ?

Estimons-nous

Pour vivre en harmonie avec les autres, il faut d'abord pouvoir le faire avec soi. Nous devons donc consacrer du temps pour nous connaître et nous aimer.

S'en remettre à ses proches

« Ce n'est pas tant l'aide de nos amis qui nous aide, que la confiance en cette aide. »

Épicure

Témoignage

« Il y a quelques années, alors que les vacances approchaient, je me suis rendu compte que, tout naturellement, chacun de mes amis se tournait vers moi pour m'interroger sur la destination de vacances prévue cette année-là au mois d'août. Non seulement j'avais bien d'autres choses à régler que ces histoires de vacances, mais je me suis aperçu également qu'aucun de mes amis n'avait ne serait-ce qu'émis une proposition. Tous attendaient de moi que j'imagine une destination inédite, et qui remporterait par-dessus le marché l'adhésion générale. Ras-le-bol ! Je ne suis pas tour-operator. Comme je n'avais jamais été désigné officiellement comme grand organisateur des locations d'été, j'ai attendu sans rien faire, afin de voir ce qui adviendrait cette année de nos habitudes. Rien ne se passait. Au moment critique où j'ai commencé à me dire que les vacances étaient en péril, j'ai suggéré que quelqu'un d'autre pourrait s'en occuper. Après quelques jours, j'ai reçu un e-mail m'annonçant que cette année, nous irions en Grèce, pour le prix convenu, dans une maison bien plus grande que d'habitude, sur une île enchanteresse des Cyclades.

Ce séjour reste pour moi un souvenir extraordinaire. Non seulement j'étais beaucoup plus détendu que les autres années, car je me sentais moins responsable du bien-être de chacun, mais aussi car je n'aurais jamais envisagé moi-même cette option. Les vacances avaient un goût d'inattendu, de découverte. Un goût d'évasion, enfin ! »

Stéphane, 37 ans

Un peu de théorie

Déléguer est plus difficile qu'on ne le croit souvent

Nombreux sont les dirigeants qui aspirent à savoir déléguer, mais ce n'est pas si facile de le faire. Il faut être suffisamment sûr de soi pour oser laisser les autres remettre en cause ses propres choix, sa propre manière de faire. C'est une manière d'oser se mettre en danger que de laisser l'autre prendre ce que l'on considère comme être sa place. En effet, il est plus simple de décider seul du déroulement des événements et de se limiter à une façon de procéder sans laisser de possibilités de discussions, de nouveautés, de prises de risque ou de projets collectifs. Prendre la responsabilité de l'exécution des tâches peut être en réalité une attitude autoritaire, voire dictatoriale, déguisée. Quoi de plus facile au sein d'un groupe d'amis qui n'arrive pas à se décider pour une destination de vacances que de s'occuper des réservations unilatéralement, supposément « pour rendre service », « pour aider à avancer » ?

Apprendre à partager son propre « pouvoir de faire » nécessite à la fois de l'humilité (*« je ne suis pas capable de tout assumer seul, d'autres pourront m'apporter leur aide »*) et une certaine assurance, car il faut être capable d'abandonner du pouvoir sans perdre la face, d'exister sans être le leader, ou du moins le preneur d'initiatives.

Le regard de l'autre, lorsque l'on s'en remet à lui, aide en général à changer de point de vue, à dédramatiser certaines choses. Et prendre des décisions à plusieurs est tout de même bien plus sécurisant que d'agir seul.

Tout prendre en charge n'est pas rendre service aux autres

Au premier abord, on serait tenté de dire que ne pas déléguer, se rendre responsable de tout dans un groupe, une famille, ce serait faciliter la vie de ses proches en leur rendant service. Ce serait les délester des obligations de la vie ou de ce que nous seuls considérons comme telles. Tout assumer pour les autres impliquerait un supposé sacrifice de soi-même. C'est l'idée que s'en font ceux qui ne pratiquent pas le lâcher-prise.

C'est une idée reçue. Tout d'abord parce que celui qui assume un trop-plein de responsabilités en tire de la jouissance, de la fierté, de la satisfaction. C'est lui qui décide de prendre cette place et il le fait pour lui-même. De plus, épargner l'autre n'est pas lui rendre service. Cela le cantonne à un état passif de désœuvré qui le dévalorise et l'infantilise. C'est, en quelque sorte, refuser de prendre l'autre en compte comme un être responsable, capable d'agir et de décider, au même titre que soi.

De plus, être systématiquement celui ou celle qui prend les décisions influe sur ses relations avec les autres personnes du groupe. Les rapports ne sont plus équivalents, car le meneur se sacrifie pour l'autre qui, implicitement, se retrouve à lui devoir quelque chose (un service, un savoir-faire, etc.). Cela crée une relation de dépendance entre les individus qui peut poser problème par la suite.

De plus, à vouloir tout faire, on se fatigue, on pare au plus urgent, on bâcle. On fait tout, certes, mais on risque de tout faire de manière approximative.

Lâcher ses responsabilités, oui, mais les lâcher totalement

Déléguer, s'en remettre à ses proches, ce n'est une manière de lâcher prise que si on le fait entièrement. Il ne s'agit pas de donner une liste de tâches à accomplir à quelqu'un d'autre, ni une marche précise à suivre pour l'accomplissement de ces tâches, encore moins de surveiller comment elles sont accomplies ou de jouer l'inspecteur des travaux finis.

Le secret du lâcher-prise est de formuler à l'autre un objectif à atteindre, un résultat à obtenir et non, comme on aurait tendance à le faire naturellement, de lui demander de suivre un certain processus pour arriver à ce résultat, processus qui est le nôtre et dont nous avons du mal à nous défaire mais qui n'est qu'une des manières d'y arriver. Ainsi on ne demandera pas : *« Pourrais-tu aller voir sur le site des gîtes de France s'il reste une maison avec piscine à louer dans le sud de la France du 15 au 30 août ? »*. Mais on le formulera bien plus simplement en *« Pourrais-tu t'occuper des vacances cette année ? »* C'est l'étape initiale du lâcher-prise : faire simple. Deuxièmement, cela laisse le champ libre à l'interlocuteur, qui s'en trouvera d'emblée bien plus autonome et ne reviendra pas vous questionner sur la marche à suivre pour chaque étape. Vous garantissez là votre liberté et la sienne. Enfin, vous risquez d'être surpris, et heureusement surpris. Là où vous n'imaginez qu'une seule méthode possible, l'autre en verra une autre. Il vous emmènera loin de là où vous pensiez aller. Et pourquoi pas, après tout ?

À RETENIR

Déléguer des tâches est la base du lâcher-prise

Cela permet de se débarrasser de toutes ces choses que nous nous imposons de faire, que nous croyons obligatoires. Cela implique donc de s'obliger à envisager que nous ne sommes pas indispensables, mais que d'autres peuvent aussi bien remplir notre mission. C'est une bonne manière de voir la vie autrement, de se sentir moins contraint, plus libre.

La confiance en autrui est un bien contagieux

Si nous nous en remettons à l'autre, c'est que nous l'estimons capable de nous relayer, c'est donc que nous le voyons comme un alter ego. Cette personne, reconnaissante, ne nous en estimera que mieux. Cela établit un rapport personnel bien plus sain, d'égal à égal, que lorsque l'aide est toujours du même côté, systématique et « enfermant » pour chacun.

Il faut « déléguer vrai », c'est-à-dire entièrement

S'en remettre aux autres n'est valable que si l'on sait réellement leur faire confiance. Pour cela, il faut leur demander un résultat et non une série de tâches selon une méthode précise, quand cela est possible. Cela décharge celui qui lâche prise non seulement d'explications interminables, mais aussi de la responsabilité de la méthode suivie

Qu'est-ce que la suradaptation ?

« La société existe pour le bénéfice des hommes, et non les hommes pour le bénéfice de la société. »

Herbert Spencer

Témoignage

« Je suis issu d'une famille de musiciens. À 5 ans, mes parents m'ont mis un violon entre les mains. Au fond, je crois que je n'ai pas eu une enfance très heureuse. J'en ai passé des mois et des mois à m'acharner sur mon pauvre instrument. Je me suis donné énormément de mal, pas seulement pour arriver à créer de jolis sons, mais surtout pour faire plaisir à mon entourage. Mon adolescence a été une période douloureuse de ma vie. Au mal-être classique qu'on ressent à cette période s'ajoutait le sentiment d'enfermement que me procurait l'impression d'avoir un avenir tout tracé. Maux de ventre chroniques et crises d'angoisse se succédaient sans que je réussisse à en comprendre l'origine. Mes parents étaient inquiets pour moi, mais mon père disait souvent que le moyen de me sortir de cette situation de mal-être était un travail acharné. Plus je travaillais, plus je m'épuisais, moins je me sentais sûr de moi. Et puis, un jour, j'ai rencontré un thérapeute du centre où je séjournais, qui nous faisait pratiquer le dessin pour nous faire exprimer nos préoccupations. Très vite, il a décelé chez moi un coup de crayon talentueux. Il m'a encouragé, me faisant sortir du cadre de la thérapie en me faisant travailler ma technique. Mon comportement est peu à peu devenu plus serein, plus heureux aussi. Enfin, j'écoutais mes propres désirs. J'ai passé l'agrégation d'arts plastiques l'année dernière et je commence à enseigner à mon tour cette année. Et mes parents sont fiers de moi. »

Johann, 27 ans

Un peu de théorie

Des modèles pas toujours indispensables nous orientent

Derrière le terme peu utilisé de « suradaptation », il y a un mal très répandu aujourd'hui. Ce mal, c'est de vivre selon ce que la société attend de nous et non selon nos envies et nos besoins personnels, qui sont mis de côté pour privilégier des nécessités collectives. Le modèle social occidental repose sur des valeurs de travail, de mérite, de réussite matérielle, mais aussi d'adaptabilité et donc de sacrifice à la communauté, ou en tout cas à autrui. Depuis notre plus tendre enfance, avec l'éducation que nous avons reçue, nous sommes tous aux prises avec ce modèle qui nous façonne : il faut bien travailler à l'école pour trouver un bon métier plus tard qui soit à la fois épanouissant et lucratif. Il faut être poli, respectueux, s'effacer devant les aînés au nom du fonctionnement de la communauté. Ensuite, lors de nos études, il faut comprendre des codes et des types de pensée afin de les intégrer, et à partir de là apprendre à mener soi-même sa propre réflexion. Dans la vie professionnelle, c'est au service d'un patron que nous mettons en œuvre nos forces individuelles et notre intelligence, les adaptant à son objectif, nous pliant à ses règles.

En résumé, à toutes les étapes de notre vie, nous sommes formés par des nécessités extérieures. C'est cela vivre en société. Or, s'il est nécessaire pour qu'une société fonctionne qu'elle connaisse un certain ordre et une certaine discipline, elle a également besoin de prendre en compte des individus qui la feront progresser.

Les symptômes de la suradaptation : de quoi souffrons-nous ?

Certains d'entre nous souffrent de suradaptation : ils ne parviennent pas à doser dans leur existence la part de l'adaptation à des contraintes extérieures, à des normes imposées, et la part d'expression de leurs propres désirs. Intégrant parfaitement et totalement leur volonté de bien faire au détriment de celle de faire ce qu'ils veulent, certains

oublient leur individualité, leur singularité et certains même n'ont pas la moindre idée de ce que sont leurs envies ou leurs opinions : ils ne savent pas qui ils sont puisqu'ils n'ont jamais eu l'occasion de se poser la question ni de faire des choix pour eux-mêmes dans leur vie.
Il est naturel pour nous tous d'aspirer à une certaine liberté. On souffre lorsqu'on ne vit qu'enfermé dans un carcan de principes. La douleur morale de certains s'exprime même physiquement : ils la transforment en maux de ventres, migraines, démangeaisons, insomnies. Ils en ont « plein le dos » : cela signifie qu'ils sont découragés et souffrent de « porter sur leur dos » leurs obligations.
Et que dire de la fatigue chronique, ce mal du siècle ? Elle serait l'objet de 15 % à 20 % des consultations chez un généraliste. C'est un symptôme qui touche statistiquement les personnes ayant le plus de responsabilités professionnelles et familiales.
Ne pas laisser s'exprimer ses désirs, c'est prendre le risque de se laisser faner, de se perdre soi-même, d'éprouver de la tristesse, un manque d'énergie qui confine parfois au découragement, voire au désespoir.

Comment sortir du syndrome douloureux de suradaptation ?

Il est indispensable de nous déculpabiliser. Notre souffrance ne nous vient pas du fait que nous sommes inadaptés au système, mais bel et bien du fait que le système n'est pas adapté à nous. C'est le système qui doit être au service de l'être humain et non l'inverse. c 'est un fait que l'on oublie trop souvent.
D'abord, il faut apprendre à dire fermement « non ». Cela demande de voir autrement notre rapport aux autres. Là où d'habitude vous répondiez toujours présent, lâchez prise avec vos sacro-saintes obligations. Vos relations aux autres doivent rester un plaisir. Demandez-vous systématiquement si vous en avez réellement envie ou si vous participez pour faire plaisir ou pour ne pas contrarier les autres.
Si vous êtes disponible moins souvent, mais dans un meilleur état

d'esprit, les autres vous seront reconnaissants de savoir être là. Déléguez. Cela vous libérera du temps et responsabilisera votre entourage qui verra peut-être les choses autrement : non, ce n'est pas toujours à Maman de faire les courses !

Après avoir « fait barrage », apprenez à occuper ce temps laissé libre. Dans un premier temps, occupez-le à ne rien faire. Il faut (re)faire connaissance avec ses envies : concentrez-vous sur vos sensations.

Enfin, ne vous découragez pas. N'entrez pas dans un nouveau cercle vicieux vous obligeant à sortir de la suradaptation. Ce serait bien le comble ! C'est aussi de l'adaptabilité que peuvent naître la liberté et l'indépendance si on la conjugue avec assurance et estime de soi.

À RETENIR

Qu'est-ce que le syndrome de suradaptation ?

C'est un état psychologique dans lequel nous nous mettons lorsque nous sommes aux prises avec un système qui nous contraint. Nous oublions notre individualité pour nous mettre au service total de ce système. Si les contraintes sont nécessaires au bon fonctionnement d'une société, celle-ci a également besoin d'individus ayant leurs propres désirs.

Combattre la suradaptation pour aller mieux

Pour vivre pleinement et sereinement, nous devons trouver l'équilibre entre notre volonté propre et les contraintes extérieures. Pour cela, il faut rétablir notre individualité, se différencier du monde extérieur en étant davantage à l'écoute de nos envies et de nos sensations. Il faut prendre l'habitude de dire « non », souvent perdue avec l'éducation.

Savoir s'adapter peut devenir une liberté

Le vrai lâcher-prise, c'est celui qui permet de jouer avec les contraintes du monde extérieur et de ne pas les refuser en bloc, mais de suffisamment bien les connaître pour choisir celles que l'on accepte. Prendre le risque de choisir exactement ce que l'on veut est bien plus fécond que de refuser toutes les contraintes qui nous menacent.

Qui a besoin de lâcher prise ? Portrait-robot

« C'est une perfection que de n'aspirer point à être parfait. »

Fénelon

Témoignage

« Je n'ai pas vraiment choisi mon métier : après mon école de commerce, je voulais ouvrir une boutique. Mais le job m'est tombé tout cuit et je n'ai pas eu la force morale de résister… Je vis avec ce regret de n'avoir su saisir ma chance quand je n'avais pas d'attaches. J'aurais certainement été plus libre, plus heureuse. Mais comme je suis consciencieuse et que j'ai une famille à nourrir, je m'efforce malgré tout d'être la meilleure commerciale de l'équipe. Côté famille, mon week-end ressemble à un marathon. Marché puis square le matin, courses en tout genre, préparation des menus de la semaine l'après-midi et le dimanche, je repasse les kilos de linge que j'ai mis à laver tous les soirs de la semaine, je range l'appartement. Je mets un point d'honneur à rendre visite très fréquemment à nos familles. Cela me mine, car les grands-mères vivent aux deux bouts de la France. Pour nous, les heures de train sont un calvaire qui me gâche le plaisir de prendre l'air. Des repas à rallonges, les jumeaux qui partagent notre chambre et qui bien souvent ont un sommeil agité quand nous dormons ailleurs qu'à la maison, je finis fréquemment le week-end sur les rotules. En bref, ma vie est faite de nombreuses obligations. J'ai très peu de temps pour moi et j'essaie toujours de faire plaisir aux autres. Parfois, j'ai un peu l'impression désagréable d'être systématiquement à leur service à toujours vouloir être l'employée, la maman, la fille et la belle-fille parfaite ! »

Marie-Christine, 39 ans

Un peu de théorie

Définition du profil type nécessitant de lâcher prise

La caractéristique principale de la personne ayant besoin de lâcher prise est son sens aigu du sacrifice. Elle se donne beaucoup de mal dans un emploi qui ne l'enthousiasme pas ou au service de sa situation familiale.

De plus, elle est sensible aux modèles de perfection qu'on lui propose. Elle a un esprit de « bon élève », elle veut toujours bien faire. C'est quelqu'un de plutôt consciencieux et altruiste. C'est aussi un pivot social, quelqu'un sur qui de nombreuses personnes comptent. Elle a donc des responsabilités. C'est une personne qui n'envisage pas de déléguer, peut-être par manque de confiance en son entourage, mais aussi par manque de confiance en elle-même.

Cette personne a tendance à vivre dans le regret. Elle n'envisage que les aspects les plus roses d'une autre vie possible (le sentiment de liberté que celle-ci lui procurerait par exemple) en négligeant tous les autres aspects (créanciers à l'affût, surcharge de travail, vie de famille mise de côté), qui impliqueraient d'autres sacrifices que ceux qu'elle concède aujourd'hui. Nous sommes nombreux à être rongés par des regrets, des « si seulement » nous permettant d'échapper à notre propre existence en idéalisant ce qui ne s'est jamais passé ou la vie des autres. Certains s'attachent à une histoire d'amour qui n'a pas pu avoir lieu faute de réciprocité, d'autres au « job de leur vie » qu'ils ont manqué de peu, certains sont incapables d'acheter une maison depuis que celle de leurs rêves a filé sous leur nez…

Des situations courantes : nous sommes hélas tous concernés

En dehors des personnalités qui se sentent facilement sous pression, il existe également des situations de la vie courante, des éléments indépendants de notre volonté qui nous empêchent de cheminer sereinement dans la vie et de nous réaliser pleinement. Soit ils nous paralysent, soit ils nous épuisent, soit les deux. Ce sont bien ces situations-là sur lesquelles il faut exercer son lâcher-prise.

Rien de plus facile que de les identifier. Ce sont toutes les situations qui d'abord nous dérangent et qui prennent par la suite une place démesurée dans notre esprit. Nous ne parvenons pas à les chasser de nos pensées. Un voisin bruyant, des relations professionnelles difficiles, des tensions dans notre couple, des conflits avec nos enfants… Les parasites permanents sont ceux qui nous obligent au rapport de force, monopolisent notre énergie et nécessitent un surinvestissement affectif qu'il serait tellement mieux d'utiliser ailleurs, de manière positive ! En effet, au bout d'un certain temps, nous avons tendance à avoir une vision déformée de ces problèmes. Un souci somme toute assez banal prend des proportions démesurées, particulièrement si nous nous employons à lutter contre celui-ci en employant la force et non en rusant pour essayer de le contourner. Ce n'est pas toujours évident, mais cela peut éviter bien des ennuis. Si nous reprenons l'exemple du voisin bruyant, à moyen terme, il vaudra tout bêtement mieux engager la discussion, expliquer, plutôt qu'envoyer la police.

L'exemple typique des tâches ménagères au sein du foyer

Elles sont encore statistiquement l'apanage des femmes. Elles peuvent facilement devenir une routine chronophage et épuisante, dépassant la nécessité de simplement nettoyer pour devenir de vraies obsessions, amplifiées par le sentiment d'être les seules à s'en occuper. On entend souvent dire : *« Lorsque la maison n'est pas impeccable, j'ai du mal à me sentir bien. »* Selon un sondage Ipsos pour Mapa-Spontex du 3 février 2009, la moitié des femmes ont le sentiment d'en faire « beaucoup plus » que leur conjoint. Ce sentiment de responsabilité des femmes est prédominant, ce qui signifie qu'elles ressentent fortement cette charge, même si elles ne souhaitent pas la subir. En effet, toujours selon ce sondage, les tâches ménagères sont une source de conflit au sein d'un couple sur deux. En clair, les femmes ont l'impression de tout faire au sein du foyer, ont un seuil de tolérance à la saleté et au désordre bien inférieur à celui des hommes et entrent en conflit avec ceux-ci dans le but de les voir prendre des initiatives, et pourquoi pas un balai-brosse par la même occasion.

Que peut-on en déduire ? Simplement que dans le domaine de la vie domestique, les femmes s'obligent à une routine qu'elles ne vivent pas forcément bien et qu'elles sont en lutte avec leur conjoint pour que celui-ci participe enfin à ces tâches ménagères.

En bref, les travaux domestiques sont à l'origine d'une forte pression que s'infligent nombre de femmes, d'où une vraie nécessité pour elles de lâcher prise.

À RETENIR

Que sont les pensées parasites ?

Ce sont les ennemis du lâcher-prise, les pensées contre lesquelles nous luttons quand nous ne lâchons pas prise. Par rapport au passé, ce sont les regrets qui nous empêchent de profiter pleinement du moment présent. Par rapport au présent, c'est souvent la colère ou la jalousie. Par rapport au futur, c'est le désir d'atteindre un objectif inaccessible.

D'où proviennent ces pensées parasites ?

Ce sont des modèles de perfection que crée notre société (ainsi l'idée selon laquelle une femme accomplie doit être une bonne ménagère, une idée certes ancienne, mais qui illustre bien le genre de pression assez absurde que chacun peut s'infliger). Chaque personne y est plus ou moins sensible et est plus ou moins influencée par ces pensées parasites.

Nous sommes tous concernés par le lâcher-prise

Chacun de nous peut trouver comment rendre sa vie meilleure, plus sereine et plus agréable. Faire toujours mieux… En effet, nous avons tous de petits ou de grands regrets, des sujets de colère ou d'angoisse récurrents, des obsessions, pas forcément importantes, mais qui nous empêchent de vivre notre vie exactement comme nous l'entendons.

Lâcher-prise et estime de soi

« Si on n'a pas confiance en soi, si on n'a pas de respect, de considération, d'estime pour soi-même, on ne peut pas être un homme, même ordinaire. »

Yasmina Khadra

Témoignage

« Lorsque j'étais adolescente, au collège, j'étais considérée comme le vilain petit canard. Ma vie sociale et ma réputation étaient à l'image de ma confiance en moi et de l'estime que je me portais : absolument déplorable. Je n'avais aucune repartie alors que certaines camarades faisaient se tordre de rire l'assemblée aux dépens d'un seul individu. Je rêvais d'être comme les autres sans jamais y parvenir. Et puis un jour – je devais avoir environ 16 ans –, j'ai rencontré un professeur de français qui a su me montrer que j'étais aussi quelqu'un de bien si je m'attachais à d'autres valeurs que celles auxquelles je m'accrochais jusqu'à présent. J'ai compris que les valeurs des jeunes filles que j'enviais n'étaient construites que sur l'éphémère. Ce professeur m'a montré quel plaisir on pouvait tirer d'une lecture, d'une réflexion bien menée. Il m'a appris combien l'effort intellectuel pouvait être source de joie. J'avoue m'être un peu réfugiée, au début de cette découverte, dans les études. Mais au moins, mes priorités avaient changé. Peu à peu, avec les bonnes notes qui pleuvaient enfin, les félicitations des enseignants et les découvertes que je faisais, je commençais à trouver que je n'étais pas si nulle… J'étonnais tout le monde. Tout naturellement, j'ai minci, car je ne me préoccupais plus de mon apparence. Aujourd'hui encore, je suis reconnaissante envers ce professeur qui m'a ouvert les yeux sur les valeurs qui allaient me faire avancer et changer ma vie. »

Anne-Sophie, 32 ans

Un peu de théorie

L'estime de soi est la capacité à s'évaluer dans un contexte

L'estime de soi, c'est l'image que chacun a de lui-même. C'est la faculté de se comparer à soi-même plutôt qu'aux autres. C'est aussi notre capacité à nous aimer, à ressentir et à juger notre propre valeur selon un certain contexte et des critères qui appartiennent à chacun d'entre nous. Dans notre société, ce sera par exemple notre appréciation de nous-même par rapport au fait que nous soyons assez travailleurs, ou de bons parents, ou des amis fidèles, etc. C'est l'évaluation de notre aptitude à honorer les rôles de notre vie. L'estime de soi s'oppose à l'orgueil, qui est une capacité à se mesurer aux autres, donc à chercher un résultat en se comparant, sans se soucier de sa propre force, de son équilibre, ni de son bien-être.
L'estime de soi est pour tous une alliée, souvent méprisée à tort. Quelqu'un qui est conscient de sa propre valeur, car ayant su s'offrir des modèles adaptés, n'est pas quelqu'un de prétentieux comme on pourrait le croire, et qui se surestime, mais au contraire une personne qui sait parfaitement, plus que quiconque, qui elle est. On devrait d'ailleurs appeler l'« estime de soi » plus précisément la « juste estime de soi ». C'est le privilège des gens qui savent exactement ce qu'ils veulent, ce qui est bon pour eux, mais qui connaissent aussi bien sûr leurs points faibles, leurs incapacités. Se connaître avec autant de sagesse est très difficile. Les gens qui en sont capables ont parfaitement su lâcher prise par rapport à des exigences illusoires.

D'où vient et comment s'acquiert cette estime de soi ?

L'enfance est le principal moment de la construction de l'estime de soi. Un enfant qui a reçu de l'amour, qui a été valorisé, récompensé, encouragé et surtout entouré sera probablement plus tard un individu confiant et plutôt sûr de lui. Son comportement d'adulte ne sera pas déterminé par la peur d'être rejeté, négligé ou même abandonné. Fort d'un socle affectif solide, cet adulte saura entendre les critiques sans

que celles-ci aient prise sur son individualité. Il saura exister tel qu'il est, avec ses forces et ses faiblesses. S'entendre reprocher d'être par exemple un peu paresseux aura pour effet de le remettre au travail, et non de lui faire perdre tous ses moyens ou de le paralyser. Il prendra ce qu'on lui dit de manière objective sans de dévaloriser.
Prenons l'exemple d'un contrôle scolaire. Un élève qui a une bonne estime de lui-même cherche à progresser à l'école, en assimilant de nouvelles choses et en les comprenant. Au contraire, le but d'un enfant orgueilleux, qui ne s'estime pas, sera plutôt de battre ses camarades, peu importe la manière. Son manque d'estime de soi transparaît alors, il a besoin de se rassurer par la défaite des autres. Quand l'enfant qui a une bonne estime de lui-même saisit la finalité profonde d'un contrôle, l'autre enfant est aveuglé par le résultat et la compétition et passe à côté des nouvelles acquisitions. Mais si l'enfance ne vous a pas donné toutes les clés de l'estime de soi, rien n'est perdu. Heureusement, celle-ci se travaille.

Entretenir et travailler au quotidien sur son estime de soi

D'abord, il faut chercher à comprendre si les modèles que nous voulons tant atteindre, au prix de tant d'efforts, sont ceux qui sont réellement adaptés à notre personnalité. Il ne faut pas se tromper d'objectifs. À vouloir chasser le naturel, on se rend malheureux, on n'est pas en accord avec soi-même, on ne s'aime plus, on se méprise… Et ce naturel reviendra tôt ou tard au galop donc inutile de le nier. Il faut au contraire lâcher prise sur un modèle qui ne nous ressemble pas, faire de sa caractéristique une qualité et travailler davantage sur son écoute des autres, sa capacité d'empathie.
D'autre part, il faut apprendre à reconnaître les valeurs illusoires, c'est-à-dire celles qui ne sont pas universelles : la beauté, le sens de la repartie, la richesse… Ces valeurs-là sont celles qui ne rendent pas le plus sûrement heureux à long terme.

Enfin, l'estime de soi peut être renforcée en apprenant « l'indépendance bienveillante ». On ne se situe pas par rapport aux défauts et aux manquements des autres, mais par rapport à nous-même. Lâcher prise sur les défauts des autres et cesser de les voir permet de se concentrer sur son cheminement personnel.

Pour abandonner certaines pressions et certains modèles, il faut déjà s'aimer et se connaître un tant soit peu. Ainsi, on ne peut par exemple déléguer des responsabilités sans éprouver de l'assurance. Il faut se sentir capable d'exister sans ces responsabilités, sans se rendre utile à tout prix pour obliger les autres à nous aimer.

À RETENIR

Une capacité à s'autoévaluer dans un cadre précis

Nous éprouvons une bonne estime de nous-même lorsque nous avons le sentiment d'avoir agi de manière à répondre à des valeurs qui sont les nôtres. L'estime de soi s'acquiert dès l'enfance, qui est le moment où l'on apprend, où l'on intériorise ces valeurs et où, si l'on est récompensé pour ses succès, on sait identifier quelle orientation prendre.

À la recherche des valeurs adaptées à soi-même

Lorsque nous manquons d'estime pour nous-même, le problème vient du fait que nous nous attachons à suivre des modèles inadaptés à notre propre personnalité et qui sont créés de toutes pièces par notre société. Pour renforcer cette estime, il est important de savoir si nous ne nous trompons pas de modèles, si ceux-ci nous correspondent bien.

Choisir ses propres valeurs selon son expérience

Ce n'est peut-être pas un hasard si nous ne réussissons pas à devenir ce que nous voulons être à tout prix. En choisissant nos propres modèles plutôt qu'en nous les laissant imposer, nous faisons preuve d'autonomie, nous lâchons prise par rapport aux diktats extérieurs et nous nous garantissons ainsi de regagner une certaine estime de nous-même.

Lâcher-prise et comportement alimentaire

« L'absence de faim est un drame sur lequel nul ne s'est penché. »

Amélie Nothomb

Témoignage

« Je suis gourmande, j'aime les bonnes choses, c'est comme ça ! Mon plus vieux souvenir de régime date de l'âge de 8 ans. J'étais "hors de la courbe", dixit le pédiatre… À moi les yaourts 0 % et les légumes verts sans beurre ! J'ai vite pris le pli de décompter l'intégralité de ce qui passait dans mon estomac. Et pour compenser mon inévitable frustration, je me jetais sur les friandises dès qu'elles passaient à ma portée. Évidemment, j'étais rongée de culpabilité. Et comme j'étais si minable, je méritais d'être punie en grossissant encore, je remangeais donc… Cette situation ne s'est pas améliorée à l'adolescence, entre interdits alimentaires et abandon boulimique. Jusqu'au jour où mon généraliste m'a conseillé quelques astuces pour simplement lâcher prise dans mon rapport à la nourriture. D'abord, il me fallait m'accepter telle que j'étais. J'ai appris à me trouver des vêtements qui mettaient en valeur mes formes généreuses. Et enfin, le plus important selon moi, j'ai appris à m'écouter, à ne plus tout contrôler, à ne plus suivre de protocole alimentaire. Et j'ai été surprise ! Surprise de constater qu'au bout de deux jours non-stop de chocolat, mon organisme avait envie de fruits, de légumes frais. En réalité, j'ai surtout appris à me faire confiance, à m'écouter…
Aujourd'hui, j'ai perdu quelques kilos, mais pas tous ceux que j'ai tant détestés durant mon adolescence, et j'ai gagné une belle assurance qui fait bien plus de ravages qu'une taille zéro. »

Alexandra, 26 ans

Un peu de théorie

Calories, culpabilité et frustration, un cocktail toxique

« Mangez moins, vous perdrez du poids ! » clament les magazines à chaque début de printemps afin d'inciter les femmes à faire un énième régime pour avoir une jolie silhouette l'été suivant. Facile à dire… La manière la plus simple de maigrir est, selon eux, de faire un régime, c'est-à-dire d'adopter un comportement alimentaire qui ne nous est pas naturel. Mais on ne mesure pas les conséquences de celui-ci à long terme. Entamer un régime, c'est entrer dans une logique de contrôle, où nous perdons de vue l'envie de manger ou de ne pas manger. Nous faisons passer des règles extérieures avant notre ressenti et nos besoins, que nous négligeons.

Le contrôle de l'alimentation a pour effet de créer des règles strictes. Et chacun sait que les règles sont faites pour être enfreintes, ou créer de la frustration. Si on craque pour un pain au chocolat à 16 heures, on culpabilise. Et si on ne carbure qu'au poisson vapeur-haricots verts, on se crée à coup sûr une immense frustration. Notre manière de manger est différente lorsque nous sommes bien dans notre peau et quand nous ne le sommes pas. La nourriture est un refuge, une consolation ou, à l'inverse, une punition. Notre manière de nous nourrir est complètement déréglée.

À vouloir se fixer des règles strictes et peu adaptées à nos goûts, nous prenons donc le risque de redoubler de gourmandise et d'obtenir du même coup l'inverse de ce qu'on espérait. C'est à ce moment-là que le régime échoue, ayant l'effet contraire de celui escompté.

Lâcher prise sur les impératifs de beauté, cela rend belle

Les critères de beauté sont très subjectifs. Valent-ils bien la peine qu'on les érige immédiatement en absolu, tant ils changent selon les pays, les époques ? Rousse une année, blonde l'année suivante, mais surtout potelée en hiver et mince comme un fil au printemps suivant. La beauté suprême change presque d'une année à l'autre. Impossible pour une femme normalement constituée de s'adapter à cela, sous peine d'y laisser sa santé, son énergie… et même sa beauté ! Et quelle perte de temps de chercher à tout prix à être « à la mode » ! Une très large majorité de femmes a déjà suivi au moins un régime au cours de sa vie. Pourtant, bien peu sont satisfaites de leur apparence. Est-ce à dire que les régimes n'apportent jamais la pleine satisfaction ? Coco Chanel, quoique talentueuse par ailleurs, affirmait, jouant ainsi son rôle de papesse intransigeante de la mode : *« Une femme n'est jamais trop riche ni trop mince. »* Cela illustre bien la course permanente à toujours plus de perfection, mais qui passe par beaucoup trop de restrictions et de frustrations.

Les femmes qui ont abandonné des rêves de minceur absolue pour enfin assumer pleinement leur physique s'en trouvent plus heureuses que celles qui luttent sans cesse contre leur gourmandise et contre elle-même. Et bien souvent, par un effet de réajustement à leurs besoins, celles qui s'écoutent finissent par perdre les kilos qui leur pèsent pour retrouver le poids qui convient à leur physiologie. Belle parabole du lâcher-prise…

Écouter son corps et ses envies pour savourer la vie

L'hypercontrôle de l'alimentation provient de l'accumulation de régimes misant sur le fait que l'on dose quasi scientifiquement tout ce que l'on va mettre dans son assiette. Nous surveillons notre alimentation sans jamais réfléchir simplement à ce que notre corps réclame, à nos envies comme à nos dégoûts, nos rythmes, notre appétit. Apprendre à se nourrir selon nos réels besoins est un long travail. Dans un premier temps, si nos envies sont frénétiques et excessives, il faut apprendre à y céder pour vérifier qu'au bout d'un moment, le corps réclame certains aliments plutôt que d'autres. Nous avons tous en nous un sens de l'équilibre qu'il suffit de mettre à l'épreuve pour le retrouver. Par exemple, celle qui aime passionnément le chocolat pourra s'en nourrir exclusivement pendant quelques repas. Elle sera rapidement écœurée et affaiblie par ce régime trop exclusif. Très vite, elle se rendra compte qu'elle ne rêve plus que de légumes verts et de viande !

Le plaisir de manger est le plus puissant effet rassasiant qui existe. Avoir pleinement conscience du moment que l'on partage, dresser une table, identifier les goûts, les odeurs, les textures, signale tout simplement au cerveau que nous sommes pleinement à notre activité. C'est une vraie méditation par l'alimentation. Cette faculté à être dans l'instant permet de lâcher prise avec des normes trop générales pour être adaptées et redonne ainsi tout son sens au fait de se nourrir. Cela redevient enfin un acte naturel.

À RETENIR

Les régimes sont dangereux s'ils sont trop sévères

À trop vouloir contrôler ce que l'on met dans son assiette, on perd de vue les besoins naturels, les goûts et le plaisir que procure la table. Ainsi, on obtient l'effet inverse de celui que l'on souhaite : on grossit fatalement par réaction. Il peut s'ensuivre, si l'on n'est pas vigilant, une réaction en chaîne de régimes de plus en plus néfastes.

Accepter son apparence et la valoriser enfin

Il est bien difficile de trouver une femme pleinement satisfaite de son apparence. Nombreuses sont celles qui suivent des régimes alimentaires sans parvenir à leurs fins. À croire que ceux-ci promettent plus qu'ils n'apportent. Au lieu de lutter pour atteindre des chimères, il vaut mieux apprendre à s'aimer, à se mettre en valeur avec ses atouts.

Écouter ses propres besoins et savourer la vie

S'accepter c'est déjà commencer par être à sa propre écoute. Pour lâcher prise définitivement avec les diktats alimentaires, il faut écouter sa voix intérieure, celle qui réclame tel ou tel aliment, en telle ou telle quantité. Il faut apprendre à ressentir sa satiété. Enfin, le plus important, il faut savourer les goûts de toutes les choses de la vie.

Lâcher-prise et éducation

« C'est l'enfant lui-même qui doit s'éduquer, s'élever avec le concours des adultes. »

Célestin Freinet

Témoignage

« L'éducation de mon fils n'a jamais été une chose facile. Déjà petit, il était en permanente opposition avec nous. C'était un enfant très colérique, tourmenté. Chaque petite tâche du quotidien était l'enjeu de luttes douloureuses. Nous nous fâchions, nous lui donnions beaucoup de fessées, nous le mettions "au coin". Nous lui montrions en exemple des enfants modèles de notre entourage. Tout cela était indispensable face aux problèmes de discipline que nous rencontrions.

Je prenais très à cœur les problèmes qu'il pouvait rencontrer à l'école. Je plaçais la réussite scolaire au-dessus de tout.

Malgré son désir ardent de liberté et de révolte, il a été longtemps très dépendant au quotidien. Je me retrouvais à faire beaucoup de choses pour lui, à toujours contrôler les devoirs car il oubliait fréquemment d'en effectuer la moitié, à préparer ses vêtements pour le lendemain…

Durant son adolescence, j'ai toujours surveillé de très près ses allées et venues, ses fréquentations. Le voir nous échapper m'était insupportable ! Je le voyais encore tout petit, sans défense. J'étais toujours très étonnée lorsque je le voyais accomplir des choses par lui-même.

Dans ma famille, les parents ont toujours fait preuve de beaucoup d'autorité et les enfants sont toujours restés à leur place. J'ai appliqué ces méthodes puisqu'elles avaient fonctionné pour nous tous.

J'espère que notre fils comprendra, lorsque lui-même deviendra père, combien il est difficile d'éduquer ses enfants. »

Christine, 60 ans

Un peu de théorie

Les fondamentaux de l'éducation : la responsabilisation

Étymologiquement, « éduquer » signifie « conduire hors de ». C'est donc donner les outils qui permettront à l'enfant de prendre son envol, seul, de partir du cocon familial. Contrairement à certaines idées reçues et à certaines méthodes dépassées de nos jours, éduquer, ce n'est pas tenter de formater un esprit, mais l'aider à se former seul, à développer son autonomie. Lâcher prise ne signifie en aucun cas renoncer à toute autorité, parentale ou autre. C'est simplement être vigilant sans tomber dans la lutte frontale et sans pour autant démissionner.

La base du lâcher-prise quand on élève un enfant, c'est la confiance. Confiance en soi, en certaines valeurs que l'on transmet. Mais aussi et surtout confiance en l'enfant. C'est celle-ci qui lui donnera l'énergie vitale pour grandir. Enfin, il faut rentrer dans le cercle vertueux du respect : dans la mesure du possible, et tout en le sécurisant, respectez la liberté de l'enfant. Vous verrez que bien vite, celui-ci vous le rendra.

Un autre comportement indispensable est d'essayer d'abandonner l'idée d'un enfant modèle. En général, nous ne connaissons pas tout d'eux et nous avons tendance à les idéaliser. Dire à son enfant de faire comme untel, qui est si sage, n'aura aucun effet. Copier les méthodes de ses amies sur leurs enfants est vain. Fixer son attention sur ces modèles, et uniquement sur eux, c'est négliger l'identité de son enfant, ses besoins, son rythme et son développement, qui sont finalement l'essentiel.

Il faut s'y résoudre, les parents parfaits n'existent pas

Et s'ils existaient, ils seraient de bien tristes parents. En éducation comme en tout, pour vivre heureux, il faut cesser de vouloir coller à de prétendus modèles. Être parent, cela s'apprend. L'éducation de nos enfants est faite d'erreurs autant que de réussites. Commencer par l'accepter, dédramatiser et cesser de se mettre martel en tête à chaque dérapage vous permettra de gagner en confiance et de créer pour l'enfant une atmosphère sécurisante et rassurante, qui est l'essentiel de ce dont il a besoin.

Cessez par exemple de vous forcer à faire des choses que vous n'aimez pas faire au prétexte que « les bons parents le font ». Si vous préférez lire un roman plutôt que d'entamer une partie de Monopoly, c'est votre droit le plus strict ! Ne vous forcez pas ! D'autant que vous forcer risque de vous rendre impatient et désagréable et l'expérience ne sera gratifiante ni pour vous, ni pour votre enfant. Cessez de culpabiliser : pensez à toutes ces choses que vous faites ou que vous ferez avec plaisir en compagnie de votre bambin. Emmenez-le voir les expos qui vous plaisent, faites la cuisine avec lui... En bref, passez du temps ensemble à faire des choses dont vous partagez l'intérêt. Ne vous sacrifiez pas, ça ne sert à rien.

L'enfant ressentira à coup sûr que vous êtes heureux d'être avec lui, que vous prenez du plaisir à toutes ces activités communes. Cela renforcera vos liens et valorisera votre enfant qui y gagnera en confiance, un principe important de l'éducation.

Éviter le rapport frontal, désamorcer les tensions latentes

Voici quelques astuces qui vous permettront de désamorcer les rapports de force et de mettre en pratique le lâcher-prise dans des situations difficiles. D'abord, évitez de stigmatiser les gros mots et autres interdits. À un âge où l'enfant se construit par l'opposition, ne leur livrez pas d'armes pour combattre ! Ce qui est intéressant dans les gros mots, c'est la réaction qu'ils suscitent chez le parent. Si l'enfant s'aperçoit que les gros mots vous laissent sans réaction, il cessera vite d'en dire. Avec les jeunes enfants, il est inutile de combattre et d'imposer des choses. Il ne veut pas enfiler son pantalon ? Montrez-lui par la fenêtre la grosse voiture qui passe à ce moment devant chez vous, distrayez-le

quelques instants et reprenez la séance d'habillage une minute plus tard, lorsque la pression sera retombée.
Enfin, quand un désaccord entre vous et l'enfant se fait ressentir, un seul mot d'ordre : expliquez. Expliquez pourquoi il faut rendre la poupée à un camarade (*« La poupée est à lui, tu aimerais, toi, qu'on te prenne tes jouets ? »*) plutôt que de la lui arracher des mains pour la rendre à son propriétaire sans rien dire. Plus tard, expliquez-lui combien il est important de bien travailler à l'école, de rendre tel ou tel devoir. Non pas « parce qu'il le faut », ce qui revient à une obligation, mais pour son bien à lui, pour son propre avenir. Votre enfant est évidemment digne de comprendre ces explications et se sentira valorisé, plein de confiance, apaisé.

À RETENIR

Éduquer, c'est d'abord faire confiance à l'enfant

L'éducation réussie est celle qui permet à l'enfant d'être autonome. L'obliger à se conformer à un modèle, c'est envisager l'éducation comme un projet à court terme, ce qui est un non-sens. De plus, vous vous y épuiserez vite et n'y gagnerez pas. Commencez par donner à votre enfant quelques attributs du « grand », si vous voulez qu'il le devienne.

Il n'y a pas de parent parfait, chacun expérimente

Un parent imparfait, c'est un parent qui fait de son mieux pour transmettre ses propres valeurs, qui y met son cœur et son authenticité. Il n'essaye pas de coller à des modèles de manuels d'éducation irréalistes, frustrants et incompréhensibles pour l'enfant. Il commet de fréquentes erreurs, mais il apprend à être parent, tout comme l'enfant grandit.

Expliquez, vous serez surpris de l'effet obtenu

Les enfants ont tous besoin d'être encouragés. C'est le rôle des parents de leur insuffler l'énergie qui leur permettra de devenir adultes. Ils méritent pour grandir d'être considérés comme dignes de comprendre les tenants et les aboutissants de leur éducation. Expliquez-les leur, vous serez étonné de voir comme ils peuvent parfois faire équipe avec vous.

Soigner son perfectionnisme pour lâcher prise

« Ne craignez pas d'atteindre la perfection, vous n'y arriverez jamais. »

Salvador Dali

Témoignage

« Toute petite déjà, j'avais du mal à supporter que mes affaires soient mal rangées. J'étais très perturbée à l'idée de n'avoir pas donné le meilleur de moi-même à l'école. Je voulais à tout prix plaire à mes parents, très sévères et malhabiles lorsqu'il s'agissait de montrer un peu d'affection à leurs enfants. J'étais une petite fille très anxieuse. Aujourd'hui, je n'envisage pas de partir travailler sans avoir fait le tour de toutes les pièces de la maison. Je passe en revue chaque détail, tout doit être impeccable. Au travail, c'est pareil. J'aime que mon bureau soit parfaitement rangé, j'estime que cela donne une image positive de moi. À tel point que cela me cause des soucis dans mon rapport avec mes collègues. Ils sont exaspérés par ma maniaquerie et m'ont fait comprendre plusieurs fois qu'il était difficile de travailler avec moi. Je me fixe des objectifs de perfection, c'est plus fort que moi ! Cette tension permanente, faite d'auto-obligations fictives, m'épuise. Être perfectionniste demande beaucoup de temps et d'énergie et m'en laisse peu pour des activités de détente, des activités "gratuites" comme aller au cinéma ou simplement flâner. J'en oublie de penser à moi, à mes envies profondes enfouies sous des listes mentales de choses à faire. Souvent, mes enfants et mes amis regrettent que je ne sois pas plus disponible pour eux. Ils sont attristés de me voir toujours si fatiguée, si tendue. Il serait temps de profiter de la vie, aussi imparfaite soit-elle… »

Thérèse, 58 ans

Un peu de théorie

D'où viennent les habitudes des grands perfectionnistes ?

Le perfectionnisme est un trait de caractère qui naît des angoisses issues de l'expérience de chacun. C'est une réaction d'enfant mal aimé, qui se sentira plus fort s'il a bien fait ses devoirs, pour faire plaisir à ses parents. Il cherche de cette manière leur intérêt et leur amour. On existe alors non pas par ce que l'on est, qui nous semble méprisable, mais pour ce que l'on fait, les efforts que l'on fournit, notre mérite.

Et c'est le même schéma qui se reproduit tout au long de la vie. En tentant de se rassurer par une profusion d'activités, on laisse peu de temps aux pensées intimes, aux doutes. Une femme qui fait chaque matin le ménage du sol au plafond n'a guère le temps de se pencher sur des questions existentielles. De là naissent la plupart des TOC, dans les cas extrêmes. L'hyperactivité, focalisée sur des détails, permet de couvrir le grand vide, les interrogations, la solitude, ce qui est pourtant essentiel.

Un perfectionniste, c'est aussi quelqu'un qui cherche à se valoriser par ses actes prétendument parfaits : maison impeccable, zèle et heures supplémentaires au travail, etc. Le perfectionniste a souvent appris à l'être face à une certaine pression sociale (à cause de préceptes selon lesquels « il faut être une bonne ménagère » par exemple). Si on ne s'estime pas très intelligent, on pourra toujours avoir le mérite d'être laborieux. Le perfectionnisme est, en quelque sorte, une manière de s'imposer par la force quand on n'a pas d'estime et de confiance en soi.

Fixer sur le papier des objectifs réalisables en une journée

Pour combattre son perfectionnisme et enfin lâcher prise, il faut commencer par effectuer pour soi-même de petits exercices écrits, assez faciles car moins engageants. Au début de chaque journée, notez sur un carnet prévu à cet effet vos objectifs de la journée. Ils ne seront ainsi plus seulement mentaux, mais fixés par écrit. Vous ne pourrez

donc plus en changer au fil de la journée pour de plus difficiles encore ! Il ne s'agit pas d'une tâche ménagère quotidienne, de papiers à trier ou d'une autre activité quotidienne qui vous éloigne de l'essentiel, mais de quelque chose de plus profond : appeler votre grand-mère, postuler à ce boulot de rêve... Pour vous fixer des objectifs réalistes, ne notez qu'une seule chose à faire par jour, mais une chose qui vous tient réellement à cœur.
Dans un deuxième temps, essayez de voir les choses autrement qu'à votre habitude : plutôt que de vous tourner vers ce qui est encore à accomplir, donc anxiogène, revenez souvent sur ce qui est déjà accompli. Feuilletez votre carnet, admirez tous les objectifs barrés d'un trait lorsqu'ils ont été atteints... Alors ? Pas si mal ? Petit à petit, jour après jour, vous aurez déplacé des montagnes sans vous en apercevoir. Cela vous permettra sans doute de regagner un peu d'estime de vous-même : non, vous n'êtes pas seulement une personne perfectible à qui il reste une foule de choses à faire, mais vous êtes aussi cette personne qui a déjà accompli toutes les choses écrites dans ce carnet.

Lancez-vous de petits défis d'imperfection au quotidien

Déjà un peu plus sûr de vous, vous pouvez maintenant commencer à apprendre doucement à être moins parfait. Lancez-vous de (petits) défis pratiques, réalistes bien sûr... mais vous serez bien entraîné par l'exercice précédent. Par exemple, à la maison, laissez le linge s'accumuler, achetez des plats surgelés, ne rangez pas derrière chacun des membres de la famille... Vous vous rendrez assez rapidement compte que les conséquences ne sont pas aussi dramatiques que vous l'imaginiez. Voire qu'il n'y en a aucune !
Ne faites pas les choses, attendez que d'autres s'aperçoivent que le chien n'est pas sorti aujourd'hui par exemple. Attendez, sans le dire bien sûr, que votre entourage prenne naturellement en charge les tâches nécessaires au bon fonctionnement de la famille. Au travail, déléguez

en vous interdisant de repasser derrière. Vous vous apercevrez bien vite que vous n'êtes pas pour cela une personne mauvaise et que vous pouvez faire confiance à ceux qui vous entourent ! Il ne se passe rien de grave. Mieux que cela, vous avez du temps pour vous, pour vous retrouver. Au calme. Vous pourrez ainsi vous consacrer à ce pourquoi vous êtes là.

Et si vous abandonniez maintenant votre perfectionnisme dans vos relations avec les autres ? Faites l'exercice de ne pas anticiper les besoins d'autrui. Vous vous rendrez vite compte que ce que vous imaginiez n'était pas justifié, ou était exagéré. Vous vous sentirez moins redevable envers l'autre et vos relations en seront apaisées.

À RETENIR

Les coupables : des modèles abstraits oppressants

Le comportement du perfectionniste, l'obsession de la perfection, est dû à l'acceptation de modèles sociaux irréalistes : mère parfaite, fée du logis, cadre modèle ou les trois… Censé pousser vers le bonheur et la plénitude, le perfectionnisme épuise en réalité celui qui en est victime, le faisant sans cesse retomber plus bas dans la dévalorisation de soi.

L'assurance des gens peu assurés et inquiets

Le perfectionnisme est dû à un certain manque de confiance en soi. « Si je ne vaux rien en tant que personne, je peux valoir quelque chose par mon acharnement » se disent souvent les perfectionnistes. C'est alors un comportement qui provoque agitation, occupation et préoccupation. Il dissimule des questions et des angoisses plus profondes.

Il est possible de soigner son perfectionnisme

Heureusement, l'obsession de la perfection se soigne assez facilement. En formulant des objectifs quotidiens réalistes et non effrayants, en voyant le « verre à moitié plein » des choses déjà accomplies, on renforce l'estime de soi. Et lorsque la confiance est enfin retrouvée, il est bien plus facile de lâcher prise face aux exigences de perfection.

Le cercle vertueux du lâcher-prise

« Il n'y a rien de plus facile à dire ni de plus difficile à faire que de lâcher prise. »

Santoka

Témoignage

« J'ai divorcé dans des circonstances douloureuses, car j'ai découvert que mon mari me trompait depuis quinze ans, je n'avais plus confiance en rien ni en personne. Mes enfants souffraient de ce divorce, car je me confiais énormément à eux. Avoir une mère en détresse doit être très perturbant pour des ados. Au travail, ce n'était pas mieux. Je m'étais mise à surveiller tout le monde ! C'est pourquoi j'ai pris l'initiative d'être coachée. La personne qui m'a aidée à repenser mes relations au travail s'est beaucoup penchée sur ma vie personnelle. Je lui ai raconté combien il était désormais difficile pour moi de faire confiance à quiconque. Je lui ai raconté ma peur de m'enfermer dans une spirale dans laquelle je serais sans fin trahie par mes proches. En me faisant travailler la méditation, c'est-à-dire la jouissance de l'instant présent, elle m'a fait comprendre que seul celui-ci comptait, car il est bien réel, et qu'en faire un moment positif ne dépend que de nous. Ma peur d'être trahie au travail provenait évidemment de mes expériences passées. J'ai compris que, désormais, le passé n'existait plus car, par définition, il était terminé. Et je n'aurais pas à le revivre. Cela m'a permis de mieux vivre avec mes souffrances. J'ai regagné la confiance de mon équipe. Et peu à peu, mes relations avec mes enfants se sont équilibrées. Me sentant plus forte, j'ai pu me sentir à nouveau protectrice pour eux et établir également une relation de respect distant avec mon ex-mari. »

Marie-Odile, 48 ans

Un peu de théorie

De l'importance de l'impulsion initiale pour lâcher prise

Le lâcher-prise est comparable à un muscle. Comme un muscle entraîné qui continue à brûler des calories même au repos, le lâcher-prise exerce une activité alors qu'il semble en état d'inertie : même lorsque l'on n'est pas conscient de le solliciter, s'il est bien entraîné, il travaille en permanence et, de ce fait, change non pas un seul domaine de l'existence, mais tous. Ainsi, le lâcher-prise devient un réel état d'esprit. C'est une pratique qui se nourrit d'elle-même. Cela signifie qu'elle demande peu d'efforts, seulement celui de l'impulsion initiale (ainsi qu'une petite dose de persévérance pour les plus coriaces). Ensuite, elle devient parfaitement naturelle. Comment siffler le coup d'envoi d'une vie plus sereine ? Il suffit bien souvent de changer un seul élément de son existence, pour peu qu'il soit assez stratégique.

Par exemple, si vous venez de vivre une rupture amoureuse, vous pourrez envisager toutes les possibilités de vie jusqu'alors ignorées : déménagement, changement d'emploi, nouvelles fréquentations, etc.

Au quotidien, faites des petites choses qui peuvent sembler insignifiantes comme changez vos meubles de place. Après tout, qu'est-ce qui vous en empêche, sinon vous-même ? Allez parler à ce sans-abri près de chez vous pour essayer de lui apporter du réconfort, testez ce restaurant qui vous fait envie depuis des mois, changez de côté du lit… Lâcher prise avec ses habitudes permet de voir sa vie autrement et de faire en sorte que d'autres choses changent.

Se consacrer à une seule chose à la fois pour bien avancer

Comme disent les Anglais : « *Focus* ! » Il n'existe pas de traduction littérale. Cela signifie à la fois qu'il faut se concentrer, viser juste, évaluer lucidement la situation et les outils dont nous disposons pour progresser. C'est une méthode qui tient autant du désir d'efficacité que des principes du zen… c'est dire si elle est universelle ! La concentration sur une seule chose à la fois est la recette qui fonctionne à coup sûr. On s'attelle simplement à une seule tâche pour ne pas avoir à se préoccuper de tout faire en même temps et de prendre le risque de bâcler et d'être aux prises avec la multitude de responsabilités qui nous accablent sans pouvoir déterminer clairement quelles sont les priorités et quels bénéfices retirer des problèmes qui ont une solution. On commence par traiter une question particulière. Ainsi, on obtient rapidement une réponse et la satisfaction est plus immédiate que lorsque toutes les questions se posent de front. Après une réussite, on a plus l'énergie et l'envie d'attaquer la phase suivante, et ainsi de suite. À l'heure où les mails arrivent en rafales incessantes et où le téléphone ne nous laisse jamais en paix, la concentration est un vrai défi. Mais c'est aussi la méthode qui change tout et permet de pleinement se réaliser. C'est une forme de méditation appliquée au travail. Vivre pleinement l'instant présent, que ce soit pour résoudre un problème professionnel ou profiter de la beauté du paysage, c'est toujours lâcher prise.

Lâcher prise : l'art de cultiver essentiel et simplicité

Le lâcher-prise, par son apparence audacieuse, peut passer pour de la désinvolture, car il remet en cause des habitudes qui ne sont pas forcément injustifiées, des règles de vie qui répondent à certains besoins et à des fonctionnements préétablis. Il remet en question un mode de vie auquel on s'est habitué. Le lâcher-prise fait voler en éclat une routine qui peut être rassurante et le changement est souvent perçu comme effrayant. Évidemment, au fond, le lâcher-prise n'est ni cavalier, ni désinvolte. Changer un acquis pour voir la vie autrement, remettre en cause ce qui a toujours existé, c'est simplement tenter de se concentrer sur l'essentiel, à savoir : quel est le sens de tout cela ? Suis-je vraiment obligé de passer ce week-end en famille ? Quelles seraient les conséquences si je ne m'y rendais pas ? Sûrement moins graves, si on y réfléchit, que celles imaginées jusqu'à présent quand on se pliait, par devoir, à ce rituel. On pourrait émettre un jugement à l'emporte-pièce : *« Il (elle) est un égoïste, il n'honore pas les fêtes de famille de sa présence. »* Mais, à y regarder de plus près, puisque le but est de passer du temps avec chacun de ses parents, pourquoi ne pas les voir tranquillement, séparément, pour un vrai moment d'échange ? C'est tout cela le lâcher-prise. Se défaire de ses obligations pour aller au cœur du sens des choses. C'est redonner à nos actes leur sens originel en les débarrassant des usages pas toujours utiles qui se sont greffés sur eux avec le temps.

À RETENIR

Le lâcher-prise, un état d'esprit qui s'acquiert

Avec quelques expériences sur sa propre existence, on peut faire du lâcher-prise un état d'esprit qui s'étend à toute notre vie si nous le laissons faire. L'important étant de trouver les « pivots » de ce lâcher-prise, c'est-à-dire les éléments stratégiques à modifier, du plus anodin au plus grave, du plus léger en apparence au plus déterminant.

L'importance du focus, concentration et patience

Si cette impulsion de départ a son importance, il est nécessaire d'effectuer un vrai travail sur soi pour obtenir la plus grande concentration possible. Effectuer une tâche après l'autre est bien plus gratifiant que de vouloir, selon des préceptes hasardeux, assumer tous les problèmes de front. En effet, on en retirera satisfaction et enseignement.

Utiliser le focus pour trouver du sens à sa vie

Cette concentration que nécessite le lâcher-prise participe également à la recherche de l'essentiel. Ne pas s'égarer dans des problèmes annexes, chercher avec sagesse du sens à chaque chose que l'on fait sans s'éparpiller, le lâcher-prise est fait de tout cela. Il permet de cultiver l'essentiel, de s'y consacrer pleinement, avec toute son énergie.

Vie professionnelle : confiance, un maître mot

« À pratiquer plusieurs métiers, on ne réussit dans aucun. »

Platon

Témoignage

« Je dirige une petite entreprise de six personnes. J'ai plusieurs fois surpris des conversations entre employés qui m'appelaient "l'œil de Moscou"... pas très flatteur ! Mon acharnement à tout contrôler a eu plusieurs effets néfastes. J'étais perpétuellement sur les nerfs, surchargé de travail. La multitude de petites tâches que je refusais de déléguer me prenait un temps infini et je n'avais plus du tout le temps de me consacrer à mon propre rôle, celui de capitaine. Pour employer la métaphore maritime, j'étais à la fois en cale, aux voiles, à la boussole... mais jamais vraiment au gouvernail. Et la trajectoire de mon navire s'en ressentait drôlement. Trop préoccupé par des histoires de gestion des congés et des horaires des employés, j'ai loupé l'ouverture du marché chinois. Je n'ai pas su voir quelle était ma chance et, juste après cet épisode, c'est un de nos concurrents directs en France qui a démarré l'export. Alors que j'essayais de secourir mon équipe, mes collaborateurs me faisaient ressentir leur exaspération. Je crois qu'ils se sentaient dévalorisés. La solidarité de notre équipe en a pris un sacré coup. Lorsque j'ai compris que je devais me concentrer sur l'essentiel, mon rôle de dirigeant, j'ai redéfini les rôles de chacun plus clairement. J'ai pu enfin lâcher ces préoccupations qui ne devaient pas être les miennes pour me pencher sur les vraies questions : stratégie, perspectives, management. Aujourd'hui, je ne troquerais ma place pour rien au monde. »

Antoine, 48 ans

Un peu de théorie

Travailler en équipe : valoriser autrui pour se concentrer

Vouloir tout contrôler a malheureusement l'effet contraire de celui escompté. On ne peut réussir seul un projet qui concerne en théorie toute une équipe. Celui qui ne sait pas déléguer et qui ne sait pas répartir les rôles provoque une dissolution de la solidarité : les autres collaborateurs ne se sentent pas valorisés et donc pas motivés pour aller de l'avant, pour s'investir davantage dans leur travail. Prendre des initiatives leur fait peur, car ils anticipent la reprise en main par leur supérieur.

Or, il est indispensable que les autres fassent le travail qui leur incombe si l'on veut pouvoir jouer sa propre partie et permettre que chacun soit compétent dans sa spécialité.

De nombreux dirigeants commettent une erreur dans leur définition du pouvoir. Un chef ne doit pas tout faire, ni même savoir tout faire. Il doit surtout savoir s'entourer de personnalités compétentes afin de mieux déléguer, répartir les tâches et de pouvoir se concentrer sur sa propre fonction qui est si indispensable qu'il doit s'y consacrer pleinement et qu'il ne peut se permettre de faire le travail des autres.

Pour faire confiance aux autres, il faut se faire confiance à soi-même, à ses propres capacités à agir comme un dirigeant (talent de visionnaire et de manager, fin stratège) et non comme un « superemployé ». Il faut aussi avoir suffisamment confiance en soi-même pour abandonner certaines prérogatives et certaines prises de décisions à d'autres et exister sans elles.

Privilégier la disponibilité, préférer qualité à quantité

Dans la vie professionnelle, la part belle est souvent faite à l'effort, au surpassement de soi. Mais jusqu'à quel point doit-on l'accepter ? Et surtout, où se place l'effort ? On entend souvent en France l'idée

reçue selon laquelle les gens qui partent avant 18 heures du bureau ne sont pas professionnels, pas travailleurs et qu'ils manquent d'ambition. Cela montre bien l'idée que certains se font du travail : la quantité serait plus importante que la qualité. C'est une grossière erreur ! En effet, dans les autres pays européens, rester tard au bureau est signe d'incompétence, voire de fainéantise. Quelqu'un qui s'occupe – ou fait semblant de s'occuper – jusqu'à 22 heures au bureau passe alors pour un gaspilleur de temps ou pour quelqu'un de pas très efficace !
Des problèmes dus à une « surprésence » peuvent survenir. La fatigue peut se faire ressentir et faire commettre des négligences ou des erreurs. Le manque de disponibilité intellectuelle peut devenir un obstacle, surtout pour un cadre dirigeant, qui ne jouera alors plus son rôle de tête pensante.

C'est pourquoi il est indispensable de doser travail, repos et vie personnelle. Vivre pleinement ses loisirs et sa vie familiale, c'est se garantir un équilibre qui sera forcément bénéfique au travail.

De même qu'il ne faut pas privilégier la quantité mais la qualité, il est inutile de s'attaquer à tous les problèmes de front. Résoudre ces problèmes un à un est une méthode bien plus sage et bien plus efficace !

Cesser de se focaliser sur des modèles pas forcément adaptés

À peu de chose près, les enfants rêvent de devenir pilotes de chasse, sportif de haut niveau ou princesses quand ils seront grands. Nous avons tous eu à l'esprit des métiers de rêve, ou considérés comme tels, dans lesquels nous n'envisagions que les aspects positifs. Mais ces rêves se cantonnent la plupart du temps à l'enfance. Plus sérieusement, vouloir diriger ne peut pas être une fin en soi, pas plus qu'il n'est raisonnable d'envisager le commerce ou le métier de comédien si l'on devient rouge tomate dès qu'il faut entamer une conversation avec des inconnus.

Il faut cesser de se fixer des objectifs illusoires ou inaccessibles, que ce soit dans le cadre de la recherche d'un emploi ou d'un plan de carrière. Il ne faut pas partir de l'image que renvoie tel ou tel poste pour déterminer ses objectifs, mais les faire reposer sur ses propres capacités, ses propres talents.

À vouloir à tout prix embrasser des fonctions rêvées, nous prenons simplement le risque de ne pas voir quel métier est réellement adapté à nous. Nous faisons fausse route en voulant nous adapter à un travail. Enfin, il faut refuser d'agir uniquement dans un cadre routinier, selon les certitudes qui nous habitent. Sortir du rang avec un peu d'audace, voir les choses sous un autre angle, permet de progresser professionnellement. Ainsi, si l'on croit devoir notre poste à une personne en particulier, il faut se demander si en réalité, à la longue, nous ne devons pas notre poste qu'à nos compétences.

À RETENIR

Apprendre à faire confiance, à écouter, à déléguer

Le travail collectif en entreprise, cela s'apprend. Il faut écouter son entourage pour pouvoir mettre en avant les talents de chacun et pour pouvoir déléguer. Cela signifie qu'il faut accepter que les autres fassent mieux, autrement, ou moins bien que nous n'aurions fait, et que nous ne repasserons pas derrière eux, les laissant à leurs responsabilités.

Non, la quantité de travail n'est pas essentielle

Faire acte de présence au travail n'est pas une fin en soi. Pourquoi sommes-nous là ? Quelle est notre mission ? Il est nécessaire, pour lâcher prise dans la vie professionnelle, de recadrer nos priorités et de nous y consacrer pleinement. Peu importe le temps de présence effective ou les moyens mis en œuvre, seul importe le travail effectué.

Il faut cesser de poursuivre des modèles insensés

Vouloir à tout prix tel ou tel emploi, sans forcément en connaître tous les tenants et les aboutissants, au prix de sacrifices déraisonnables, risque de vous faire passer à côté d'autres opportunités insoupçonnées. Ouvrons grand les yeux et les oreilles ! Soyons vigilants ! En vous adaptant aux opportunités, vous aurez toutes les chances de progresser.

Lâcher-prise, sentiment amoureux et vie de couple

« La vie de couple repose sur un leurre, une agression. Il s'agit pour chacun des deux comparses de prendre possession de l'autre, de relever un défi : "Comment le changer ? Comment le faire devenir moi ?" »

Tahar Ben Jelloun, *Lire*, mars 1999

Témoignage

« Benjamin était toujours dans sa bulle. Un gentil jeune homme au regard à la fois timide et rêveur. Il semblait attacher peu d'importance à son apparence. C'était un fou de films d'horreur et de films d'animation.
Toutes ses petites amies avaient agi de la même manière. Elles avaient tenté de l'apprivoiser, suggérant de lui faire bazarder ses bibelots, le traînant dans les boutiques pour le relooker... Mais dès qu'elles avaient le dos tourné, il retrouvait ses frusques monochromes et ses passions d'ado. Il a résisté à ces jeunes femmes qui ont fini par le quitter. Lorsque j'ai fait sa connaissance, j'ai découvert, pour ma part, un jeune homme non seulement très attentionné et drôle, mais aussi extrêmement cultivé. Incollable sur le cinéma de genre des années 1950, il m'a fait découvrir des boutiques de curiosités, m'a montré des tas de choses dont j'ignorais l'existence. Je suis assez vite tombée très amoureuse de son monde si étranger au mien, et de lui...
J'ai compris, lorsqu'il m'a raconté son histoire, que nos différences faisaient la richesse et le ciment de notre couple, Pour rien au monde je ne pourrais tomber amoureuse de quelqu'un qui me ressemble, je m'ennuierais trop ! Quant à faire changer quelqu'un pour façonner un couple à son image, je trouve que c'est faire preuve de peu

d'imagination sur ce que la vie peut nous apporter comme découvertes. Il faut faire confiance au destin et aux gens pour vous apporter ce dont vous ne soupçonniez même pas l'existence. »

Laurence, 28 ans

Un peu de théorie

Notre manière d'aimer révèle notre capacité à lâcher prise

L'amour est typiquement le domaine où lâcher prise est la condition *sine qua non* à la sérénité et au bonheur dans un couple. Seule la spontanéité y est gage de réussite. En effet, comment vivre dans la contrainte et se frustrer à long terme et, qui plus est, dans la sphère la plus intime ?

Dans une relation où le lâcher-prise est nécessaire, l'un des deux réduit l'autre à l'état de page blanche. L'autre voit son identité niée, il n'est qu'un support quasi interchangeable. Cela crée évidemment des conflits puisque l'un est inévitablement déçu, quand l'autre se sent bafoué. Certains couples vivent ainsi avec des reproches larvés en permanence.

On peut remarquer que les disputes des couples sont souvent ponctuées de « toujours » et de « jamais ». Les défauts identifiés chez l'autre pourraient devenir pourtant de simples traits de caractère si on cesse de lutter vainement contre eux avec des reproches.

Il existe donc un type de relation de couple où les deux protagonistes ont déjà bel et bien lâché prise. C'est une relation dans laquelle l'un aime l'autre en pleine conscience de ce qu'il est, sans vouloir le changer, sans attente frustrée. L'émulation, la curiosité y ont toute leur place. Ces couples ont découvert le secret de la longévité et de la solidité.

Évidemment, en règle générale, un couple ne correspond pas à 100 % à l'un des modèles, mais se situe plus ou moins entre les deux. Reste à savoir doser le lâcher-prise pour enfin profiter pleinement de sa relation.

On ne peut jamais savoir qui sera le partenaire idéal

Ne pas chercher l'aiguille dans la botte de foin, c'est peut-être le secret pour trouver l'amour vrai. Chercher à tout prix l'amour pour lui-même est illusoire, il faut s'intéresser aux individus que nous rencontrons plutôt qu'au sentiment qui serait susceptible de naître de cette rencontre. Cesser également de chercher la femme ou l'homme « de votre vie » qui correspond au modèle que l'on a en tête depuis toujours est le meilleur comportement possible. Soit cette personne existe, et vous risquez d'être déçu en faisant sa connaissance, voire de passer à côté de quelqu'un qui vous emmènerait vers une relation insoupçonnable, soit cette personne n'existe pas et… vous serez forcément insatisfait des rencontres qui pourraient pourtant, si vous vous y consacriez un peu, changer votre vie.

Nous avons tous dans notre entourage quelqu'un d'indécrottablement idéaliste, pétri de certitudes à propos de son « genre » de femmes ou d'hommes et, finalement, toujours célibataire. Hasard ou conséquence directe de son comportement ? À vous de voir…

Chercher l'amour pour lui-même, comme une fin en soi, implique des activités « de célibataire » qui ne vous ressemblent pas forcément. Se consacrer à ces activités, accepter qu'elles soient un passage obligatoire, c'est déjà partir sur la mauvaise voie. Si vous n'êtes pas vous-même, les personnes que vous rencontrerez le remarqueront vite et ils pourraient ne pas se montrer sous leur vrai jour ou, pire, de ne vraiment pas vous correspondre.

Ruptures amoureuses : évitez les autosabotages de rancœur

Pour lâcher prise en amour, il faut donc accepter l'autre tel qu'il est, et l'accepter totalement. Il faut même accepter jusqu'au fait que cet autre ne nous aime plus.

Quand on est quitté, on ressent bien évidemment de la tristesse,on se sent seul et abandonné. Ce sont des sentiments douloureux, mais qui passent avec le temps. Parfois, on ressent aussi de la colère à propos des raisons de la rupture. Parti(e) pour un(e) autre, parti(e) à cause de nous (c'est peut-être encore plus difficile à vivre), tout est possible… Nous sommes blessés dans notre amour-propre, humilié, frustré. Nous tentons naturellement de canaliser ces sentiments qui, bien souvent, se rejoignent dans la colère, envers nous-même comme envers l'autre. Nous nous dévalorisons. Pourquoi n'avons-nous pas été ce qu'il attendait de nous ? Il ne nous aurait sûrement pas quittés si nous nous étions comportés de telle ou telle autre manière. Mais avec des si, on mettrait Paris en bouteille. Pourquoi a-t-il, lui, agi de la sorte ? N'est-ce pas inhumain ? Les frustrations, les regrets et les rancœurs accumulés créent une sorte de tension, de nœud qui nous empêche d'être ouvert à la vie. Nous tournons en rond avec beaucoup de questions mais jamais de réponses. Nous ressassons. Cesser de se poser ces questions et, surtout, cesser d'attendre des réponses permet de continuer à avancer, de continuer à faire des rencontres et permet, pourquoi pas, de retomber amoureux, ce à quoi nous aspirons tous, tôt ou tard !

À RETENIR

L'amour sincère est dans l'acceptation de l'autre

L'amour passe par l'indulgence et par l'acceptation totale de l'autre. On a beau aimer une personne, elle reste extérieure à nous et ne devient pas un prolongement de nous-même… Il faut réussir à aimer l'autre tel qu'il est et non tel que nous le rêvons, et il faut également cesser de lutter pour le façonner à l'image de l'être prétendument idéal.

Les modèles ne servent à rien, surtout en amour !

Chercher le partenaire idéal selon un profil, c'est souvent faire fausse route. Que savons-nous de nos futures rencontres, que savons-nous de la personne qui nous rendra heureux ? Vouloir atteindre un objectif amoureux, c'est refuser les vraies rencontres qui font que l'existence est passionnante. C'est risquer de retomber toujours dans les mêmes travers.

La colère est un sentiment stérile et destructeur

En ressassant un chagrin d'amour, nous ne faisons du mal qu'à nous-même. Cette colère en nous est stérile et nous fait tourner en rond. Elle ne trouve pas d'issue dans l'action, puisque nous n'avons aucune prise sur ces événements amoureux. Mobilisant notre esprit, notre énergie, notre temps, elle n'a d'autre effet que de nous paralyser et nous enfermer.

Lâcher prise dans le corps

« Le corps est le temple de l'esprit. »

Saint Paul

Témoignage

« Je me souviens d'un épisode douloureux. Je voulais me séparer de mon compagnon mais je ne savais pas trop comment faire. Entre mon travail et les enfants (je faisais pratiquement tout à la maison), j'avais du mal à trouver le temps de chercher un nouvel appartement. C'était douloureux pour moi car j'aimais toujours celui que je voulais quitter. Mais la vie avec lui était devenue un véritable enfer. Malgré mes contradictions, ma décision était prise, il fallait que je parte. Bien entendu, les enfants venaient avec moi puisque j'étais seule à m'en occuper. Mon esprit était assez torturé et j'avais des difficultés à clarifier la situation. N'en pouvant plus, me trouvant seule au bureau, j'ai ressenti le besoin urgent de me détendre. Mon corps était crispé, le haut de mon dos était douloureux. J'ai donc pris le temps d'écouter mon corps. J'ai remercié d'avoir pris auparavant des cours de yoga ! J'ai commencé par respirer de façon régulière et profonde au niveau du ventre. Je savais que ce type de respiration calmait à la fois le corps et l'esprit. Effectivement, j'ai presque immédiatement ressenti un bien-être intérieur, comme si j'étais de retour à la maison. Je me suis calmée, apaisée. J'ai poursuivi cet exercice pendant un quart d'heure peut-être. J'avais vraiment besoin de me détendre profondément et durablement. Ensuite, je me suis concentrée sur les parties de mon corps endolories. Je voulais tranquilliser ma douleur. À certains endroits, je me suis aperçue que c'était extrêmement noué. Je me suis efforcée de respirer à travers ces parties très dures. Petit à petit, j'ai ressenti une détente au niveau de ces points. J'ai poursuivi l'exercice en remontant jusqu'à ma tête puis en descendant dans mon corps. J'ai respiré de

façon plus insistante dans les parties qui me semblaient tendues. Comme la mâchoire : j'ai desserré les dents, j'ai décrispé les joues, détendu le front, les yeux, les oreilles, etc. Tout était tellement tendu ! Arrivée aux doigts de pieds, j'ai cessé ma relaxation. Je me sentais à nouveau opérationnelle. Le fait d'avoir relâché mon corps avait fait disparaître toutes les pensées qui m'obsédaient. Je me sentais tranquillisée. Mais dans l'immédiat, le travail m'attendait. Je me sentais à nouveau capable de régler chaque chose au moment le plus propice. Et effectivement, les choses se sont arrangées. Une amie m'a proposé un appartement en location. Je l'ai visité et j'ai rapidement emménagé avec mes enfants. »

Muriel, 42 ans

Un peu de théorie

Le lâcher-prise commence dans le corps

« Nos pensées et nos sentiments influent constamment sur notre corps », indique l'auteur Debbie Shapiro. Lorsque nous sommes en proie à des pensées qui sabotent notre moral, notre corps le ressent. Il se raidit, se contracte. Au contraire, lorsque nous sommes enjoués, notre corps est détendu. Aussi, si nous prêtons attention à notre corps, nous pouvons savoir si nous sommes bien avec nous-mêmes. C'est un merveilleux outil qui nous apprend beaucoup sur nous. C'est pourquoi nous pouvons également l'utiliser pour nous sortir d'une situation a priori bloquée. *« Le corps sert de pont pour faciliter le passage entre la vie extérieure et la vie intérieure »*, nous dit la psychothérapeute Colette Portelance. Il nous aide à lâcher prise. C'est même la première étape pour vraiment y parvenir. Il suffit simplement de marquer une pause pour écouter avec attention et respect son propre corps.

Le lâcher-prise dans le corps

En consacrant dix à quinze minutes à la relaxation, nous allons ressentir le lâcher-prise dans notre corps. C'est à la portée de tous. Il faut juste essayer et pratiquer. Cet exercice nous permet de comprendre le sens du lâcher-prise. En le ressentant, nous le vivons. Nous en avons une compréhension « instinctive », bien plus efficace que tous les discours.

Écoutons notre corps

Pour pouvoir écouter notre corps, il faut d'abord nous arrêter et prendre une profonde inspiration. La détente est immédiate. Nous pouvons dès lors être attentifs à notre ressenti. Poursuivons les respirations intenses jusqu'à ce que la détente soit satisfaisante. Ensuite, orientons notre attention, par exemple, sur une partie de notre corps qui nous semble tendue. Cette tension n'est pas là par hasard. Elle est la conséquence de notre vécu mal assimilé. Nous pouvons observer cette tension, la ressentir pour essayer de mettre des mots sur ce qu'elle essaie de nous dire. Ainsi, si c'est notre tête qui est douloureuse, dirigeons notre attention vers elle. Puis, prenons du recul et demandons-lui ce qu'elle ressent. Des expressions du type « Ça me prend la tête » peuvent alors surgir. Elles sont souvent très éclairantes pour débloquer une situation.

Le conflit dans le corps

Lorsque nous vivons une situation délicate, notre corps le ressent. Chaque émotion est vécue au niveau du corps. Il est le lieu de tous nos conflits. Si nous avons peur, notre corps tremble. Il nous informe de ce que nous traversons. Il conserve la marque de toutes nos émotions. Il nous renseigne sur tout ce que nous n'avons pas compris et sur notre manière d'appréhender la vie. Lorsque nous n'y voyons plus clair, notre corps peut nous révéler les causes de notre malaise. Il a conservé les traces de nos difficultés. Si nous ne voulons pas l'entendre, il se manifestera tôt ou tard, par la maladie ou tout mal corporel, nous obligeant ainsi à réfléchir.

Respectons notre corps

Au fur et à mesure que nous faisons attention à notre corps, nous nous apercevons qu'il nous enseigne sur nous-mêmes. C'est pourquoi nous lui devons un profond respect et le lui montrer. Nous devons, bien sûr, en prendre soin, en ayant une hygiène de vie adéquate. Il s'agit de bien le nourrir mais aussi de l'entretenir correctement. Il apprécie la marche à pied ou la pratique d'un sport. Il faut veiller à le nettoyer, l'hydrater, bref, le bichonner. L'objectif est de lui montrer que nous l'aimons et que nous nous sentons bien avec lui. Il est utile de lui consacrer une attention plus intérieure, en prenant des rendez-vous réguliers avec lui, juste pour être avec lui et seulement avec lui.

À RETENIR

La sagesse du corps

Le corps nous révèle ce que nous ressentons. Il nous renseigne sur qui nous sommes.

Ayons confiance en notre corps

Si nous sommes à l'écoute de notre corps, nous savons qu'il ne se trompe pas. Ce qu'il nous dit est toujours vrai. Si nous nous bloquons le dos par exemple, c'est qu'il est temps de nous arrêter un moment pour passer du temps avec nous. Cette pause ne peut être que bénéfique. Faisons le point et réfléchissons aux événements récents. Demandons-nous en quoi ce mal au dos peut nous éclairer sur ce que nous vivons. Ayons confiance en notre corps : lorsqu'il ne fonctionne plus, il nous délivre un précieux message. Soyons à son écoute.

Apprenons à nous détendre

La vie stressante que nous menons nous oblige à marquer des temps d'arrêt. Cela est nécessaire pour conserver notre équilibre et maintenir notre cap. Lorsque nous sommes coincés dans les embouteillages, ne nous crispons pas. Prenons une profonde inspiration. Sentons notre corps se détendre. Il ne sert à rien de s'agacer, c'est de l'énergie gaspillée. Prenons de la distance, relâchons-nous. Nous nous sentirons beaucoup mieux, physiquement comme moralement.

Faire taire le mental

« Ne prenez pas vos pensées trop au sérieux. »

Eckart Tolle

Témoignage

« J'avais la fâcheuse tendance à m'inquiéter facilement, pour un oui ou pour un non. Je me montais facilement la tête et cela me rendait malheureux. Je me souviens d'un jour où ma copine, Estelle, venait de décommander notre soirée. Elle avait prétexté un travail important à terminer. Ça n'était pas la première fois qu'elle avait un empêchement. Je commençais à douter sérieusement de ses propos. Avait-elle réellement un travail urgent à finir ? N'était-elle pas plutôt avec un autre ? Pour moi, c'était le signe qu'elle en avait assez de moi. Je faisais une paranoïa. Je me demandais ce que j'avais fait pour lui déplaire. Bref, je me posais des tas de questions et plus je m'interrogeais, plus je doutais des sentiments d'Estelle envers moi. Comment faire pour savoir si elle était à son travail ? Devais-je lui téléphoner ? Non, elle pourrait me mentir. Et puis, si elle travaillait vraiment, elle pourrait s'agacer, à juste titre. Au bout d'une heure ou deux de rumination intérieure, je me suis décidé à appeler Antoine, un ami. Il m'a proposé de venir en discuter chez lui, ce que j'ai fait. Je lui ai raconté toutes les craintes que j'avais à propos d'Estelle. Antoine a essayé de me convaincre qu'Estelle était une personne directe et qu'elle n'était pas du genre à me cacher quelque chose. Mais je n'étais pas convaincu. C'est alors qu'Antoine m'a posé une question curieuse : "Peux-tu arrêter tes pensées ?" Cela m'a énormément surpris. Comment pouvais-je y arriver ? Nous pensons sans arrêt ! Il m'a indiqué une technique très efficace : me mettre dans la position d'observateur pour regarder chaque pensée. J'ai essayé. Le flot de mes pensées s'est

immédiatement interrompu. Toute l'activité dans ma tête avait cessé. Je me suis senti vraiment soulagé. Tout ce "babillage" était terminé ! J'étais calme, détendu, content. En prenant ce recul, je me suis rendu compte que les pensées qui m'ennuyaient étaient ridicules ou plus exactement qu'elles étaient comme extérieures à moi et donc qu'elles ne faisaient pas partie de moi. Évidemment, quelques instants plus tard, elles ont essayé de revenir, mais je connaissais le moyen de ne plus me laisser envahir. Depuis cet épisode, j'essaie d'être conscient de mes pensées. Je rumine moins et je me sens mieux. »

Benjamin, 34 ans

Un peu de théorie

Observons nos pensées

Nous entendons tous en permanence une ou plusieurs voix dans notre tête : c'est la pensée qui agit de cette manière. Nous avons donc affaire à des dialogues sans fin, sans en avoir vraiment conscience. Ils peuvent nous fatiguer, nous encombrer, nous stresser. Ils ne nous laissent pas en paix, comme pour Benjamin qui ne sait plus comment faire pour arrêter sa paranoïa. Pour en venir à bout, il faut d'abord en prendre conscience. La meilleure façon est de les observer, posément, sans émettre de jugement. Il s'agit de constater leur présence. Toutes ces pensées sont venues, sans crier gare, sans se présenter, un peu comme des intrus que nous n'aurions pas autorisés à entrer. En les observant, nous prenons conscience du peu d'intérêt que nous avons à les conserver.

Repérons nos pensées

Nous pouvons ainsi observer les pensées qui nous habitent et essayer de comprendre comment et pourquoi elles sont venues. À quoi font-elles référence ? Bien souvent, il s'agit d'un discours déjà entendu qui nous met mal à l'aise. Ces pensées peuvent trouver leur origine dans d'anciennes souffrances. S'en apercevoir nous en libère car nous réalisons dès lors qu'elles ne sont plus appropriées. Mais il peut s'agir de conflits non résolus que nous devons alors comprendre pour mieux nous en détacher. Cela demande, dans ce cas, un travail personnel. Lorsque nous saisissons pourquoi une pensée est entrée, nous pouvons nous en défaire définitivement.

Entraînons-nous à rester vigilants

Prendre conscience de nos pensées nécessite d'être vigilant. Au début, l'exercice est un peu difficile. Mais plus nous avançons dans la pratique, plus il est aisé de repérer à temps les pensées (avant qu'elles ne deviennent nuisibles).

Interrompons le flot des pensées

Si nous observons régulièrement ce qui se passe dans notre tête, nous pouvons nous débarrasser assez vite de nos pensées. Par contre, si nous ne le faisons pas, nous risquons d'être submergés par elles et ne plus savoir comment elles sont venues. Le plus simple alors est de nous arrêter, de respirer et de nous observer. Une fois le calme intérieur retrouvé, il est alors plus facile de les faire disparaître.

Le moment présent

Une solution pour faire taire les pensées est de vérifier si elles font référence au passé ou au futur. C'est pratiquement toujours le cas. Lorsqu'elles nous rappellent un événement ou une situation achevés, elles sont dépassées. Elles n'ont donc plus lieu d'être. Elles peuvent également nous projeter dans l'avenir et, de ce fait, elles ne sont pas réelles non plus. La vie se déroule à l'instant présent : c'est le seul moment qui nous permet de vivre et d'être pleinement.

La pensée imagine la vie

Le mental nous joue bien souvent des tours. Par exemple, nous souhaitons décrocher un emploi. Nous sommes parvenus à obtenir un rendez-vous. Si nous laissons faire notre mental, il va imaginer des scénarios catastrophes et provoquer de l'inquiétude (comme pour Benjamin qui se persuade qu'Estelle lui ment). Il faut prendre conscience que cette projection dans le futur n'existe pas. C'est une supposition. Cela n'est pas concret. Ce que notre mental envisage n'a aucune consistance. Il ne sait pas comment l'avenir va se dérouler. Il ne faut donc surtout pas le croire.

Un état d'unité

En faisant taire le mental, nous accédons à notre être véritable. Nous pouvons sentir notre propre présence. C'est elle qui nous permet de voir que les pensées nous sont extérieures. Même si au début, le silence intérieur est de courte durée, nous pouvons reconnaître notre propre intériorité. Il s'agit d'un état d'unité avec l'Être. Dans ce cas-là, nous sommes entièrement présents.

À RETENIR

Le mental est un instrument

Il ne faut pas non plus bannir tout ce que le mental produit. C'est un instrument fort utile qui nous permet de calculer, d'organiser ou de réfléchir. Mais il faut qu'il reste à sa place d'outil et ne vienne pas trop empiéter sur notre vie. Prenons-le comme tel et faisons-le taire lorsqu'il sort de son rôle d'instrument.

Les rouages du mental

Pour éliminer les souffrances, regardons comment le mental procède : il juge, étiquette et rend malheureux. Détachons-nous en l'observant. C'est de cette manière que nous pourrons comprendre son fonctionnement.

Se débarrasser des pensées négatives

« Le préjugé est fâcheux parce qu'il exclut tout jugement. »

Publilius Syrus

Témoignage

« Avant d'obtenir ce poste, j'enchaînais les emplois mal rémunérés. Au bout de 6 ans, je percevais toujours le smic. De ce fait, j'avais des fins de mois parfois difficiles et je demandais souvent de l'aide à mes parents. Heureusement, mon amie Clothilde m'a fait part d'un poste qui se libérait dans son entreprise. Le profil me correspondait et le salaire proposé était très correct. J'ai donc proposé ma candidature, qui a été retenue. Mais la veille de l'entretien, j'ai paniqué : j'étais persuadée que je n'aurais pas cet emploi. Clothilde a de l'intuition car elle m'a téléphoné pour voir comment j'allais. Je n'ai pas pu lui cacher mon état. Elle est donc venue chez moi et a essayé de me remonter le moral. Je n'avais absolument plus confiance en moi. J'étais vraiment persuadée que le poste serait attribué à quelqu'un d'autre. Je ne connaissais pas le secteur d'activité. Il y avait certainement des gens sélectionnés qui l'avaient expérimenté. Clothilde m'a dit que je ne pouvais pas le savoir, que je faisais des suppositions. J'ai reconnu qu'elle avait raison. Elle a également noté que connaître le secteur n'était pas du tout nécessaire pour le travail requis. Ce qui était vrai. Mais comme le poste était très bien payé, je pensais que les tâches seraient certainement difficiles. Clothilde m'a assuré qu'il s'agissait exactement du même travail que j'exerçais et qu'il était, pour une fois, payé à sa juste valeur. Mais je ne connaissais personne de mon métier recevant un tel salaire. Clothilde m'a rétorqué que je ne connaissais pas assez de monde pour établir un salaire moyen. J'ai

admis qu'elle avait, encore une fois, raison. Je lui ai dit que j'étais terriblement angoissée et que j'avais l'impression de ne pas mériter tout cet argent. " – En voilà une drôle d'idée ! D'où tu tiens ça ? m'a demandé Clothilde. – Je n'en sais rien. Il faudrait que je parvienne à m'en débarrasser. – Oui, moi je peux te dire que tu mérites de gagner autant !" Je me suis rendu compte que je me gâchais l'existence en pensant que je ne méritais pas un bon salaire. Cette pensée était liée à mon passé. J'ai décidé de combattre cette idée fausse. Clothilde avait raison : je méritais de bien gagner ma vie ! Je me suis répété cette phrase positive plusieurs fois dans la soirée et le lendemain matin, avant mon rendez-vous. J'ai réussi à décrocher le poste et je perçois chaque mois un salaire tout à fait honorable. Depuis, je fais attention à mes pensées sur l'argent. »

Manon, 30 ans

Un peu de théorie

Identifions les pensées fausses

Nous entretenons des pensées qui, lorsque nous en prenons conscience, s'avèrent fausses. Fort heureusement, les événements que nous traversons nous aident à les déceler. Si nous n'y arrivons pas, d'autres situations nous permettront de les mettre en lumière. Ainsi Manon a eu de nombreux emplois mal rémunérés avant de pouvoir comprendre qu'elle entretenait des propos négatifs vis-à-vis de l'argent. La situation s'est répétée jusqu'à ce qu'elle arrive à prendre conscience de ses pensés nuisibles.

Identifions les croyances

Les croyances ne sont pas toujours faciles à déceler tant nous avons pris l'habitude de vivre avec. Elles font partie de notre quotidien sans que nous nous en apercevions. Par exemple, nous pouvons croire que la beauté facilite la réussite. Si nous nous trouvons beaux, cela ne nous portera pas ombrage. Par contre, si nous estimons que nous ne le sommes pas, notre succès n'est pas garanti. En découvrant qu'il s'agit de croyances, nous pouvons vérifier si elles sont en concordance avec ce que nous voulons vivre. Si cela n'est pas le cas, nous avons la possibilité de les changer.

Identifions les croyances personnelles

Nous pouvons créer nos propres croyances. Par exemple, nous pouvons croire que nous n'avons aucun talent créatif ou que nous sommes les meilleurs dans les affaires. Ce n'est pas parce que nous y croyons que ces opinions sont vraies. Par contre, le fait d'y croire entraîne leur réalisation. Les croyances que nous entretenons se vérifient. Si nous croyons que nous sommes irrésistibles, nous aurons certainement beaucoup d'aisance relationnelle. Et cela n'est pas gênant. Mais si nous croyons que nous sommes nuls en langues étrangères, nous risquons fortement de l'être. Ainsi, Manon est mal payée parce qu'elle croit qu'elle ne mérite pas un bon salaire. C'est lorsque nous prenons conscience d'une croyance erronée, ou qui ne nous convient pas, que nous pouvons la modifier.

Identifions nos contraintes

Les contraintes sont plus faciles à repérer. Ce sont tous les préceptes qui commencent généralement par « il faut que, je dois… ». Ce sont aussi toutes les maximes ou les dictons populaires que nous avons entendus pendant notre enfance et notre adolescence et que nous avons stockés dans notre mémoire. Toutes ces formules agissent comme des directives intérieures que nous nous efforçons de respecter, sans vérifier si elles sont vraiment fondées. Bien souvent, elles sont inutiles et ne génèrent que des entraves dont il est bon de se défaire. Par exemple, « l'avenir appartient aux gens qui se lèvent tôt » est inexact pour bien des professions et pourtant cette citation continue d'exercer sa pression sur de nombreuses personnes.

Remplaçons les pensées négatives

Lorsque nous nous apercevons que certaines pensées sont fausses, nous n'y croyons plus. Par contre, d'autres sont plus difficiles à combattre parce que leurs racines sont plus profondes en nous. Remplaçons-les par une formule positive. Par exemple, transformons « je ne suis pas rapide » en « ma vitesse s'améliore de jour en jour ». La méthode Coué fonctionne !

À RETENIR

La croyance est une pensée

La croyance est une pensée que nous considérons comme vraie.

Les superstitions sont des croyances

Les superstitions font partie des croyances. Elles entretiennent le plus souvent des peurs.

La puissance des pensées

Nos pensées ont une action sur notre réalité. Il vaut donc mieux penser que « la vie est magnifique » plutôt que « la vie est difficile ». Nous sommes les seuls à savoir si nos pensées sont exactes.

Mettons en lumière nos a priori

Nous avons tous des a priori, des préjugés ou des jugements de valeur. Ceux-ci émettent des généralités et donc ne sont pas vrais. Mais ils entravent notre liberté. Ce sont typiquement des pensées extérieures à notre être, que nous avons adoptées sans faire appel à notre conscience.

Identifions nos pensées pour nous en libérer

C'est en reconnaissant la nature de nos pensées (croyances, a priori, etc.) que nous pouvons nous en libérer. En effet, le fait de réaliser qu'elles ne correspondent pas à notre authenticité, nous permet dans le même temps de nous en défaire. Si nous sommes persuadés que « l'argent ne fait pas le bonheur », il n'est pas certain que nous en ayons beaucoup.

Se remettre en question

« Celui qui marche dans l'intégrité marche en confiance et trouvera le salut. »

Livre des Proverbes

Témoignage

« J'étais soucieuse. Victor, mon fils de 8 ans, avait de mauvais résultats scolaires. Pourtant je lui consacrais beaucoup de temps. Chaque soir, je lui expliquais les leçons qu'il ne comprenait pas. Je m'efforçais d'être patiente et je passais au moins une heure par jour à l'aider. Au deuxième trimestre, la situation ne s'était toujours pas améliorée. Je suis passée à la librairie acheter le journal et un titre sur un magazine m'a interpellée : "L'échec scolaire". J'ai pris la publication en question et j'ai dévoré le dossier. J'ai découvert que des tas de parents se posaient les mêmes questions que moi. L'échec scolaire était fréquent. J'ai même lu un témoignage qui ressemblait beaucoup à ce que je vivais avec Victor. Le point de vue des psychologues était clair : ils conseillaient d'être moins exigeants avec nos chères têtes blondes. Ils constataient que beaucoup de parents mettaient trop de pression sur leurs enfants. Il fallait les laisser respirer un peu. Les enfants ont besoin de s'amuser et de décompresser. L'article donnait des références d'ouvrages sur le sujet. J'en ai lu une bonne partie, en un temps record. Pour moi, il y avait urgence à ce que Victor ait de bons résultats. Je me suis rendu compte que je l'accaparais beaucoup trop. Je m'en occupais trop. Je ne le laissais pas vivre à son rythme. Je contrôlais tous les jours ce qu'il avait à faire ou je vérifiais s'il avait fait tous ses devoirs. Je ne lui rendais pas la vie facile et à moi non plus. Au final, j'ai compris que je ne faisais pas assez confiance à mon fils. Je me conduisais comme si j'étais persuadée qu'il n'y arriverait

pas. J'exigeais de lui ce que j'exigeais de moi. C'était absurde. Il fallait que je modifie mon attitude. J'ai donc essayé de changer et de faire confiance à Victor. J'ai adopté un comportement différent le jour même et je lui ai dit : "Je n'ai pas le temps de m'occuper de toi ce soir. Fais ce que tu dois faire. Je suis certaine que tu le feras très bien." J'ai bien vu la surprise de Victor mais il est allé dans sa chambre et s'est mis au travail. Curieusement, je me suis sentie apaisée, détendue. Au bout d'une heure, Victor m'a annoncé qu'il avait terminé. "– Veux-tu vérifier ? –Est-ce nécessaire ? – C'est comme tu veux. – Alors, ça n'est pas la peine." En changeant mon attitude, je me suis sentie beaucoup mieux et Victor aussi. L'atmosphère est maintenant détendue et les résultats... bien meilleurs ! »

Annick, 43 ans

Un peu de théorie

Le contrôle

Comme Annick, qui vérifie si son fils parvient à faire ses devoirs, nous avons la fâcheuse manie de vouloir contrôler les choses et les gens. La porte est-elle bien verrouillée ? La lumière dans la chambre des enfants est-elle bien éteinte ? Mon e-mail est-il bien parti ? Mon mari a-t-il fait les courses ? Mon fils a-t-il descendu la poubelle ? Toutes ces vérifications nous prennent non seulement du temps mais en plus elles nous encombrent. Pour prendre conscience de tous nos contrôles, observons-nous pendant une journée. Que vérifions-nous ? Est-ce indispensable ? Si nous sommes honnêtes avec nous-mêmes, nous reconnaîtrons que nous pouvons en éliminer une bonne partie. Nous nous sentirons peut-être moins « importants » mais plus légers.

À quoi nous accrochons-nous ?

Nous jouons tous un rôle : celui de parent, d'amant, d'enfant, de collègue, etc. Nous pouvons par exemple employer des termes peu habituels devant un client pour montrer notre professionnalisme. Si l'emploi de ce vocabulaire ne nous vient pas naturellement, si nous avons l'impression de jouer la comédie, nous avons raison. C'est le cas. Alors pourquoi continuer ? Est-ce vraiment indispensable ? Arrêtons d'imiter nos semblables et renouons avec notre véritable authenticité.

Fixons-nous de vrais objectifs

Pour nous réaliser, nous nous fixons des buts à atteindre. Cela est indispensable. Mais beaucoup de nos objectifs sont superflus et nous pourrions aisément les éliminer de notre vie. Par exemple, pourquoi nous laisser submerger par le travail ? N'est-ce pas là le signe que nous nous étourdissons pour oublier de nous connaître ? Que souhaitons-nous atteindre ? Nos objectifs nous concernent-ils directement ? Ne pouvons-nous pas ralentir le rythme et prendre le temps d'être avec nous ? Ne souhaitons-nous pas plutôt nous réaliser et rendre notre vie plus harmonieuse ?

Reconnaissons nos limites

Certains veulent toujours avoir raison et c'est très agaçant pour leur entourage. Lorsque ces gens-là débattent d'un sujet, ils préfèrent camper sur leurs positions plutôt que de reconnaître qu'ils se trompent. Ils ne veulent pas perdre la face. Le jour où ils se libéreront de leur orgueil, ils se sentiront beaucoup mieux. Nous avons tous à nous défaire d'attitudes qui, non seulement, nous desservent, mais nous empêchent d'être vraiment nous-mêmes. Soyons intègres et acceptons nos limites.

Soyons honnêtes avec nous-mêmes

Nous remettre en question, c'est prendre la décision de considérer ce qui ne va pas pour y remédier. Cette démarche requiert de l'humilité puisqu'il s'agit de reconnaître nos erreurs. Cela n'est jamais agréable.

Nous devons ressentir le besoin impérieux de découvrir la vérité, pour être en mesure d'examiner sans complaisance la situation. C'est le désir d'authenticité qui va nous guider dans cette phase. Soyons honnêtes avec nous-mêmes pour que la remise en question soit possible.

Exerçons notre sens critique

Nous venons de nous disputer avec notre conjoint. Nous nous isolons, en proie à une grande détresse. Le mieux à faire est tout d'abord de faire tomber l'excitation qui nous trouble. Respirons profondément. Retrouvons notre calme. N'essayons pas de voir qui a raison (dans les disputes, en général, les torts sont partagés). Considérons plutôt ce que nous n'admettons pas et ce qui nous fait souffrir. Au besoin, notons-le. Écrire permet de révéler ce qui ne va pas. Que reprochons-nous à notre conjoint ? Que voudrions-nous qu'il fasse ? S'il le faisait, comment nous sentirions-nous ? Considérons-nous cette dispute comme bénéfique ? Pourquoi ? Posons-nous toutes les questions afin de comprendre ce qui nous bloque ou nous gêne intérieurement. Lorsque nous affirmons quelque chose, demandons-nous simplement : « Est-ce vrai ?». C'est une question clé qui est au centre de la remise en question.

À RETENIR

Abandonnons nos comportements contraignants

Arrêtons de jouer un rôle. Acceptons qui nous sommes et montrons-nous ainsi. Assumons-nous.

Cherchons à être authentiques

Chaque moment de notre vie est précieux. Ne le gaspillons pas en nous étourdissant par des activités superflues. Cherchons à nous réaliser.

Soyons gentils avec nous-mêmes

Lorsque nous décidons de nous remettre en question, il n'est pas question de nous accabler. La démarche est déjà assez douloureuse comme ça. Il n'est pas nécessaire de la rendre davantage insupportable. Accueillons nos erreurs avec bienveillance. Se tromper n'est pas très grave. C'est humain. En comprenant nos méprises, nous nous en libérons. Cela nous permet d'évoluer.

Pourquoi nous remettre en question ?

Nous pouvons continuer à vivre sans rien y changer. Mais, si au fond de nous, nous ressentons un malaise, explorer la raison de ce mal-être sera salutaire. Plus nous ferons du « ménage » intérieur, plus nous nous allégerons et plus nous nous approcherons de notre véritable nature. En nous débarrassant de ce qui est superflu et dispensable, nous sommes tout simplement nous-mêmes.

Connaître sa vraie nature

« La vie ressemble à un conte ; ce qui importe, ce n'est pas sa longueur, mais sa valeur. »

Sénèque

Témoignage

« C'était une phase un peu délicate. Je me sentais mal dans mon travail mais je ne savais pas vers quoi m'orienter. Je savais qu'il fallait que je fasse autre chose, mais je ne voyais pas quoi. C'était une période inconfortable, que je vivais mal. Chez le libraire, j'ai vu un livre qui m'a immédiatement interpellée. Je l'ai feuilleté et vite acheté. Ce livre a transformé ma vie. Bourré d'exercices, que j'ai faits consciencieusement, cet ouvrage m'a ouvert les portes de mon être. Je suis allée à la rencontre de moi-même et j'ai découvert qui j'étais réellement. Le manque de confiance en moi m'en avait empêchée jusqu'à présent. Le besoin impérieux de me réaliser m'a poussée à aller jusqu'au bout. Cette transformation s'est faite dans la joie. J'étais heureuse de me retrouver. J'ai fait sauter bien des blocages, des doutes et des peurs. J'ai pris conscience que jusqu'à présent je menais ma vie sans prendre les risques nécessaires. Mes efforts jusqu'alors n'engageaient pas mon être en profondeur. Mais là, j'ai décidé d'avancer sans bouée de sauvetage, avec mon intériorité comme guide. Jusqu'à présent, si je travaillais trop, c'était pour m'oublier. Je ne souhaitais pas me voir. J'étais très occupée. J'ai retrouvé le sentiment de sécurité. Je croyais à nouveau en moi. J'ai pris de l'assurance et j'ai pris conscience de ce que j'aimais et de ce que je n'aimais pas. J'ai reconnu que j'avais certains talents. J'ai renoué avec l'espoir et le sens du possible. J'ai réalisé que la peur me dirigeait et m'empêchait d'oser. Je me suis engagée à être intègre avec moi quoiqu'il arrive. La lecture de ce livre a

eu un effet libérateur. Je me suis sentie soulagée, apaisée, confiante. Désormais, j'allais me diriger vers un travail davantage en accord avec moi. Cela a pris un peu de temps, mais, petit à petit, ma situation s'est clarifiée. Plus j'avançais, plus j'apprenais sur moi et plus mes objectifs se précisaient. Jusqu'au jour où j'ai vraiment réussi à faire ce que j'avais envie : des documentaires. J'ai trouvé le courage nécessaire pour changer de cap. J'ai réalisé cinq films. Ensuite, les événements m'ont amenée vers une autre activité, liée à la précédente, l'écriture. Je sais désormais qu'il ne sert à rien de s'attacher à un travail. L'important est de parvenir à faire ce que nous aimons. Tout s'enchaîne naturellement quand nous n'opposons pas de résistance. Aujourd'hui, je prends les choses comme elles viennent. J'ai confiance en la vie. »

Camille, 49 ans

Un peu de théorie

Que souhaitons-nous ?

Désirons-nous vivre avec un sentiment de malaise ? Non, bien sûr. Souhaitons-nous demeurer avec nos blocages ? Non. Ce que nous souhaitons tous, c'est le bonheur. Voilà, le mot est lâché. Pour le connaître, il faut savoir ce qui nous rend heureux. Le bonheur est un état qui s'éprouve. Le lâcher-prise y conduit car il donne accès à notre sagesse intérieure. Cette intelligence connaît nos véritables besoins en matière de bonheur.

Un choix de vie

Chacun mène la vie qui a priori lui correspond. Mais, si nous y regardons de plus près, nous nous apercevons que les personnes satisfaites de leur vie sont assez peu nombreuses. Elles sont confrontées à des situations de manque et sont insatisfaites. Si nous voulons avoir une vie qui nous comble, il faut s'en donner la peine. C'est un choix. Cela requiert du courage et de la volonté. Et c'est à la portée de tout le monde.

Découvrons nos vrais désirs

Le mot désir ne concerne pas ici le désir charnel ou toutes les envies vite rassasiées que nous pouvons avoir, comme une voiture, une glace ou une maison. Le désir dont nous parlons correspond à une aspiration profonde. Il s'agit de savoir ce qui nous fait « vibrer » dans la vie. Nos désirs sont bien souvent enfouis en nous, sous un tas de contraintes et de freins qui nous empêchent de les découvrir. Ils sont synonymes de plaisir. Pour les connaître, posons-nous la question : qu'est-ce que nous aimons ou aimerions faire ? Qu'est-ce qui nous empêche de le faire ?

Du temps pour nous

Nous pouvons dès maintenant faire un pas pour obtenir davantage de satisfactions dans notre vie. Au lieu de consacrer du temps à des tâches qui nous ennuient, essayons de l'employer à nous faire plaisir. Pour cela, regardons à quoi nous consacrons trop de temps. Quelles sont les activités « incontournables » qui nous ennuient ? Pouvons-vous réduire ce temps voire arrêter ces tâches (ou les déléguer) ?

Nous réaliser

Comme le dit si justement le philosophe Michel Lacroix : *« L'être humain ressent des besoins d'un niveau supérieur [...] qui se traduisent par une aspiration à l'accomplissement de soi. »* Ce désir intérieur nous pousse à nous accomplir. Sa présence nous guide vers notre potentiel à exploiter. Ce désir impérieux est donc très précieux car, si nous l'écoutons et le suivons, nous connaîtrons l'épanouissement personnel. Ce besoin nous amène à nous détacher de tout ce qui nous encombre, à nous libérer de tout ce qui nous empêchait jusqu'à présent de nous réaliser.

Nos intentions

Nous agissons en fonction de nos intentions. En effet, nous décidons de notre vie et la mettons en œuvre grâce au processus de l'intention. Soyons attentifs à ne pas nous laisser ballotter par les événements. Cessons de nous effondrer au moindre problème. La psychologue Cécile Kapfer emploie les termes d'*« intention vraie »* et d'*« intention en conscience »*. Elle indique qu'il est *« important de vivre en conscience, parce que cela nous permet d'intégrer nos expériences »*. Ainsi, nous ne subissons pas notre vie mais nous la vivons pleinement. Nous prenons les choses en main et nous les assumons.

Qui sommes-nous ?

Lorsque nous quittons le domaine des pensées pour entrer dans celui de la compréhension, nous atteignons un certain degré de conscience, qui, si nous persévérons, peut nous conduire à notre vraie nature. C'est le siège de la vie au présent. C'est là que réside le soi. *« Le moment présent ne fait qu'un avec la conscience que nous en avons »*, nous dit Guy Finley. Nous sommes nous-mêmes lorsque nous vivons ici et maintenant. Ne cherchons pas à être quelqu'un. Contentons-nous d'être.

À RETENIR

Rapprochons-nous de nos désirs

Si nous ne savons pas exactement quels sont nos désirs, c'est que nous devons vraisemblablement éliminer des blocages. Ne focalisons pas notre attention à les trouver. Notre cœur nous dira à quoi il aspire au bon moment. Confectionnons plutôt un gâteau ou allons marcher. Cela calme le mental et nous pouvons alors entendre les messages que nous délivre notre intuition.

Apprenons à être

À travers nos diverses expériences, nous pouvons nous libérer de tout ce qui nous empêche d'atteindre notre véritable nature. Elles nous permettent de franchir des étapes qui nous amènent à être de plus en plus authentiques, au fur et à mesure que nous nous dépouillons de tout ce qui nous gêne.

Vivons consciemment

Nous sommes tous dotés d'une conscience. Par contre, nous ne l'utilisons pas tous à bon escient. Certains vivent à un degré élevé de conscience, d'autres pas du tout. Libre à chacun de décider de sa réalité. Nous pouvons ainsi avoir conscience de ne faire qu'un avec l'ensemble de la création. C'est ce que nous ressentons, par exemple, quand nous admirons la nature.

Revisiter ses émotions

« L'orgueilleux aimera mieux se perdre que de demander son chemin. »

Charles Churchill, The Farewell

Témoignage

« Je réagis toujours très fortement, depuis que j'ai 7 ans, au contact des autres ou des lieux. Je ne saisis pas trop bien pourquoi je suis aussi sensible. C'est une sorte de don. Lorsque je rencontre une personne pour la première fois, mes émotions m'avertissent. Si, par exemple, je ressens de l'angoisse, je sais qu'il vaut mieux que j'évite l'individu en question. Parfois, c'est une véritable peur qui m'empoigne : mes poils se hérissent, je transpire. C'est très alarmant. Mais j'ai aussi des émotions plus heureuses. Avec certains, je me sens profondément calme et détendue, parfaitement à l'aise. Je sais dans ce cas que je peux avoir confiance en eux et que j'ai tout intérêt à approfondir la relation. Mais j'ai mis du temps à reconnaître mes émotions. Au début, je ne comprenais pas vraiment pourquoi je réagissais ainsi. Quand j'avais peur, j'essayais de faire abstraction, en me disant que c'était ridicule. Je ne comprenais pas ce qui m'arrivait et personne ne pouvait me l'expliquer. Quand j'en parlais à mes parents ou à mes copines, ils souriaient, se moquaient un peu de moi et je sentais bien qu'ils ne me croyaient pas vraiment. Ils pensaient que je me faisais des idées. J'ai dû faire mon apprentissage, seule. J'ai écouté ce que mes émotions voulaient me dire. Je me suis surtout rendu compte qu'elles ne se trompaient jamais. Quand je ressentais de la crainte, que ma gorge se nouait et qu'une sensation de froid m'envahissait, je savais qu'il y avait un danger. Mon émotion me mettait en garde. Il était dangereux pour moi de m'aventurer davantage. La sagesse me conseillait

d'arrêter. C'est parce qu'une fois je n'ai pas voulu écouter mes émotions, alors que j'aurais dû, que j'ai vraiment accepté de le faire par la suite. J'ai rencontré un homme qui me plaisait, mais au début de notre relation, à chaque fois que je le voyais, j'avais froid et je me sentais terriblement angoissée. C'était une peur profonde qui m'étreignait et je ne comprenais pas pourquoi. J'aurais vraiment dû m'écouter car j'ai beaucoup souffert par la suite. L'homme qui me mettait si mal à l'aise ne m'aimait pas et était néfaste pour moi. Il me harcelait. J'ai mis du temps pour rompre définitivement avec lui. Cela a été un passage très douloureux. Mais aussi une bonne leçon. Dorénavant, j'essaie de prêter attention à ce que je ressens. Je suis très vigilante. Je sais que mes émotions me signalent un danger quand il existe réellement. »

Anne, 32 ans

Un peu de théorie

Les émotions, un précieux indicateur

Les émotions sont le reflet de nos pensées ou plus exactement la conséquence de nos pensées. Par exemple, lorsque nous pensons que nous allons tomber, nous ressentons de la peur. Nos émotions émettent des signaux. Si nous n'avons pas été assez vigilants et qu'une pensée nocive a fait son œuvre, une émotion va nous l'indiquer. Si nous sommes agacés par exemple, nous allons pouvoir remonter à l'origine de notre énervement : qu'est-ce qui a bien pu nous mettre dans cet état ? Ainsi, chaque émotion nous informe et nous permet de décrypter ce qui nous arrive. Grâce à ce cheminement, nous pouvons remettre en question la pensée ayant généré l'émotion.

Analysons notre ressenti

En prêtant attention à ce que nous ressentons, nous pouvons savoir tout d'abord si cela nous est agréable ou pas. Les pensées dont nous ne voulons pas, engendrent bien sûr des émotions négatives. Leur ressenti sera désagréable. Mais cela n'est jamais négatif en soi. Ce qui est important c'est de voir le message que notre ressenti nous adresse. Certaines émotions vont nous faire souffrir. Même si ces émotions sont pénibles, ne les rejetons pas. Essayons au contraire de les analyser. Que nous disent-elles ?

Assumons nos émotions douloureuses

Les émotions qui expriment la souffrance ne sont pas bien vues. Nous les cachons. Nous attendons de nous trouver seuls, par exemple, pour laisser exploser notre tristesse. De même, nous sommes mal à l'aise devant une personne en pleurs. Pourtant, il est nécessaire d'exprimer ses émotions. Cela permet de les comprendre et d'y faire face.

Reconnaissons nos émotions

Il n'est pas toujours aisé de mettre un mot sur notre ressenti. La principale raison c'est que lorsque nous la vivons, nous sommes sous sa coupe. Mais pour comprendre ce qui se passe en nous, il faut pouvoir dire notre ressenti, avec des mots. Le dire est le moyen de reconnaître notre émotion (par exemple : « Je suis en colère »).

L'utilité des émotions

Les émotions douloureuses nous indiquent que quelque chose ne va pas. La souffrance est insupportable, ce qui nous oblige à y remédier. Les émotions nous poussent à agir et elles nous sont fort utiles. De même, les émotions positives nous transportent. Ainsi, celle de l'enthousiasme nous permet de soulever des montagnes et d'aller jusqu'au bout d'un projet.

Apprenons le langage de nos émotions

Le plus simple est de commencer à exprimer ce que nous ressentons quand rien de particulier ne nous arrive. Lorsque nous sommes au bureau et qu'une journée tranquille démarre, nous pouvons dire : « Je me sens bien. » Dans la rue, nous marchons d'un pas alerte, le cœur joyeux. Nous pouvons dire : « Je suis gai. » Nous entraîner à décrypter nos émotions est un excellent exercice pour comprendre par la suite ce qu'un événement déclenche en nous.

Dialoguons avec nos émotions

Les émotions sont de précieuses alliées car elles nous renseignent sur ce que nous pensons. En dialoguant avec elles, nous parvenons à modifier nos pensées et notre état émotif. Par exemple, lorsque nous n'allons pas bien, nos émotions nous l'indiquent. Dans le même temps, elles nous incitent à agir pour changer notre état. Nous nous ressaisissons et reprenons espoir. Là encore, nos émotions nous le soulignent.

Que se passe-t-il en nous ?

Une émotion désagréable est le signal que nous devons changer. Arrêtons-nous et clarifions ce qui se passe en nous. Essayons de comprendre ce que nous ressentons vis-à-vis de la situation actuelle. Ensuite, examinons ce que nous voulons. Que devons-nous faire pour transformer les choses ? À la lumière de notre réponse, nous pouvons agir.

Évoluons grâce à nos émotions

Une émotion est tenace : si nous ne comprenons pas son message, elle reviendra jusqu'à ce que nous l'ayons saisie. Les émotions nous poussent sur le chemin du développement. Elles nous aident à nous améliorer.

Vivons heureux

Cultivons les émotions qui nous font du bien plutôt que de nous laisser envahir par celles qui nous font souffrir. Adoptons une attitude joyeuse et les préceptes de la psychologie positive. Nous pouvons choisir de vivre mieux si nous abordons la vie avec davantage de bienveillance et de confiance.

À RETENIR

Le reflet de nos pensées

Les émotions nous enseignent sur la nature de nos pensées, d'où la nécessité de rester positif.

Nous connaître

Les émotions nous montrent où nous en sommes dans notre cheminement. Lorsque nous sommes sereins, nos émotions le sont aussi. Plus nous faisons attention à leur signification et plus nous comprenons qui nous sommes. Les émotions nous éclairent sur nos valeurs.

Les émotions nous guident

Lorsque nous prenons une décision, soyons attentifs à ce que nous ressentons. Nos émotions nous indiquent si nous agissons en accord avec nous-mêmes ou pas.

Soyons à l'écoute

Si nous sommes pris dans le tourbillon de la vie, nous aurons des difficultés à ressentir ce que nous éprouvons. Nous risquons d'être submergés par trop d'émotions à la fois. Arrêtons-nous afin d'adopter un rythme plus apaisé. Les émotions demandent à être assimilées.

La colère

« Quand le sage est en colère, il cesse d'être sage. »

Le Talmud

Témoignage

« Je suis rentré à la maison, un soir, extrêmement nerveux. J'ai conscience d'avoir été très irascible envers Violaine, ma compagne, alors qu'elle ne le méritait pas. J'étais fermé, maussade. Je ne parvenais pas à exprimer ce que je ressentais. À table, j'ai injustement crié après elle, lui reprochant d'avoir préparé un plat que je n'aimais pas. Je suis allé dans la cuisine pour me faire autre chose. J'étais dépité. Pourquoi étais-je aussi désagréable avec Violaine ?
Quand je suis revenu près d'elle, elle avait terminé son repas. Elle s'est levée et a regagné la cuisine, en silence. J'ai senti que j'avais dépassé les bornes. Je suis allé la retrouver et je l'ai priée de m'excuser. Mais elle ne me répondait pas. Elle faisait la vaisselle, sans dire un mot. J'ai expliqué que j'avais passé une sale journée : "Quand je suis arrivé à l'agence ce matin, j'ai appris que le client avec qui je devais signer un gros contrat avait décommandé. Je vais donc réaliser un très mauvais chiffre ce mois-ci. L'agence a déjà licencié deux collègues, en raison du faible volume de ventes qu'ils ont effectué. J'ai peur qu'il ne m'arrive la même chose. Le secteur ne se porte pas bien et beaucoup d'entreprises ferment. Le directeur d'agence est très inquiet et l'ambiance est assez stressante." Au fur et à mesure que j'expliquais à Violaine ce qui m'arrivait, je comprenais que j'avais très peur. Cela me rendait insupportable avec elle. Je me suis souvenu que, sur la route, je m'étais défoulé au volant, en pestant après tous les chauffards, ce que je ne fais que très rarement. Je devenais odieux. J'étais en colère contre la fragilité de ma situation. Plus exactement, j'étais

en colère contre moi-même parce que je ne parvenais pas à obtenir des contrats. Je me sentais menacé. La peur me faisait perdre tous mes moyens. Heureusement, Violaine a compris et a contribué à me calmer : "David, tu n'as pas en t'en vouloir si les gens ne signent pas. C'est le contexte économique qui est en cause. Essaie plutôt de voir combien de temps ton agence peut tenir ainsi. Discute avec ton directeur. Et si tu dois changer d'emploi, ça n'est pas dramatique." J'ai retrouvé mon calme. Depuis, la situation s'est un peu arrangée et j'ai conservé mon emploi. Cet épisode m'a permis de prendre conscience des dégâts que je pouvais faire lorsque je ne faisais pas attention à ce que je ressentais. Désormais, j'essaie de ne plus me laisser entraîner par mes émotions. Je m'efforce de les comprendre. »

David, 36 ans

Un peu de théorie

Qu'est-ce que la colère ?

La colère est une émotion qui nous indique notre insatisfaction. Elle nous signale que quelque chose ne va pas. Nous sommes perturbés, mal à l'aise. Nous devenons agressifs, tendus.

Comment se manifeste la colère

Le comportement colérique peut aller du simple agacement jusqu'au coup de pied dans la porte. Plus la colère est contenue, plus son expression est forte lorsqu'elle sort. La colère est assez primitive. Lorsque nous laissons exploser notre colère, nous avons du mal à nous contrôler. L'expression « il est hors de lui » montre à quel point il est difficile de la maîtriser. La folie peut aisément nous gagner. Nous pouvons nous laisser emporter par la colère et faire n'importe quoi. La colère démarre avec des signes annonciateurs comme l'anxiété ou l'impatience. Cette sensation n'est pas agréable. Nous savons que quelque chose nous contrarie. Si nous ne faisons rien pour y mettre un terme, nous devenons sensibles aux événements qui, généralement, nous laissent indifférents. Une situation (de trop) va déclencher la colère. C'est un peu comme une soupape qui, tout d'un coup, jaillit. En explosant, nous montrons que nous avons perdu le contrôle. De ce fait, nous nous sentons encore plus vulnérables.

Après quoi nous mettons-nous en colère ?

La colère est rarement dirigée contre ce qui l'a provoquée. Comme David, qui se met en colère après Violaine : Violaine n'a pourtant rien fait pour provoquer une colère aussi démesurée. L'emportement de David contre sa compagne n'est pas justifié. Son expression prouve que des événements antérieurs l'ont troublé. David va, fort heureusement, chercher quelle est la véritable raison de sa colère. Il va s'apercevoir qu'il a peur de perdre son emploi parce qu'il ne remporte pas suffisamment de contrats. Sa colère est donc dirigée contre lui-même. C'est généralement le cas : notre colère est dirigée contre nous. Quelque chose nous contrarie. Nous nous sentons impuissants. Mais la colère peut aussi être dirigée contre une personne : un parent autoritaire ou blessant par exemple.

Décelons à temps ce qui nous déplaît

Pour éviter de nous mettre en colère, il faut prendre conscience que quelque chose ne nous satisfait pas et y remédier. Avec un peu d'entraînement, nous pouvons aisément y parvenir. Pour cela, il faut prêter attention à ce que nous ressentons, en arrière-plan. Reprenons l'exemple de David. Il se met en colère après sa compagne parce qu'elle a préparé un plat qu'il n'aime pas. Le plat a déclenché la colère de David car c'est une insatisfaction de trop. Il ne peut plus en supporter davantage. En remontant dans le temps, David va se souvenir qu'il n'a pas remporté le contrat qu'il escomptait dans la journée, ce qui a mis en route le mécanisme de la peur. Au lieu d'aller voir son responsable et de discuter calmement avec lui de la situation, David a alimenté son anxiété toute la journée. Il a été de plus en plus en colère contre lui, car incapable d'obtenir des contrats. La colère doit s'exprimer à un moment donné pour que la situation reste viable. C'est ce que David a fait, mais un peu tardivement, d'où une colère inappropriée et démesurée. Il vaut mieux essayer d'y voir clair dès que quelque chose nous agace. Il faut s'efforcer de comprendre ce qui nous arrive pour pouvoir y remédier.

Mettons des mots

Pour comprendre ce qui a déclenché notre colère, il faut nommer les choses. « Je suis en colère parce que je n'arrive pas à gagner correctement ma vie ». À partir de là, il faut s'interroger : « Que puis-je faire pour gagner correctement ma vie ? » Cela permet d'agir dans la bonne direction.

À RETENIR

Un signal

La colère nous permet de constater que nous ne parvenons pas à obtenir ce que nous voulons. Ce sentiment désagréable est un signal fort. Grâce à lui, nous pouvons nous interroger et trouver des solutions. Plus nous prenons rapidement conscience de notre colère, plus vite nous pouvons remédier à ce qui nous déplaît.

Exprimons notre colère

Si nous n'exprimons pas notre colère, nous risquons de nous rendre malades. Nous pouvons alors alimenter des sentiments de rancune et de frustration. Il faut que la colère puisse sortir. Plus nous contenons notre colère, plus nous aurons du mal à contrôler son expression.

Reconnaissons notre colère

Lorsque la colère s'exprime, il faut la considérer comme telle. Nous sommes en colère, soit. Cette prise de conscience va nous permettre de clarifier notre situation. Pourquoi sommes-nous en colère ? Qu'est-ce qui a bien pu déclencher cette émotion ? Remontons le fil du temps pour arriver à la source de la colère.

Transformons notre colère

La colère nous sert de guide. Il faut être à son écoute et avoir le réflexe de chercher ce qui l'a créée. Ainsi, nous serons en mesure de mettre à profit son existence. Nous trouverons des solutions satisfaisantes et pourrons obtenir des changements heureux.

L'envie

« Envier, c'est se reconnaître inférieur. »

Pline le Jeune

Témoignage

« J'ai mis un certain temps avant de me rendre compte que j'enviais un ami, Philippe, qui m'est pourtant très cher. Je lui disais qu'il avait beaucoup de chance mais, au fond de moi, son succès auprès des femmes et sa réussite professionnelle m'agaçaient. Il est vrai que pour moi les choses n'allaient pas très fort. Je ne parvenais pas à trouver un poste à la hauteur de mes exigences. Je voulais que mes capacités soient reconnues, mais comme je démarrais, ça n'était évidemment pas possible. Je devais faire mes preuves. Côté cœur, j'étais toujours seul et je faisais peu de conquêtes. J'étais moins charmant que Philippe, qui séduisait immédiatement les personnes qu'il côtoyait. Sans en avoir vraiment conscience, je me comparais à lui et, bien sûr, cela n'était pas à mon avantage. J'ai compris que je l'enviais lorsqu'il m'a demandé pourquoi j'étais énervé. Nous étions à une soirée et Philippe était brillant, comme d'habitude. Moi, j'essayais de faire de mon mieux mais je me sentais minable. Je crois que j'ai un peu trop bu ce soir-là et je me suis montré irascible envers lui alors qu'il n'y avait aucune raison de l'être. J'étais jaloux de sa position, je l'enviais. J'avais honte de ressentir cela. Je me suis senti encore plus minable. Cela m'a dégrisé. Je suis rentré chez moi et j'ai réfléchi. Il était temps de me prendre en main et d'arrêter d'observer ce que vivait Philippe. Si je l'enviais, c'est que quelque part je pensais pouvoir obtenir les mêmes succès. Il fallait que j'essaie d'y parvenir au lieu de demeurer dans cette position de jaloux honteux. Je devais croire en moi, en mon potentiel. Je n'ai pas dormi cette nuit-là. J'avais trop besoin

de faire le point et d'aller de l'avant. Je ne voulais plus souffrir car cette jalousie était douloureuse. J'ai étudié la situation et ce que j'enviais chez Philippe pour vérifier si je possédais ses qualités. Philippe semblait à l'aise partout. Je ne l'étais pas mais je voulais l'être. Je devais donc faire en sorte de le devenir. J'ai compris que je devais progresser sur deux aspects : le relationnel et mon estime personnelle. Je me suis fixé des objectifs, comme essayer de faire abstraction du regard des autres. J'ai revisité mon passé : beaucoup d'événements me prouvaient que j'étais capable d'avoir de bonnes relations. Il fallait donc que je retrouve un peu plus de confiance en moi. J'ai listé de nouvelles résolutions et je me suis senti plus serein. La jalousie m'a servi à progresser. »

Jérémy, 29 ans

Un peu de théorie

Distinction entre l'envie et la jalousie

Nous assimilons fréquemment l'envie à la jalousie, pourtant ces deux émotions sont différentes. « *L'envie,* nous dit *Le Petit Robert, est un sentiment de tristesse, d'irritation et de haine qui nous anime contre qui possède un bien que nous n'avons pas.* » L'envie nous fait croire que notre situation serait meilleure si nous avions ce que l'autre détient. La jalousie, par contre, c'est vouloir conserver ce qui nous appartient ou que nous croyons nous appartenir. La jalousie est liée à l'amour et elle implique trois personnes. Le jaloux craint, par exemple, qu'un autre ne lui enlève sa bien-aimée. L'émotion qui nous intéresse ici concerne l'envie.

Un sentiment honteux

L'envie est mal vécue car elle est mêlée à de la honte. Nous la camouflons. Ainsi Jérémy n'en a pas parlé à son ami. Il s'est retiré seul chez lui pour y réfléchir. C'est un sentiment qui ne nous procure aucun plaisir, bien au contraire. La honte apparaît car nous réalisons qu'il nous manque quelque chose pour être accomplis.

Un sentiment bâti sur le manque

L'envie repose sur le manque. La publicité l'a bien compris et l'utilise à outrance : achetons cette voiture pour nous sentir bien ! Nous pouvons ressentir de l'envie pour des choses très diverses mais cela ne concerne pas uniquement la sphère matérielle. Nous pouvons envier quelqu'un, comme c'est le cas pour Jérémy.

Des sentiments troubles

L'envie est accompagnée d'impressions désagréables pas toujours aisées à distinguer. L'envie induit la frustration. Nous pouvons ressentir de la colère, de la rancune, de la tristesse voire de l'avidité. Ainsi, Jérémy est en colère contre lui-même car il n'est pas aussi brillant que son ami. Son inaptitude à briller l'énerve. Poussée à l'extrême, l'envie peut engendrer de la haine. Jérémy aurait pu haïr Philippe s'il n'avait pas mené son analyse.

Les origines de l'envie

La psychologie constate que l'envie peut naître dès le stade du nourrisson, lorsque son besoin en lait n'est pas satisfait par exemple. L'envie peut survenir plus tard avec l'arrivée d'un petit frère ou d'une petite sœur. L'enfant doit alors partager l'amour de ses parents avec le nouveau venu. Il envie la place choyée qui est attribuée à ce dernier. Si la famille ne correspond pas à ce que nous attendons sur le plan financier par exemple, là encore, nous pouvons envier ceux qui vivent dans le confort. Nous sommes donc inégaux face à l'envie.

Sachons interpréter nos envies

Lorsque nous envions quelqu'un ou quelque chose, c'est parce que notre situation ne nous satisfait pas. Encore faut-il décrypter ce que nous souhaitons. Dans le cas de Jérémy, il envie Philippe parce qu'il veut être à l'aise avec les autres et réussir professionnellement. Il se sent incapable et a peur de ne pas connaître les succès qu'il recherche. La peur est souvent présente dans ce type d'émotion : nous envions parce que nous craignons. Prenons le temps de comprendre nos envies, elles peuvent nous être fort utiles dans notre vie.

Nos envies sont des pistes

Observons nos envies. Par exemple nous envions telle personne parce qu'elle réussit dans telle discipline. L'envie est souvent proche de l'admiration mais nous y mêlons une sorte de cruauté. Si la personne que nous envions connaît un insuccès, nous sommes ravis. C'est assez malsain, mais il faut admettre que nous ne sommes pas toujours des anges. Par contre, il n'est pas souhaitable d'entretenir de tels sentiments. Cherchons plutôt à voir pourquoi nous réagissons ainsi. Ne serait-ce pas parce que nous sommes doués pour la même discipline ?

Sortons de nos envies

Pour nous libérer de nos envies, il faut agir. Une fois que nous en avons pris conscience, examinons comment faire pour sortir de ce cycle infernal et réussir à nous assumer. Apprenons à canaliser cette énergie nuisible pour la transformer dans notre propre intérêt. Qui envions-nous ? Pourquoi ? Quelle action devons-nous entreprendre ?

À RETENIR

Les émotions accompagnant l'envie

L'envie est mal vécue, d'autant plus qu'elle génère des émotions très diverses et peu plaisantes, comme la colère, la peur, la tristesse et même la haine.

Le manque est lié à l'envie

C'est parce que quelque chose nous manque que nous envions quelqu'un ou quelque chose. L'envie prend naissance à partir d'une insatisfaction.

Interprétons nos envies

Nos envies nous signalent que nous avons besoin de quelque chose. Sachons dépister ce qui nous manque. Étudions nos réactions et nos ressentis.

Nous épanouir grâce à l'envie

En réalisant que nos envies correspondent à des manques intérieurs, nous pouvons mettre en œuvre des actions pour les combler. Nous pouvons faire de nos envies des précieux alliés pour débusquer nos talents et développer notre potentiel.

La culpabilité

« Tu vis continuellement une fable et tu ne t'en aperçois pas. »

Hugo Pratt

Témoignage

« J'ai pris conscience récemment d'une culpabilité qui me gâchait la vie sournoisement. J'essayais de ne pas y prêter attention lorsque ce sentiment désagréable pointait le bout de son nez. Mais un jour, je ne sais pas trop pourquoi, j'en ai eu assez et j'ai vraiment réfléchi. Je dirige un cabinet d'expertise comptable et mes affaires sont plutôt florissantes. Mon chiffre d'affaires augmente chaque année et mes clients sont de plus en plus importants. J'ai démarré seul alors qu'aujourd'hui nous sommes quinze. Je m'en félicite. Mais, curieusement, je me sentais coupable de réussir professionnellement et d'avoir de l'argent. Trop affairé par mon travail, je n'y prêtais pas suffisamment attention et donc j'ai vécu ainsi pendant dix ans. Je venais de boucler mon exercice et j'avais encore obtenu une progression de 5 % de mon chiffre d'affaires. Au lieu de me réjouir, je me suis senti fautif. Je me suis demandé pourquoi. En quoi était-ce mal de gagner de l'argent ? J'ai réfléchi. Mes parents viennent d'un milieu modeste et vivent simplement. J'ai un frère, plus âgé, qui est employé par une société de gardiennage. Je sais qu'il ne gagne pas beaucoup. Je me suis demandé si ma culpabilité ne pouvait pas venir de cette différence. J'ai souvent proposé d'aider mes parents s'ils en avaient besoin mais ils m'ont toujours dit que ça allait. Il est vrai que je suis toujours un peu gêné lorsque je vais les voir. Je préfère les recevoir. J'essaie toujours de leur faire plaisir. Mais, quand ils viennent je me sens coupable d'être heureux et de réussir, car je sais que leur vie n'a pas été facile. J'ai pris conscience que je me sentais coupable de mon bonheur

et de mon succès, ce qui était ridicule. Je n'avais pas à faire comme mes parents. À chacun de choisir la vie qui lui va. J'avais pris des cours du soir pour devenir expert comptable et je travaillais dans la journée. J'avais mérité mon succès actuel. J'ai pris conscience que j'étais également mal à l'aise avec mon frère qui ne faisait pas un travail qui lui plaisait. Mais qu'y puis-je dans le fond ? Chacun est responsable de sa vie. Je ne devais pas m'encombrer du fardeau d'un autre. J'ai compris ainsi que ma culpabilité venait de mon enfance. Mes parents avaient souvent des difficultés financières et je devais, en quelque sorte, faire de même. Depuis cette prise de conscience, je me sens beaucoup mieux et je sais désormais profiter de chaque nouveau contrat. Ma joie est entière ! »

Denis, 45 ans

Un peu de théorie

Une affaire de conscience

Se sentir coupable est lié à la conscience. C'est notre conscience qui nous indique si ce que nous faisons est bien ou pas. Lorsque nous sommes coupables, notre conscience nous avertit que nous agissons en désaccord avec nos propres valeurs. Si nous ne possédions pas ce code moral, nous pourrions tuer notre prochain sans état d'âme. La culpabilité nous indique que nous devons étudier ce qui crée ce malaise. C'est la seule façon d'y remédier pour ne plus ressentir cette émotion peu agréable.

En rapport avec nos agissements

La culpabilité apparaît lorsque nos comportements, nos pensées ou nos actions ne coïncident pas avec notre intégrité. Elle nous signale que nos agissements ne sont pas bons. Ce que nous faisons n'est pas bien ou ce que nous pensons ne correspond pas à notre éthique.

Les tiraillements de la culpabilité

La culpabilité nous met dans des états émotionnels très inconfortables. Elle agit en arrière-plan et nous tient sous sa coupe. C'est un sentiment persistant qui, tant que nous ne l'avons pas analysé, demeure en nous.

Cessons d'alimenter notre culpabilité

Il nous arrive de regretter nos actes et de culpabiliser. Mais, au lieu d'accepter notre erreur et d'essayer de nous pardonner, nous alimentons la plupart du temps un discours intérieur qui ne fait que renforcer notre culpabilité : « Oh, si seulement je n'avais pas eu ce problème de train, j'aurais pu trouver une boutique encore ouverte et faire un dîner de fête. » Nous aimons bien, en règle générale, dramatiser nos situations et faire des suppositions de toutes sortes. Nous en rajoutons alors qu'il serait beaucoup plus simple de changer notre attitude.

Que regrettons-nous ?

Pour nous débarrasser de notre culpabilité, examinons ce qui nous fait souffrir. Que regrettons-nous ? Est-ce en rapport à des événements qui auraient dû se passer ? Soyons réalistes : est-ce que les choses auraient pu vraiment se produire différemment ? La réponse est non.

Acceptons

Nous ressentons de la culpabilité. Acceptons entièrement cette émotion. Portons notre attention sur elle. Avons-nous encore des regrets ? Que devons-nous changer pour ne plus ressentir de culpabilité ? Notre attitude ? Notre pensée ? En acceptant la venue de cette émotion, nous pouvons entrevoir la solution à notre mal-être.

Deux sortes de culpabilité

Il existe deux sortes de culpabilité : une culpabilité « naturelle » et une culpabilité « malsaine ». La première survient lorsque, par exemple, nous avons « volé » un stylo à un ami et nous nous sentons un peu mal à l'aise. C'est une réaction plutôt saine. Elle est là pour nous éviter de commettre des fautes et de nuire à autrui. La seconde est plus complexe car elle contient souvent d'autres émotions comme la colère, la peur et la tristesse. Elle a la particularité d'apparaître alors qu'il n'existe aucun motif réel. La culpabilité est provoquée par notre imaginaire. Comme Denis qui se sent coupable de réussir vis-à-vis de ses parents, nous pouvons ainsi nous sentir coupables d'être l'enfant préféré ou encore d'exercer une profession qui déplaît à nos parents. Ces culpabilités prennent leur source généralement dans l'enfance. Elles sont persistantes et reviennent de façon épisodique tant que nous ne les avons pas résolues. Denis a attendu dix ans avant d'analyser vraiment sa culpabilité. Pour y remédier, il faut étudier notre discours intérieur et vérifier sa véracité. Qu'est-ce qui a pu déclencher cette émotion et les propos que nous nous tenons ?

Coupables de quoi ?

Pour venir à bout d'une culpabilité malsaine, il faut pouvoir se défaire d'une croyance souvent à l'origine de cette émotion. Certaines femmes sont par exemple fautives lorsqu'elles reprennent une activité et laissent leur enfant à la crèche. Elles se croient obligées de s'occuper de leur progéniture au lieu de s'épanouir à travers une activité. Toutes sortes de pensées encombrantes peuvent ainsi provoquer de la culpabilité.

À RETENIR

L'utilité de la culpabilité

La culpabilité saine nous empêche de mal nous conduire. Elle est liée à notre conscience.

La culpabilité malsaine

Cette forme de culpabilité repose sur des motifs qui n'en sont pas. Nous les avons inventés.

Assumons-nous

Ne laissons pas la culpabilité malsaine nous mener. Sachons débusquer ce qui a pu la provoquer et reprenons le contrôle de notre vie.

Pour y voir clair

Avons-nous raison d'être coupables ? Sommes-nous responsables de la manière de vivre des autres ? De leur malheur ? Recentrons-nous sur nos véritables responsabilités : nous sommes responsables de nos actes, de nos paroles et de nos pensées.

Dépistons nos croyances

Elles sont souvent à l'origine de notre culpabilité. Les croyances n'ont pas de fondement réel et n'existent que dans notre esprit.

Acceptons le bonheur

Les culpabilités malsaines satisfont très souvent un besoin inconscient de se punir. Autorisons-nous à connaître le bonheur. Ne soyons plus coupables d'être heureux.

L'anxiété

« N'oubliez jamais ceci : il ne nous est jamais donné d'épreuves que vous ne puissiez surmonter. »

Rabbi Nahman de Bratslav

Témoignage

« J'étais chargée d'études dans une société. Le travail m'intéressait et je gagnais correctement ma vie. Mais un jour, le responsable des études a pris sa retraite et une jeune femme, Marine, lui a succédé. Le changement a été radical. D'une relation ouverte et chaleureuse, avec une charge de travail acceptable, je suis passée à une surcharge de travail et à des relations exécrables. Marine distribuait les missions et les délais sans se soucier de ce que j'avais déjà à faire. Je me suis vite trouvée submergée et je ne parvenais pas à respecter les délais même en emmenant du travail chez moi. J'ai dit à Marine qu'il m'était impossible d'enquêter sur tous les secteurs qu'elle me confiait. Elle a eu l'air surpris et m'a dit que mon organisation devait certainement laisser à désirer. Elle me laissait une semaine supplémentaire pour boucler ce que j'avais à faire. Je me suis vraiment demandé comment j'allais faire pour y arriver. J'ai voulu discuter avec un autre chargé de mission qui était confronté au même problème que moi. Mais, il n'a pas souhaité me parler, trop occupé à terminer un rapport. J'ai regardé les choses en face : tout ce que je devais faire me demanderait un mois de travail. C'était impossible. Je suis retournée voir Marine. Je lui ai exposé comment je procédais et le temps que cela me demandait. Je lui ai suggéré de prendre des enquêteurs pour que les délais puissent être respectés. Là, elle a enfin compris que je n'y arriverai pas seule. Elle a donc réduit ma charge de travail et a fait appel à des indépendants. Cela m'a soulagée. Je suis repartie dans

mon bureau, satisfaite. Mais trois semaines plus tard, Marine, m'a encore une fois confié une étude importante. Les délais qu'elle m'imposait étaient intenables. Elle ne voulait pas, cette fois-ci, faire appel à des intervenants extérieurs. Je devais me débrouiller toute seule. L'angoisse m'a assaillie. Je ne savais absolument pas comment j'allais y arriver. Toutefois, cela faisait trois ans que je travaillais dans ce cabinet et je me sentais performante. Je ne devais pas craindre pour mon poste. Je devais montrer mon professionnalisme. J'ai fait un plan. J'ai établi un calendrier et je me suis rendu compte qu'au vu des délais impartis, je pouvais réaliser une sorte de panorama mais non une étude approfondie. J'ai listé les paramètres que j'allais pouvoir traiter et je suis allée voir de nouveau ma supérieure. Elle m'a donné le feu vert et m'a même félicitée ! »

Maud, 34 ans

Un peu de théorie

Définition

Nous sommes tous anxieux, à des degrés divers. C'est une émotion qui nous maintient, en quelque sorte, en vie. En effet, elle apparaît lorsque nous nous sentons menacés : ce à quoi nous tenons est en danger. Nous pouvons avoir peur de perdre un emploi, comme Maud, ou encore l'être aimé. Lorsque nous ne sommes pas certains de réussir quelque chose, dans n'importe quel domaine, l'anxiété se déclenche. Elle se manifeste par un état d'appréhension et de nervosité. Elle peut engendrer des palpitations, une accélération du pouls voire de la transpiration.

Un enjeu important à l'issue incertaine

L'anxiété nous signale que ce que nous voulons garder ou obtenir est important à nos yeux. Sinon nous resterions indifférents. Par exemple,

Maud tient absolument à conserver son poste, c'est une des raisons pour laquelle elle ressent de l'anxiété. L'autre cause est qu'elle ne connaît absolument pas l'issue. Elle ne sait pas si ses efforts vont être récompensés et si elle va se diriger vers le succès. Pour conserver son emploi, son inquiétude la pousse à agir. La situation qu'elle vit lui demande davantage d'énergie que d'habitude.

Les situations anxiogènes

Les situations les plus courantes concernent les domaines dans lesquels nous souhaitons réussir. Ils concernent l'amour, le travail, les relations. Par exemple, lorsque nous rencontrons l'amour, nous faisons tout notre possible pour conquérir et séduire l'être aimé. Si nous sommes en couple, nous pouvons ressentir de l'anxiété si nous trouvons que notre moitié nous prête moins d'attention. Nous voulons être aimés.

Faisons face à l'anxiété

Considérons cet état émotif pour ce qu'il est. Il est normal et sain d'être anxieux pour la poursuite de nos objectifs par exemple. Mais il ne faut pas se laisser envahir par l'anxiété. Elle ne doit pas prendre trop de place, sinon elle nous empêchera d'être efficaces. En prenant simplement conscience de notre état, nous pouvons le reconnaître et l'utiliser. Il doit juste nous stimuler et non nous gâcher la vie. Pour ne pas se laisser submerger par l'inquiétude, rappelons-nous que nous avons en nous toutes les réponses pour résoudre un problème.

Évitons de réagir

Lorsque nous sommes en proie à l'anxiété, il est tentant de se laisser mener par cette émotion. Nous pouvons par exemple nous sentir bloqués. Nous ne trouvons pas d'issue et nous ne savons donc plus quoi faire. Nous sommes comme tétanisés. Il est évident que cela ne va pas arranger les choses. Certaines personnes préfèrent fuir plutôt que d'aller vers le changement. D'autres vont devenir agressives ou soumises. Toutes les réactions sont à proscrire. L'anxiété nous indique que nous avons peur mais nous avons toujours la possibilité d'y faire face.

Renforçons notre confiance

L'anxiété nous signale que nous nous sentons en danger. Agissons pour mener à bien ce qui nous inquiète mais, dans le même temps renouons avec notre confiance. Ainsi, Maud va prendre quelques instants pour considérer la situation. Elle va prendre conscience de ses qualités et renforcer son assurance. Cela lui permet d'agir de manière efficace. Prenons donc le temps de nous apaiser et de nous réconforter : demeurons confiants quant à l'issue. Nous avons la capacité de gérer toute situation. Sachons utiliser notre anxiété et la transformer en une force tranquille.

Lâchons prise

Si nous sommes confrontés à une situation un peu stressante c'est parce que nous ne savons pas comment elle va évoluer. Comme l'enjeu est important pour nous, nous avons tendance à essayer de contrôler l'issue. Mais c'est le contraire qu'il faut faire : il faut lâcher prise et regarder les choses avec confiance.

À RETENIR

Les causes, piliers et enjeu de l'anxiété

L'anxiété repose sur la peur de l'inconnu. C'est parce que nous ne connaissons pas l'avenir, que nous sommes inquiets, angoissés, stressés. Il existe toute une palette terminologique liée à l'anxiété. Nos expériences inquiètes se rapportent à l'amour, au travail et aux relations. Nous avons peur de perdre quelque chose qui a de l'importance pour nous.

Transformons l'anxiété

Prenons conscience de notre état anxieux et cherchons calmement les solutions.

La clé : la confiance

Agissons avec confiance, c'est le moyen le plus sûr pour y arriver. L'anxiété ne peut pas la faire disparaître. La confiance est toujours là, à l'intérieur de nous.

Surmontons notre anxiété

Plus nous avançons et plus nous expérimentons des situations stressantes. En les surmontant, nous évoluons de plus en plus.

Agissons en êtres responsables

Faisons face à l'anxiété en assumant ce que nous sommes. Ayons conscience de notre potentiel.

La peur

« La peur n'a qu'une peur, c'est que tu l'abandonnes. »

Henri Gougaud

Témoignage

« J'ai mis presque vingt ans avant d'exercer le métier d'ébéniste. J'ai toujours été attirée par le travail du bois mais je ne pensais pas en faire ma profession. Je craignais de ne pas pouvoir gagner ma vie avec l'ébénisterie. Il est vrai que ce métier est essentiellement masculin et personne ne m'a vraiment encouragée à le faire. C'est parce que les événements m'y ont plus ou moins poussée que je me suis décidée à franchir le pas. J'ai travaillé avant comme commerciale. J'aime les contacts, c'est pour cette raison que j'avais choisi cette voie. Je gagnais très bien ma vie mais je n'aimais pas particulièrement ce métier. J'ai été licenciée une première fois et je suis restée un an au chômage avant de retrouver un autre poste. J'ai trouvé le temps long. Je me suis vraiment interrogée à partir de ce moment-là. J'avais envie de changer d'orientation mais je n'avais pas de formation. J'étais en proie à de nombreux doutes : est-ce que je pourrais vivre de ma passion ? L'idée de travailler le bois me titillait. J'avais très envie de le faire. Mais j'avais trop peur à l'époque, je n'étais pas encore prête. Je n'avais même pas d'idée précise sur le métier que je pouvais faire. Je me suis informée mais finalement, j'ai retrouvé un emploi dans la vente. Seulement, au bout d'un an, la société a été mise en liquidation. Ça a été le déclic, je me suis dit : "C'est le moment où jamais. Fais ce que tu as envie." Et je l'ai fait. J'ai suivi des cours d'ébénisterie et j'ai obtenu le CAP. Ensuite, j'ai trouvé un poste dans un atelier. J'ai beaucoup appris. Aujourd'hui, j'ai mon propre atelier. C'est difficile car mes revenus ont été divisés par trois. Malgré tout, je suis

contente de le faire. Je suis beaucoup plus heureuse aujourd'hui. Pour rien au monde je ne voudrais redevenir commerciale. »

Lise, 38 ans

Un peu de théorie

La peur justifiée

La peur est une émotion qui nous signale la présence d'un danger. Par exemple, nous ressentons de la peur lorsque nous sommes au bord d'un précipice. Nous devons nous montrer vigilants pour ne pas tomber. La peur nous avertit et nous demande de faire attention. Sa présence, quand elle concerne notre physique, est donc salutaire.

Des peurs variées

La peur peut être de courte durée et nous envoyer un signal fort, avec la sensation du cœur qui lâche par exemple. Mais elle peut aussi prendre différentes formes et aller d'une simple inquiétude à une véritable terreur, en passant par une panique. La psychologie distingue plusieurs sortes de peur dont l'angoisse et les phobies. Ainsi, l'angoisse est une peur dont les causes sont inconscientes. Elle peut provoquer des cauchemars. Les phobies sont des peurs donc la cause est très bien identifiée. Il existe toute une panoplie de phobies comme la claustrophobie (la peur d'être enfermé), l'arachnophobie (la peur des araignées) ou l'acrophobie (la peur de ce qui est haut).

Les manifestations physiques

Lorsque nous avons peur, notre corps est complètement sous son emprise. Les effets varient en fonction de l'intensité de notre peur. Les battements de notre cœur s'accélèrent, nous transpirons, nos mains sont moites. À un degré supérieur, nos mains tremblent, nos jambes flageolent, notre respiration est plus forte, notre voix s'étrangle ou tremble, nous avons une boule dans l'estomac et certains d'entre nous sont même pris de vomissements. La peur modifie aussi notre esprit : nous avons l'impression de vivre dans l'irréalité et d'être anesthésiés psychiquement.

Ce qui arrive aux autres pourrait nous toucher

La peur est utile lorsqu'elle nous prévient d'un danger bien réel. Mais elle peut être provoquée par des craintes provenant de notre environnement. Notre imaginaire nous fait alors entrevoir le pire. Nous avons peur par exemple de perdre notre emploi et de devenir SDF. Nous craignons d'être cambriolés, ce qui fait le bonheur des compagnies d'assurance. Les journaux télévisés alimentent ainsi toutes nos peurs issues de ce qui arrive aux autres. Ils ne nous montrent que le côté noir des événements et contribuent à nous faire croire que nous vivons en perpétuelle insécurité. L'émotion a remplacé l'information. Soyons réalistes, ce n'est pas parce que les employés d'une multinationale ont été licenciés que nous allons tous nous retrouver au chômage. Prenons du recul avec les situations catastrophiques qui nous entourent.

La peur de l'inconnu

La peur dont il est le plus difficile de se défaire est celle qui concerne l'inconnu. Nous élaborons alors des scénarios intérieurs totalement faux car issus de notre imagination. Ils nous gâchent la vie car ils donnent naissance à la peur. Ainsi, Lise a d'abord exercé un travail qu'elle n'aimait pas par crainte de ne pas gagner suffisamment avec l'ébénisterie. Nous sommes très nombreux à agir ainsi, persuadés que faire ce que nous aimons n'est pas compatible avec la question de l'argent. Pourquoi serions-nous payés à faire ce qui nous amuse ? Absurde ? Impossible ? Posons-nous la question. Si nous n'essayons pas, nous n'aurons pas la réponse. L'objectif est de prendre des risques mesurés. Cela nécessite du courage.

Quel est le danger ?

Lorsque nous ressentons de la peur, interrogeons-nous sur sa provenance. Qu'est-ce qui l'a provoquée ? Si nous souhaitons, comme Lise, changer de métier pour exercer une profession qui nous correspond davantage, nous avons peur d'échouer. Mais nous risquons aussi de réussir ! Prenons conscience de cet aspect qui peut modifier le cours de notre vie. L'important est d'agir en fonction de soi et non à cause d'une peur. Soyons maîtres de nos vies et comprenons nos peurs pour les surmonter.

Examinons nos peurs

Pour comprendre nos peurs et les anéantir, il faut nous livrer à un travail d'introspection. Par exemple, nous avons peur de perdre notre travail. Prenons du recul et interrogeons-nous : notre peur est-elle justifiée ? Pour quelles raisons avons-nous peur ? Qu'implique notre peur ? Que ferions-nous sans notre peur ?

Nous libérer de nos peurs

Nous pouvons combattre nos peurs en les étudiant. Souvent, elles sont le fruit de notre imagination et nous empêchent de prendre les risques nécessaires à notre évolution. Nous devons vérifier si nous sommes réellement en position d'insécurité. La plupart du temps, cette insécurité est fictive : elle concerne le futur. Nous ne changeons pas d'emploi parce que nous avons peur de nous retrouver sans le sou. Au lieu de ne rien faire, examinons plutôt comment faire pour ne pas se retrouver dans cette situation. Ayons une attitude confiante et apprenons à résoudre les problèmes que nous nous posons. Rien n'est impossible lorsque le bonheur est en jeu.

À RETENIR

Les différents degrés de la peur

La peur va de la simple crainte à la terreur. Elle s'accompagne d'effets physiques tout aussi nuancés : nous pouvons avoir les mains moites mais nous pouvons aussi avoir envie de vomir.

Le danger est-il réel ?

La seule peur que nous pouvons admettre est celle qui est destinée à nous protéger. Toutes les autres peurs nous empêchent d'avancer.

Identifions nos faux dialogues

Nous nourrissons la peur de dialogues intérieurs qui sont le fruit de notre imagination. Nous envisageons des scénarios catastrophes. Pourquoi ne pas opter pour une « happy end » ?

Faisons face à la peur

Ne nous laissons pas dominer par la peur. Prenons le recul nécessaire pour l'examiner et restons maîtres de notre vie.

Ayons confiance

La peur survient lorsque notre confiance nous fait défaut. Renouons avec notre confiance pour vivre pleinement.

Agissons pour nous défaire de nos peurs

Lorsque nous avons pris conscience des raisons de nos peurs, nous pouvons nous en défaire en appliquant nos solutions. L'action permet de nous en libérer.

La souffrance

« Nous sommes bien armés pour l'ignorance. »

Jean Rostand

Témoignage

« Nathalie ne veut plus vivre avec moi. Elle va prendre un autre appartement. Je ne m'y attendais absolument pas. Je n'ai rien vu venir. Je ne comprends pas pourquoi Nathalie ne se sent plus bien avec moi. Je n'ai rien changé dans mes habitudes. Je travaille dur pour lui offrir une vie agréable. C'est vrai que je n'ai pas souvent envie de sortir, mais est-ce une raison pour partir ? Je reconnais que je ne participe pas beaucoup aux tâches ménagères. Je passe de temps en temps l'aspirateur. Il m'arrive de faire quelques courses quand Nathalie n'a pas le temps. Là, peut-être que je n'en fais pas assez, c'est vrai. Mais, c'est tout de même un détail. Ça ne justifie pas la rupture. J'ai déjà divorcé une fois, maintenant je suis de nouveau confronté à une séparation. Je vis cela très mal. Je me demande si je parviendrais un jour à avoir une liaison durable. Pourquoi les femmes me quittent-elles ? Nathalie m'a expliqué qu'elle ne me voyait pas assez et que, progressivement, elle s'est fait une raison. Elle s'est habituée à cette situation. Elle a occupé ses soirées sans compter sur moi. C'est vrai que c'est elle qui gère la maison et qui s'occupe de presque tout. C'est comme ça qu'elle s'est rendu compte que mon absence ne la gênait pas. Petit à petit, elle a eu envie de vivre seule à nouveau. Puis elle a fait une rencontre, qui a précipité les choses. Aujourd'hui, elle aime Pascal et veut pouvoir le recevoir chez elle. Elle ne veut pas vivre avec lui mais elle souhaite simplement retrouver sa liberté. Mais qu'est-ce qu'il a de plus que moi ? Il n'a même pas un salaire fixe ! Il ne pourra pas offrir à Nathalie la garde-robe qu'elle a avec moi ! Qu'est-ce qui n'a

pas marché ? Lors de nos dernières vacances dans les îles grecques, c'était bien. J'avais l'impression que Nathalie m'aimait, alors qu'elle était déjà avec ce Pascal ! Comment ai-je fait pour ne pas m'en apercevoir ? Je crois que je n'ai pas prêté suffisamment attention à elle. J'étais tellement sûr de moi. Je me souviens qu'elle avait l'air triste parfois. Elle devait penser à Pascal. Au début de notre liaison, elle me reprochait de rentrer tard. Mais je ne pouvais pas faire autrement... J'ai continué d'y penser. Ma douleur était si intense. C'est tout ce qui me reste de Nathalie maintenant : la douleur et les souvenirs. »

Patrick, 44 ans

Un peu de théorie

Nous ne sommes pas notre souffrance

Nous disons « je suis souffrant » ou « je suis mal », ce qui nous identifie à cette douleur. Pourtant elle est extérieure à nous, même si ce sentiment de mal-être semble venir de notre intérieur. Si elle faisait vraiment partie de nous-mêmes, elle serait constante et durable. Or, la souffrance, fort heureusement, est passagère.

Identifions nos anciennes blessures

Nous répétons parfois des schémas de souffrance. Ainsi, Patrick vit pour la deuxième fois une séparation. Peut-être est-il enfermé dans un comportement qui l'empêche d'avoir une vraie relation. Il ne prête pas assez attention à ses compagnes. Quand il a une liaison, il pense que c'est pour la vie et il ne fait plus les efforts nécessaires à l'évolution du couple. S'il reste sur cette certitude, il va de nouveau vivre une rupture. Autre exemple, Marlène ne parvient pas à rester avec un homme parce que son père a quitté le foyer familial lorsqu'elle avait 9 ans. Elle a peur d'être quittée à nouveau et n'ose pas s'engager. Ses ruptures successives la font souffrir mais, tant qu'elle n'aura pas identifié leur cause, elle continuera à avoir des liaisons sans lendemain qui la feront souffrir.

Connaître la cause

La souffrance, comme toutes les émotions, nous informe sur nous-mêmes et nous permet d'évoluer. En cherchant à comprendre ce qui nous fait souffrir, nous pouvons nous en libérer. Mathieu était persuadé qu'il ne méritait pas d'être aimé. De ce fait, il était toujours seul et en souffrait. Lorsqu'il a réalisé que cette pensée était à l'origine de sa souffrance, il a immédiatement modifié son état d'esprit. Il a saisi qu'il pouvait très bien y arriver. Depuis, il ne souffre plus et est très entouré.

La déception

Un ami ne répond plus lorsque nous essayons de le joindre sur son téléphone portable. Cela fait plusieurs fois que nous insistons et nous souffrons de ne pouvoir avoir une conversation avec lui. Pourquoi ne veut-il plus nous parler alors que nous avons besoin de lui en ce moment ? Son attitude nous déçoit. Quand il a besoin de nous, nous sommes toujours présents mais lorsque nous désirons qu'il nous rende la pareille, ça n'est pas possible. Plus nous ruminons, plus nous souffrons et alimentons un monologue intérieur qui ne fait que renforcer notre douleur. Mais pourquoi pester ainsi contre notre ami puisque nous ignorons tout de sa situation présente ? Tout le discours que nous fabriquons repose sur des suppositions. Alors, adoptons plutôt un accord toltèque : « Quoiqu'il arrive, n'en faites pas une affaire personnelle. »

Les épreuves difficiles

Nous avons tous à traverser des situations plus ou moins douloureuses dans la vie. Certaines sont néanmoins très difficiles à surmonter. C'est le cas lors de la perte d'un être cher. Il est alors presque impossible de nous défaire de notre douleur. Nous pouvons toutefois accélérer le processus du deuil, en acceptant notre douleur, en l'étudiant et en la comprenant. Lorsque nous reconnaissons notre douleur, nous pouvons mettre en lumière tout ce que notre ego a construit. Par exemple, Victoire essayait de trouver une explication à la disparition soudaine de son mari, décédé dans un accident de la route. Victoire avait besoin de donner un sens à la mort de l'être qu'elle aimait. Pourquoi était-il mort ? Il y avait certainement une raison. Elle avait besoin d'en trouver une pour accepter cette douloureuse séparation. Elle se torturait ainsi jusqu'au jour où elle a enfin réalisé qu'il n'était pas nécessaire de donner une explication au décès. La mort est naturelle. Son mari était mort, sans raison. C'était son heure. Elle devait simplement accepter sa perte. Cette prise de conscience lui a permis de faire le deuil.

Qu'est-ce qui souffre en nous ?

En posant cette question, nous écoutons ce que la souffrance a à nous dire. Nous acceptons sa présence. Nous ne dialoguons pas avec elle par la pensée, mais par le ressenti. Cette attitude va nous permettre de nous en libérer. Nous pouvons alors prendre conscience que l'ego est à l'origine de notre douleur. Par exemple, Aymeric, qui vient de perdre son emploi, va s'apercevoir qu'il est malheureux parce que son ego lui dit qu'il est un incapable.

Notre ignorance crée la souffrance

Notre imagination et nos suppositions sont bien souvent à l'origine de notre souffrance. Nous la construisons de toutes pièces. Elle n'existe pas réellement. Lorsque nous pensons « je n'en peux plus » ou « je n'y arriverai jamais », c'est faux. Nous inventons la souffrance et nous l'entretenons avec nos discours intérieurs. Lorsque nous nous rendons compte de notre erreur, lorsque nous réalisons que nous fabriquons cette souffrance, elle cesse. Il suffit de savoir d'où elle vient.

À RETENIR

Atténuons notre souffrance

En nous demandant pourquoi nous souffrons, notre souffrance est déjà moins aiguë : nous commençons à amorcer le processus de guérison.

Notre souffrance est-elle nécessaire ?

Nous sommes tellement attachés à souffrir que nous ne remettons jamais en question cette émotion. Pourtant, elle nous gâche sérieusement l'existence. En nous demandant si la souffrance que nous éprouvons est vraiment utile, nous agissons déjà vers une prochaine libération.

Faisons face à notre souffrance

Lorsque nous ressentons cet intolérable malaise, au lieu de nous dire « que je suis malheureux ! qu'est-ce que je souffre !» et de continuer à nous apitoyer ainsi sur notre propre sort, adoptons une attitude frontale et considérons notre souffrance.

Domptons notre souffrance

Lorsque nous prenons conscience que la souffrance n'est pas nous, il est aisé de s'en séparer. Nous pouvons refuser de la laisser nous envahir.

Couper les liens

« La liberté n'est pas un droit mais une obligation. »

Proverbe russe

Témoignage

« J'avais tendance à prendre rapidement des kilos. Lorsque je me sentais nerveuse, c'était plus fort que moi, il fallait que je grignote des friandises. Je ne pouvais pas m'en empêcher. Dès que je me sentais sous pression, par exemple lorsque j'avais un travail urgent à rendre, je me mettais à manger des cochonneries. Je savais pertinemment que j'allais prendre du poids. J'étais consciente que j'allais amèrement le regretter mais je ne voyais pas comment faire pour arrêter. Depuis l'adolescence, j'alternais régime et crise de boulimie. Mais un jour, Sophie, ma collègue, est entrée dans mon bureau et m'a surprise en train de plonger la main dans un sac de biscuits : "Tu as besoin de te remplir pour y arriver ?" J'ai été étonnée. Cette phrase avait touché quelque chose de juste. Je n'ai rien répondu. D'ailleurs, Sophie était déjà repartie. J'ai noté la phrase, histoire d'y réfléchir le soir, au calme. J'ai repris mon activité mais mon empressement à grignoter avait diminué. À chaque bouchée, je me disais : "Je me remplis. Mais pourquoi est-ce que je fais ça ?" De retour à mon domicile, j'ai décidé d'écrire ce que je ressentais. J'avais besoin de clarifier mes idées. J'ai donc passé presque toute ma soirée à rédiger un long texte. J'ai fait le point sur ce que je ressentais lorsque j'avalais tous ces bonbons et gâteaux. Je me sentais rassurée, aimée et apaisée. J'étais moins tendue. J'ai constaté que grignoter me donnait confiance. J'étais persuadée que si je ne le faisais pas, je n'y arriverais pas. J'ai compris que je n'étais pas suffisamment "nourrie" pour y arriver. Mon envie irrésistible de sucreries était liée à la peur de ne pas être à la

hauteur. Je ne me sentais pas assez aimée. Je réclamais de l'amour et des encouragements. Plus précisément, j'ai réalisé que c'était la petite fille en moi qui avait besoin d'aide. Je voulais que mes parents s'occupent de moi. J'étais encore dépendante affectivement de mes parents. Il était grand temps de rompre ces liens, que je trouvais ridicules et absurdes. En y réfléchissant, j'ai réalisé que je me comportais encore comme une enfant avec mes parents et non en femme. Ça a été une révélation. Si je grignotais, c'est parce que j'avais besoin de ma dose d'amour pour avoir confiance ! J'ai passé le reste de la soirée sur Internet, les boulimiques sont nombreuses ! J'ai aussi repéré des ouvrages pour accroître ma confiance, bien décidée à mener une vie plus autonome, sans sucreries ! »

Caroline, 31 ans

Un peu de théorie

Nos liens sont fictifs

Les liens sont le fruit de nos pensées. Nous les avons inventés. Ils n'existent pas réellement. Ce sont des chimères que nous avons édifiées. Ainsi, Caroline recherche, à travers les friandises qu'elle engloutit, l'amour de ses parents. Elle pense qu'elle a besoin d'aide pour y arriver, ce qui est faux. Elle peut très bien y arriver seule. Il faut juste qu'elle le réalise et ne soit plus en demande affective.

Libérons-nous de nos pensées parasites

Nous n'y prenons pas garde, mais notre mental émet en permanence des pensées. Lorsque nous essayons de les faire taire, elles reviennent. Pour être en paix, il faut pouvoir exercer une vigilance de tous les instants, ce qui paraît impossible. Certaines pensées, si nous n'y faisons pas attention, s'insèrent dans notre cerveau et génèrent un certain malaise. Nous ne les avons pas dépistées à temps et leur travail de sape a déjà commencé. Il est alors très difficile de s'en débarrasser. Il existe un moyen pour se défaire d'une pensée, c'est de prendre conscience de l'inutilité de sa présence : elle n'a pas lieu d'exister, elle n'est pas réelle et elle est fausse.

Ne donnons pas raison à nos pensées

Pour pouvoir rompre avec nos liens, nous devons identifier les pensées qui les créent. Par exemple, Maryse passe son samedi à faire le ménage car elle veut que sa maison soit propre. Jusque-là, rien d'anormal. Mais Maryse le fait à contrecœur. En plus, elle n'est pas seule. Son mari et ses enfants, adolescents, vivent sous le même toit. Pourquoi ne participent-ils pas aux tâches ménagères ? Parce que Maryse perpétue un schéma familial. Sa mère était seule à faire le ménage. Maryse pense plus ou moins consciemment : « Je dois faire le ménage. C'est le rôle des femmes. » En donnant raison à cette pensée, Maryse oublie d'exister en tant que personne unique. Il faut qu'elle réalise que cette pensée est erronée et qu'elle lui gâche la vie. Elle donne de l'importance à une pensée qui ne le mérite pas.

Faisons le deuil de ce que nous tenons

Nos liens nous empoisonnent. En prenant conscience de leur nature, nous pouvons nous en détacher. Par exemple, nous nettoyons notre voiture chaque mois. Est-ce vraiment nécessaire ? Pourquoi le faisons-nous ? En plus, cela nous fait perdre une bonne partie du week-end que nous pourrions occuper de manière plus intéressante. Est-il obligatoire d'avoir une voiture rutilante ? Non. Libérons-nous de ce lien.

Une pensée à la fois

Le mental ne peut gérer qu'une seule pensée à la fois. Ceci est précieux à savoir. Lorsque nous voulons nous défaire d'une pensée, nous avons donc la possibilité de la remplacer aisément par une autre. Par exemple, si nous pensons « je n'ai aucun talent », il faut transformer cette affirmation négative par une opinion positive : « j'ai de nombreuses qualités et certaines méritent d'être développées pour devenir des talents. »

Libérons-nous d'autrui

Nous avons tous des liens affectifs plus ou moins encombrants. Nous pouvons avoir des exigences envers des personnes proches. De même que notre conjoint, nos parents, nos enfants et nos amis peuvent entretenir avec nous des attentes plus ou moins pesantes. Ces liens sont parfois difficiles à rompre car nous ne voulons blesser personne. Or, il s'agit simplement d'obtenir une relation plus saine, en accord avec nous-mêmes. Nous désirons par exemple plaire aux autres de peur de ne plus être aimés. Vouloir plaire est naturel, mais lorsque la peur s'introduit dans la relation, celle-ci n'a plus de sens. Elle n'est pas vraie. Cette crainte empêche d'être nous-mêmes. Nous entretenons toutes sortes d'émotions avec les autres : nous pouvons culpabiliser, avoir de la rancœur, etc. Tous ces sentiments ont été provoqués par des événements mal digérés. Des pensées nuisibles, dont nous devons nous libérer, se sont insérées.

À RETENIR

Nous avons créé nos liens

Nos liens sont le fruit de notre imagination. Nous pouvons donc nous en défaire aisément puisqu'ils n'existent pas.

Le contrôle d'autrui

Nous voulons parfois contrôler les autres. C'est une forme de lien dont il faut nous libérer. Qu'exigeons-nous des autres ? Pouvons-nous leur accorder notre confiance ?

Apprendre à nous observer

Les liens que nous avons créés sont engendrés par des pensées. Pour les déceler, il faut prendre du recul par rapport à ces pensées. C'est en observant nos pensées que nous pouvons les étudier et les remettre en question.

Nos liens nous empêchent de nous connaître

Lorsque notre mental nous tourmente, c'est que nous laissons les pensées nocives nous gouverner. Elles nous empêchent d'être nous-mêmes. Pour nous connaître, nous devons nous libérer de nos liens qui masquent notre vérité profonde.

Sommes-nous libres ?

Plus nous coupons nos liens, plus nous nous approchons de notre vérité. Il faut parvenir à nous libérer de tout ce qui nous empêche d'être nous-mêmes. C'est cela la vraie liberté : être délesté de tout ce qui nous empêche d'agir et d'être.

Les obstacles

« Les pierres font partie du chemin. »

Proverbe roumain

Témoignage

« Quand je me suis séparé de Lucie, j'ai vraiment eu du mal à refaire surface. J'étais brisé. Je souffrais. C'est elle qui a voulu mettre un terme à notre relation. Elle ne m'aimait plus. J'ai eu beaucoup de difficultés à l'accepter. Mon ego en avait pris un coup, mais mon cœur aussi. Je pensais tout le temps à elle. Je pensais que je ne pourrais plus jamais avoir une relation amoureuse. Je ne trouverais plus quelqu'un d'aussi bien que Lucie. J'ai passé environ deux mois à me rendre malheureux, à me complaire dans ma souffrance. Je n'avais plus goût à rien. Je suis même allé voir un médecin qui m'a prescrit des tranquillisants. Je me suis senti un peu mieux mais rien n'était réglé : j'aimais toujours Lucie et je ne parvenais pas à admettre notre séparation. J'espérais qu'elle reviendrait sur sa décision, qu'elle me téléphonerait un jour pour me le dire et que nous ferions à nouveau une tentative. Mais, les jours passaient et Lucie n'appelait pas. Deux de mes amis veillaient sur moi et m'obligeaient à sortir. Ils m'invitaient chez eux ou au restaurant. Ils organisaient des week-ends en Normandie et essayaient de me changer les idées. Je faisais des efforts, mais la douleur était toujours présente. Je me disais qu'elle disparaîtrait peut-être avec le temps. Seulement, il fallait que j'arrête de l'entretenir. Je pense que je faisais une sorte de dépression. J'étais profondément triste et je dormais très mal. Progressivement, j'ai réalisé que j'étais surtout blessé dans mon amour-propre, ce qui n'était, en fait, pas très grave. Cela m'a même soulagé de prendre conscience que mon ego était meurtri. Cela n'avait pas beaucoup d'importance. Je me

suis senti un peu ridicule de me faire du mal pour une question d'orgueil. Je commençais, en fait, à aller mieux. Je reprenais confiance. Je me disais qu'une nouvelle relation était toujours possible. Après tout, j'étais jeune. J'ai compris que je devais accepter la séparation. C'était idiot de croire que Lucie reviendrait vers moi. Elle ne le ferait pas. Je me suis dit, plusieurs fois par jour, lorsque je sentais que je repensais à Lucie : "C'est fini, accepte". Cela a fait son effet, car au bout d'une semaine, je me suis senti enfin apaisé. J'étais parvenu à mettre un terme à notre histoire. Cette épreuve m'a beaucoup appris sur le rôle destructeur de l'ego. J'entretenais une blessure narcissique au lieu d'accepter la fin de notre relation. Cela m'a éclairé sur mon propre fonctionnement. »

Louis, 30 ans

Un peu de théorie

Identifions nos résistances

Lorsque nous résistons, nous ne pouvons pas venir à bout d'une situation. Ainsi, Louis ne veut pas que Lucie le quitte. Il pense qu'elle reviendra vers lui. Il ne parvient pas à admettre que leur histoire est terminée. Il réagit contre cette dure réalité et y consacre toute son énergie. C'est lorsqu'il prend conscience que sa souffrance est un problème d'ego, que les choses se dénouent.

Identifions les forces contraires

Lorsque les événements semblent stagner et que nous nous sentons dans une impasse, il est temps d'examiner notre comportement. Il est vraisemblablement inadapté à la situation. Nous devons nous interroger sur notre façon d'agir et sur nos intentions. Sont-elles concordantes ? Par exemple, Christine souhaite déménager car son appartement est trop sombre. Son budget étant limité, elle ne peut pas s'offrir une superficie beaucoup plus grande. Néanmoins, elle s'obstine à rechercher des logements offrant 10 m^2 de plus. C'est quand elle décidera d'agir dans le bon sens, à savoir de regarder uniquement les appartements lumineux, qu'elle trouvera celui qui lui convient.

Dépistons le travail dévastateur de l'ego

Lorsque le mental prend le dessus, il nous éloigne de notre véritable intériorité. Si nous nous montrons suffisamment vigilants, nous pouvons arrêter son bavardage. Nous devons simplement prendre conscience que ce n'est pas nous qui parlons mais notre ego. En prenant du recul, nous pouvons nous en apercevoir. L'ego, si nous le laissons faire, nous entraîne sur le terrain de la peur, du doute ou de la colère. L'ego est très fort pour nous emmener vers des états négatifs. C'est pourquoi nous avons tout intérêt à refuser de lui céder. Et nous pouvons le faire.

Pourquoi refusons-nous toujours la situation ?

Nous avons tendance à ne pas accepter les choses. Louis préfère souffrir plutôt que d'accepter le départ de Lucie. C'est pourtant la seule solution qui s'offre à lui pour aller mieux. Même dans des situations banales, nous avons tendance à refuser : un avis contraire au nôtre dans une discussion peut nous agacer alors qu'il serait préférable d'accepter la différence de points de vue ; une soirée au restaurant déprogrammée peut nous plonger dans la tristesse alors qu'il serait plus sage de considérer cette nouvelle situation comme une opportunité pour faire autre chose. Acceptons. Lâchons prise.

Nous sommes insatisfaits

Nous ne parvenons pas à nous satisfaire de ce que nous avons, ni de ce que nous sommes. Nous changeons d'ordinateur alors que notre poste précédent fonctionnait parfaitement. Est-ce nécessaire ? Qu'est-ce qui nous motive à acheter ? Nous nous comparons aux autres. Ne pouvons-nous pas nous estimer tels que nous sommes ?

Cessons de nous identifier aux sentiments négatifs

Les désordres intérieurs ont souvent lieu parce que nous nous identifions à une émotion ou à une croyance. Lorsque nous cessons de le faire, ils disparaissent. Par exemple, un ami a oublié de nous fêter notre anniversaire. C'est le drame. Nous estimons qu'il ne fait plus attention à nous. Pourtant nous savons qu'il n'est pas attaché à ces dates. Mais nous préférons « ruminer ». Plus nous y pensons et plus nous nous faisons du mal. Il faut que nous comprenions que nous nous rendons malades en donnant raison à notre discours intérieur. Nous devons prendre de la distance et observer cette pensée nocive qui nous ronge. Est-elle exacte ? Non. D'où vient-elle ? Qui parle ? C'est notre ego. Alors, arrêtons de lui donner raison.

Nous sommes imparfaits

En reconnaissant notre imperfection, nous pouvons plus facilement pardonner nos erreurs. Acceptons de ne pas savoir tout faire. C'est en nous trompant que nous apprenons. Nous pouvons surmonter tous les obstacles, à notre rythme, en fonction de notre connaissance. Nous apprenons. Chaque difficulté est une occasion pour nous améliorer. Chaque épreuve est source d'enseignement.

À RETENIR

Considérons notre propre richesse

Nous pouvons changer notre façon de voir afin de nous libérer de nos vieux réflexes bien encombrants. Regardons tout ce que nous possédons au lieu de penser à ce qui nous manque.

Acceptons les autres

Arrêtons de vouloir changer le comportement de notre conjoint ou de toute autre personne. Nous ne pouvons changer que nous-mêmes !

Acceptons notre propre imperfection

Nous ne sommes pas parfaits. Reconnaissons-le au lieu d'essayer de modifier notre propre nature. Arrêtons de vouloir ressembler à telle personne que nous admirons. Soyons bien avec nous-mêmes et faisons les choses du mieux que nous pouvons, en reconnaissant nos limites.

Alimentons notre confiance

Nous devons veiller à demeurer confiants pour que les choses arrivent lorsqu'elles le doivent. Il ne sert à rien de résister.

Soyons vigilants

Lorsqu'une émotion nous harcèle, c'est que notre ego a pris le dessus. Sachons le débusquer à temps.

Avoir le courage

« Le courage conduit aux étoiles et la peur à la mort. »

Sénèque

Témoignage

« Je suis plutôt timide et réservée. Ma vie n'est pas très enthousiasmante. Je suis célibataire et je travaille dans un service de comptabilité. Je n'ai pas d'attirance particulière pour les chiffres mais je n'avais pas envie de suivre des études longues. Je ne savais pas trop quoi faire, alors j'ai suivi une formation de gestion. J'étais assez pressée de travailler pour avoir mon indépendance. Le travail n'est pas passionnant. Souvent, je n'ai pas grand-chose à faire et je m'ennuie ferme. J'aimerais m'amuser davantage et faire des activités où je me sentirais plus vivante. J'ai envie d'essayer le théâtre mais je ne suis pas certaine d'y arriver. J'ai du mal à me lancer. J'ai appris que le comité d'entreprise proposait des ateliers théâtre à des prix très bas. Je me suis décidée à tester un cours. J'ai rendez-vous avec Irène, une personne qui travaille au service marketing et que j'ai rencontrée lors des inscriptions. Pour nous donner du courage et ne pas nous dégonfler, nous avons décidé d'y aller ensemble. Cela nous oblige à aller jusqu'au bout... Je suis ravie du cours de théâtre. Cela m'a fait beaucoup de bien. Au début, j'étais terrifiée. Mais le metteur en scène nous a mis à l'aise. Nous avons fait des exercices corporels, puis des jeux. Ensuite, nous avons mimé des situations, en petits groupes. Je n'ai pas vu le temps passer. Avec Irène, nous avons décidé d'y retourner ensemble. Pourquoi n'ai-je pas osé avant ? Je me sens tellement bien, comme libérée. Je sais que jouer en public va me faire peur mais je me suis aperçue que j'arrivais à faire certaines choses, parfois mieux que d'autres. Et puis, le metteur en scène m'a félicitée. Il

m'a trouvée inventive. Alors pourquoi ne pas me lâcher davantage ? Je crois que je vais vraiment me faire plaisir avec ce cours. C'est très tonique. Cela a un effet dynamisant. Je comprends pourquoi cette discipline est conseillée aux timides, c'est radical : au bout d'un quart d'heure, je n'étais plus du tout réservée. Lorsque j'ose, la peur tombe. C'est exaltant mais aussi très intense d'être ainsi exposée devant les autres. Je suis vraiment contente de moi. J'ai réussi à surmonter mes craintes. Je sais que j'ai encore du travail à fournir pour me sentir à l'aise mais j'ai l'impression que cela va me permettre de faire sauter mes blocages. D'ailleurs, je me suis sentie assez à l'aise avec les autres. J'ai même sympathisé avec plusieurs d'entre eux. Je sens que ma vie va être beaucoup plus agréable. »

Odile, 27 ans

Un peu de théorie

Regardons les choses en face

Qu'est-ce qui nous fait souffrir ? Qu'est-ce qui nous bloque ? À un moment donné, nous devons avoir le courage de faire face à ce qui est insupportable. Nous devons examiner nos peurs, notre lassitude ou tout autre état négatif. Cela requiert de la volonté et du courage. Mais nous sommes les seuls à pouvoir le faire. Personne ne peut agir à notre place. Comme Odile, qui a trouvé la force de faire ce qui l'attirait malgré ses peurs, osons surmonter ce qui nous empêche d'être bien. Affrontons nos démons. Ils ne sont pas si terribles que ça.

Ne cédons pas à la paresse

Lorsque nous nous apercevons que nos pensées nocives commencent à nous envahir, ressaisissons-nous. Mobilisons notre énergie à considérer ce que nous dit notre mental. Ne reproduisons pas à nouveau nos vieilles habitudes, celles de céder au mental. Tenons-lui tête.

Examinons les propos qu'il tient et qui ne nous appartiennent pas. Mettons-les en doute pour les rejeter.

Interrogeons-nous

Nous devons prendre le temps de nous questionner. Pourquoi répétons-nous des schémas dont nous ne voulons plus ? Ne pouvons-nous pas décider de nous en libérer ? Ne nous attachons plus à des scénarios dépassés, osons nous ouvrir à l'inconnu.

Une attitude honnête

Nous alimentons des discours récurrents. Ils peuvent être liés à des conflits non résolus. Par exemple, notre conjoint a envie d'aller au cinéma, mais pas nous. Au lieu de lui dire que cela nous déplaît, nous cédons à son désir. Nous agissons ainsi pour éviter toute friction car en ce moment, notre couple est un peu fragile. Ce non-dit va alimenter toutes sortes de pensées nocives. Nous allons nous reprocher notre lâcheté, nous allons penser que nous serions mieux à la maison, que décidément notre moitié nous ennuie, etc. La relation risque de devenir difficile si nous persistons à alimenter ces non-dits. Il faut donc réagir au plus vite pour empêcher que la situation ne se reproduise et s'envenime. Il faut dialoguer. Nous devons donc avoir le courage d'affronter ce qui nous effraie vraiment : cela peut être la peur de perdre notre conjoint, la peur de ne pas être à la hauteur, etc.

Examinons nos reproches

Nous sommes les champions de l'insatisfaction. C'est pourquoi nous consacrons beaucoup de temps à alimenter des reproches. Ils peuvent être dirigés contre nous ou adressés aux autres. Par exemple, lors de notre dernière négociation de salaire, nous estimons que nous aurions dû refuser l'offre de notre supérieur et l'obliger à nous proposer un pourcentage sur les ventes plus avantageux. Nous pensons que nous avons manqué d'à-propos, que nous n'avons pas été suffisamment présents ni réactifs. Bref, nous nous sous-estimons, ce qui est nuisible pour notre bien-être. Est-il nécessaire de revoir ainsi notre comportement passé ? Ne pouvons-nous pas demeurer dans le présent ? De même, est-il utile de reprocher aux autres leurs attitudes ? Ne pouvons-nous pas les accepter tels qu'ils sont ?

Débarrassons-nous de nos douleurs

Il n'existe qu'une seule façon de venir à bout de nos tracas : les affronter. Il est parfois plus confortable de ne pas le faire parce que nous sommes habitués à ces états. Nous les connaissons bien. Même s'ils sont pénibles, nous préférons la souffrance à l'idée de devoir leur faire face. Notre peur de l'inconnu est souvent la plus forte. Alors, décidons de ne plus céder à cette paresse. Considérons posément ce qui nous ennuie. Ayons le courage de regarder les choses en face.

Ayons le courage d'être seul

C'est dans la solitude que nous pouvons nous découvrir et nous apercevoir de nos erreurs. Affronter la solitude est à la portée de chacun. Les prises de conscience nécessaires pour lâcher prise s'effectuent dans notre intériorité, seul. Les décisions à prendre pour vivre de façon intègre se font également seul.

À RETENIR

Cessons de nous lamenter

Il peut nous arriver de nous apitoyer sur nous-mêmes : la vie est décidément trop difficile. Comment y arriverons-nous ? Nous pouvons passer notre vie à nous plaindre mais ne vaudrait-il pas mieux changer notre attitude ? Assumons ce qui nous arrive. Prenons les décisions nécessaires pour obtenir le meilleur.

Arrêtons de réclamer de l'aide

Nous entretenons des dépendances à demander de l'aide aux autres alors que nous pouvons très bien agir seuls, en êtres responsables. Il ne sert à rien de croire que nous avons besoin des autres pour surmonter un événement. Ce qui risque d'arriver c'est de nous sentir de plus en plus faibles et dépendants.

Laissons tomber la monotonie

Il n'y a rien de plus déprimant qu'une vie dont les jours se ressemblent. Ouvrons-nous, cherchons ce qui peut nous enthousiasmer, transformons notre quotidien. Ne nous laissons plus endormir par une vie sans encombre, figée par la crainte.

Allons vers ce qui nous fait peur

Pour mener la vie qui nous convient, nous devons surmonter notre peur de l'inconnu. Nous craignons surtout d'échouer. Ce sont les pensées destructrices qui nous empêchent d'avancer. Soyons plutôt sensibles à l'excitation qui peut nous gagner si nous faisons ce qui nous attire : c'est elle qui nous permet d'oser.

Modifier notre attitude

« Rien ne va plus au-dehors car rien ne va plus au-dedans. »

Matthieu Ricard

Témoignage

« J'ai beaucoup changé. Avant, j'étais agressive. Je ne laissais rien passer. Quand quelqu'un me bousculait dans la rue, je criais. Si une personne ne me tenait pas la porte quand je rentrais derrière elle, je l'invectivais. Si une autre oubliait de me saluer, je lui faisais vertement remarquer. Bref, je passais beaucoup de temps à pester après le comportement d'autrui. Je me suis finalement aperçue que cela me gâchait la vie et me demandait trop d'énergie. J'ai appris à prendre de la distance avec tous les petits tracas de la vie quotidienne. Ça n'est jamais acquis, mais j'y travaille. Plus j'avance dans ma démarche de lâcher-prise et plus je me rends compte que les choses sont simples. Je crois que j'y arrive de mieux en mieux. Lorsqu'une personne me dit des paroles blessantes, je ne réagis plus comme avant, du tac au tac. Je prends de la distance et je ne la juge pas. Dans mon travail, j'ai été confrontée à une responsable qui n'avait confiance en personne. De ce fait, elle contrôlait tout le monde. Elle vérifiait, par exemple, tous les courriers que j'adressais aux fournisseurs. Elle perdait ainsi un précieux temps qu'elle aurait pu utiliser pour faire son propre travail. Je ne me suis pas mise en colère. Je l'ai même observée avec amusement. Que d'énergie gaspillée ! Je me rendais bien compte qu'elle agissait ainsi par peur et par ignorance (c'était son premier poste à responsabilités). Au bout de quelques jours, je lui ai dit : "Madeleine, avez-vous trouvé des erreurs dans ce que j'ai fait ? – Non, pas du tout. Je vous l'ai dit d'ailleurs. – Bien sûr. Je travaille ici depuis quatre ans, je sais ce que j'ai à faire. Aussi, croyez-vous qu'il soit nécessaire de vérifier

mon travail ? – Il me semble que cela fait partie de ma fonction. – Non, vous devez pouvoir vous reposer sur toute l'équipe. C'est différent. Vous perdez votre temps à nous contrôler. C'est inutile. Nous connaissons notre job. Faites-nous confiance. – Vous croyez ? Mais… – Essayez. – D'accord." J'ai un peu déstabilisé Madeleine. Je l'ai vue repartir dans son bureau, visiblement contrariée. Elle a dû réfléchir car elle nous a laissé travailler depuis cette conversation. Si je l'avais laissée faire, je crois que les relations seraient vite devenues insupportables. J'aurais été incapable d'agir ainsi il y a quelques années. Je serais devenue agressive et je me serais mise en colère après elle. Désormais, je suis plus sereine. J'estime davantage les gens. »

Annick, 45 ans

Un peu de théorie

Utilisons l'humour

La pratique de la dérision et de l'humour est très utile en cas de situations difficiles. En essayant d'en rire ou d'en sourire, nous dédramatisons les choses et nous les rendons plus supportables. Cela permet de relativiser. La situation est-elle si grave dans le fond ? Ainsi, Annick a pu améliorer l'attitude de Madeleine grâce à son détachement amusé. L'humour lui a permis de voir les craintes de Madeleine et de pouvoir lui parler sans la blesser.

N'entretenons plus la souffrance

Souffrir est insupportable et pourtant nous nous complaisons dans la douleur. Nous nous accrochons à elle plutôt que de vivre autre chose. C'est la peur de l'inconnu qui nous empêche de modifier notre comportement. Qu'est-ce que nous risquons à laisser tomber la souffrance ? Il est tout à fait possible de la mettre de côté. Si nous ne la souhaitons pas, prenons la décision de ne pas y céder.

Dépistons l'arrivée des émotions

Nous n'avons pas reçu de carton d'invitation pour le mariage d'un ami, alors qu'il nous en parle depuis six mois. Un flot d'émotions s'empare de nous : de la surprise, mêlée à de la colère et de la tristesse. Si nous sommes attentifs, nous nous rendons compte que nos émotions sont le reflet de ce que nous éprouvons et pensons. Nous nous sentons écartés de la fête et donc rejetés. Nous sommes blessés car nous pensions que notre ami nous estimait et donc nous inviterait. Si nous cédons à nos émotions, nous allons passer la journée à ruminer et à nous effondrer de plus en plus. Par contre, si nous prenons de la distance et considérons les opinions à l'origine de notre ressenti, il nous est alors possible d'y remédier. Or, toutes nos émotions sont le résultat de notre incompréhension : nous ne comprenons pas pourquoi notre ami ne nous a pas invités. Appelons-le pour vérifier s'il ne s'agit pas d'un oubli. Il est fort possible qu'il nous dise qu'il a envoyé des invitations uniquement aux relations un peu éloignées. Mais, comme nous faisons partie des proches, il pensait que de nous l'avoir annoncé de vive voix suffisait !

Nous ne pouvons pas tout changer

Nous ne possédons pas les super pouvoirs qui nous permettraient de transformer tout ce que nous n'apprécions pas. Nous ne pouvons pas tout contrôler. Il faut l'admettre et l'accepter. Nous avons tous envie de tout maîtriser. Soyons confiants pour renoncer à cette volonté de pouvoir. La confiance s'apprend et se construit. Il faut l'expérimenter pour se rendre compte qu'elle libère et ouvre des portes. Nous ne risquons rien à l'utiliser, bien au contraire.

Nous ne sommes pas parfaits

Nous vivons dans une société où la compétitivité s'exerce dès le plus jeune âge. À l'école, nous luttons pour obtenir de bons résultats. Ensuite, c'est la course aux diplômes, puis la confrontation au monde du travail où, là encore, nous devons prouver que nous sommes performants. Lorsque nous cherchons un logement, nous devons présenter le meilleur dossier pour être sélectionnés, etc. Ainsi, dans de nombreux domaines, nous essayons d'être les meilleurs. Or, cette attitude ne va pas du tout dans le sens du lâcher-prise. Sachons reconnaître, au contraire, nos imperfections : nous ne sommes pas meilleurs, ni parfaits. Arrêtons de courir après des honneurs artificiels. Essayons d'être nous-mêmes, en toute simplicité. Nous ne savons pas tout faire. Acceptons nos limites.

Sachons nous adapter

Lorsqu'un problème inattendu survient, pas de panique, sachons prendre le recul nécessaire pour être en mesure de le résoudre. Lorsqu'un événement arrive, c'est que nous sommes capables de le surmonter. Les situations nouvelles nous permettent d'évoluer. Par exemple, un collègue doit faire une présentation demain et nous apprenons qu'il est souffrant. Notre employeur nous demande de le remplacer. Nous n'avons jamais fait ce genre d'exercice. Au lieu de stresser, considérons que c'est l'occasion de nous lancer. Essayons d'y trouver du plaisir, cela nous permettra de garder une attitude positive.

À RETENIR

Soyons responsables

En surveillant nos émotions et nos pensées, en prenant du recul sur les événements et en ne jugeant pas précipitamment les autres, nous adoptons une attitude pleine de sagesse. Cette bienveillance témoigne d'une responsabilité. Nous prenons ainsi notre vie en mains. Nous ne sommes plus ballottés par les situations mais, au contraire, nous intervenons en toute lucidité. En apprenant le lâcher-prise, nous devenons de plus en plus autonomes.

Écoutons notre vérité

Lorsque, par exemple, nous avons l'impression de traverser une situation désespérée, il est toujours possible d'y remédier. La solution ? Arrêtons-nous, respirons, écoutons le Soi. C'est au calme, dans le silence intérieur, que la lumière se fait. Nous avons tous au fond de nous, une petite voix qui nous souffle ce qu'il faut faire.

Transformons notre façon de penser

Ne restons pas attachés à nos préoccupations quotidiennes. Élargissons notre horizon. Empruntons les chemins où nous ne sommes jamais allés. Faisons-nous confiance et osons vivre la vie qui nous correspond.

Prêt à lâcher prise

« Il y a un temps intérieur qui n'a rien à voir avec le temps que l'on peut mesurer. »

Karlfried Graf Dürckheim

Témoignage

« J'enseigne le piano au conservatoire. Mes journées sont parfois longues. Heureusement, j'ai souvent des matinées libres que j'aménage à ma guise. J'adore profiter seule de la maison, quand les enfants sont partis au lycée et que mon mari est au bureau. Je me livre à une sorte de rituel chaque matin. Tout d'abord je consacre environ vingt à trente minutes à effectuer quelques exercices de gymnastique douce. Cela me met en forme. Ensuite, je prends ma douche et je savoure ce moment. Je m'habille et je me maquille assez rapidement. Puis, je me prépare une tasse de café. Là encore, je goûte intensément cet instant. Je bois à petites gorgées, généralement debout, devant la fenêtre de la cuisine à observer la nature. C'est un moment délicieux pour moi. Je suis seule, en harmonie avec ce qui m'entoure. Dès le printemps, je m'installe dehors, dans le jardin, pour boire mon café. Mais, lorsque je suis à l'extérieur, j'ai tendance à prolonger mon inactivité. Je suis devenue très contemplative. Je peux passer une heure à observer mon jardin. Quand j'estime que c'est suffisant, je commence ma journée de femme active. Je prépare mes cours. À l'heure du déjeuner, il m'arrive de rejoindre une amie. Mais, la plupart du temps, je me confectionne un repas léger que je mange avec appétit et plaisir. J'essaie toujours d'être à ce que je fais. Si je mange, je porte mon attention à la nourriture. J'essaie de reconnaître toutes les saveurs. Je mange lentement. Cela m'amène à apprécier davantage la nourriture. Je suis très vigilante à ce que mon corps ressent. Par exemple, lorsque

je suis dans le jardin et qu'un rayon de soleil m'atteint, je suis attentive à ce que ma peau reçoit. Je me délecte de cette délicieuse chaleur. Je me rends au conservatoire à pied. Parfois, aux beaux jours, j'y vais à vélo. Cela me met immédiatement de bonne humeur. C'est assez curieux. Le fait d'être ainsi à l'air libre et de me mouvoir rapidement est euphorisant. Je reçois une légère brise sur mon visage et c'est très agréable. En plus, je me sens davantage en forme lorsque j'arrive au conservatoire, même si je n'ai roulé que cinq minutes ! J'aime mon travail et j'essaie d'enseigner de mon mieux. Je fais en sorte que mes élèves prennent du plaisir avec le piano. Quand je donne un cours, je m'efforce d'être présente pour répondre aux difficultés que rencontrent les élèves. Mes journées s'écoulent ainsi paisiblement. Je veille essentiellement à les agrémenter d'instants de bonheur. »

Élisabeth, 46 ans

Un peu de théorie

Renouons avec l'émerveillement enfantin

Retrouvons notre âme d'enfant, essayons d'avoir la même attitude confiante et joyeuse que nous avions plus jeunes. Qu'est-ce qui nous procure du plaisir ? Qu'aimons-nous faire ? Qu'est-ce qui nous amuse ? Rappelons-nous notre comportement enfantin. Chaque journée était l'occasion de découvrir des activités nouvelles ou d'inventer des jeux. Essayons de retrouver cette même veine. Lorsque nous avons un peu de temps, utilisons-le pour laisser libre cours à notre créativité. Si nous avons envie d'écrire une nouvelle, lançons-nous. Si nous préférons peindre, faisons-le. Mais agissons en fonction de ce qui nous amuse. Écoutons notre enfant intérieur.

La contemplation

La nature nous ressource. Elle nous permet de retrouver la paix intérieure et de nous sentir en accord avec nous-mêmes. Les citadins souffrent de l'insuffisance d'espaces verts. Aussi, dès que la possibilité nous est offerte, sachons savourer les bienfaits de la nature. Prenons le temps de l'admirer, de faire corps avec elle. Quand nous sommes en vacances au bord de la mer, sachons apprécier la beauté de l'océan. Observons la perfection des coquillages. Si nous sommes à la montagne, laissons-nous surprendre par la multitude des fleurs sauvages. Laissons-nous porter par la contemplation des cimes enneigées. La nature nous enseigne sur nous-mêmes et nous apporte une dimension spirituelle.

Faisons vibrer notre cœur

Laissons libre cours à nos émotions. Lorsque nous observons la pureté d'une orchidée ou la nature généreuse d'une pivoine, efforçons-nous de mettre un mot sur notre ressenti. La beauté nous émeut. Elle touche quelque chose de profond en nous, de l'ordre du divin. Elle touche notre cœur.

Trouvons le calme

Arrêtons de penser. Demandons à notre mental de cesser son « babillage ». Prenons l'habitude de prêter attention à toutes ces pensées qui nous encombrent inutilement. Demandons à notre mental de fonctionner, seulement quand nous en avons besoin. Respirons dans notre tête ! L'idéal est de le faire plusieurs fois par jour. C'est un réflexe à acquérir.

Reconnaissons notre véritable nature

Notre nature nous est dévoilée lorsque nous connaissons la paix intérieure. Nous pouvons l'appeler présence intérieure ou encore conscience de Soi. C'est un endroit très calme, empreint de sagesse, que nous avons tous en nous. Sachons reconnaître cette profondeur et cette richesse que nous avons. Prenons le temps de nous y connecter souvent. Nous y accédons dans le silence en étant dans l'instant. Notre vraie nature nous est révélée lorsque nous sommes ici et maintenant.

Laissons les choses s'accomplir

Lâcher prise, c'est faire ce que nous avons à faire, puis arrêter d'y penser. Par exemple, Béatrice est comédienne et elle a un besoin urgent de travail. Elle contacte toutes les agences de casting spécialisées en publicité. Elle sait que les publicités sont toujours bien rémunérées et ne requièrent pas beaucoup de jours de tournage. Elle envoie sa photo et n'y pense plus, confiante. Effectivement, plusieurs agences vont lui téléphoner et la convoquer pour des essais. Alors imitons-la : agissons et lâchons prise. C'est de cette façon que nos actions aboutiront.

À RETENIR

Traitons-nous avec respect

Nous devons nous comporter avec nous-mêmes de façon respectueuse. Pour cela, nous devons faire attention à nous, être attentifs à nos désirs véritables, à combler notre nature profonde.

Écoutons l'enfant en nous

Notre enfant intérieur nous permet de nous ouvrir à davantage de créativité et de joie. Il fait partie de nous et nous devons lui consacrer du temps. Il participe à notre équilibre. Accordons-nous des moments de folie ou de délire : renouons avec le jeu.

Soyons authentiques

Lâchons prise pour nous défaire de tout ce qui empêche notre véritable nature de se déployer. Plus nous lâchons prise et plus nous devenons vrais.

Rendons la vie plus facile

Au fur et à mesure que nous lâchons prise, les choses se clarifient. Nos comportements sont plus harmonieux et nous nous sentons de mieux en mieux. En lâchant prise, nous sommes attentifs à nos activités quotidiennes. Nous sommes détendus et confiants. Si un imprévu survient, nous ne cédons pas à la colère ou à toute autre émotion négative, nous étudions l'événement comme il le mérite et nous réglons les choses selon leur importance, sans affolement. Notre vie est ainsi grandement facilitée et notre humeur bien meilleure.

Vivre l'instant présent

« Chaque jour possède son lot de pensées, de mots et d'actions. Vivez au diapason du jour. »

Rabbi Nhaman de Bratslav

Témoignage

« J'ai essayé de vivre dans l'instant le jour où j'ai eu très peur. Mon médecin m'avait prescrit des analyses pour vérifier si je n'avais pas le cancer. Je devais patienter une semaine avant d'obtenir les résultats. J'étais dans un état de nervosité extrême. Je ne savais pas comment faire pour arrêter de m'inquiéter. Au bout de trois jours d'angoisse, j'étais persuadé d'avoir la maladie. Heureusement, un ami me téléphonait régulièrement pour me réconforter. Il me disait "Essaie de ne pas penser à l'avenir. Il existe un moyen très simple : efforce-toi d'être au présent. Vis l'instant." Facile à dire mais difficile à faire. Mais j'ai essayé et je me suis vite aperçu que cela fonctionnait. Il suffit de l'expérimenter une seule fois pour s'en rendre compte. Malheureusement, les pensées qui me terroriseraient, revenaient sans cesse. Sur les conseils de mon ami, j'ai acheté un ouvrage sur le thème du moment présent. J'ai passé les soirées suivantes à le dévorer et à le pratiquer. Je sentais que cela marchait : quand je parvenais à rester dans le moment présent, je ne pensais plus à la maladie. J'étais là, disponible entièrement, je parvenais à me consacrer à l'instant. Plus j'arrivais à rester dans le présent, et moins mes idées noires avaient de puissance. Leur intensité diminuait. Je sentais qu'elles perdaient leur crédibilité : ces pensées essayaient de me faire peur, de me mener en bateau, de me faire perdre la tête. Mais après tout, comment pouvaient-elles connaître l'avenir ? C'était impossible ! Je ne pouvais donc pas les croire ! J'ai compris qu'elles ne servaient qu'à me nuire

et qu'il fallait que je leur résiste. C'est pourquoi j'ai tenu jusqu'au bout. J'ai réussi, tant bien que mal, à demeurer dans l'instant. Dès qu'une pensée revenait, je prenais une grande respiration, la regardais et la laissais partir en me concentrant sur l'instant. C'est très difficile à effectuer au début. Les analyses étaient négatives : je n'avais pas le cancer. Je considère que cet épisode douloureux n'est pas inutile : il m'a permis d'apprendre à vivre dans le présent. Je suis content aujourd'hui d'avoir pu le vivre et le surmonter. Depuis cet événement, je m'applique à être dans le présent (je n'y arrive pas systématiquement mais je m'y emploie) et ma vie s'est transformée. Je règle tout au fur et à mesure. Et je me suis rendu compte que cette attitude est très efficace. Je ne m'inquiète plus. Je suis devenu plus serein et plus calme. J'ai davantage confiance. »

Alain, 38 ans

Un peu de théorie

Seul le présent existe

Lorsque nous réfléchissons à un événement passé, nous avons terminé de le vivre. Il n'est plus là. Alors pourquoi ressasser des histoires qui n'ont plus cours ? De même, lorsque nous imaginons l'avenir, nous émettons des hypothèses. Cet avenir n'existe pas. Il est fictif. Bien sûr, nous avons parfois besoin de nous projeter dans le futur pour démarrer un projet ou de considérer le passé pour en comprendre le sens. Mais, lorsque certaines pensées nous rendent mal à l'aise, s'apercevoir qu'elles n'ont aucune existence réelle, parce qu'elles appartiennent au passé ou au futur, permet de demeurer avec soi, en toute quiétude.

Un état de vigilance extrême

Vivre le moment présent, c'est être dans un état de présence intense, calme et alerte. C'est vivre dans la conscience de soi. Aucune pensée n'occupe ce territoire. Le mental ne vient plus nous gêner. Nous sommes alors dans un état de vigilance extrême.

Une confiance accrue

Quand nous sommes conscients de notre intériorité, tout peut aller bien à l'extérieur. C'est en étant dans le présent que nous pouvons développer notre confiance en soi, aux autres et dans le monde. La confiance fait partie de l'état de présence. Nous avançons, en toute quiétude, sur notre chemin.

Soyons attentifs

Pour être dans l'instant, nous devons exercer une vigilance permanente. Au début, il est impossible d'y arriver longuement. Mais plus nous nous efforçons de rester dans le présent et plus nous y parvenons. Nous avons la faculté d'apprendre vite. Le tout est d'être persévérant. Nous devons nous concentrer pour être là, simplement. C'est une question d'attention à soi.

Cultivons l'intention

Un moyen d'être présent est d'utiliser l'intention. Il s'agit de décider, avant chacune de nos actions, ce que nous avons l'intention de faire. Par exemple, vous devez prendre votre voiture pour vous rendre à un rendez-vous. Avant de vous mettre au volant, concentrez-vous. Qu'avez-vous l'intention de faire ? Comment souhaitez-vous que les événements se déroulent ? Vous pouvez ainsi décider de rouler sans vous énerver, que tout se passe bien et que vous trouviez facilement une place pour vous garer. De même, avant votre rendez-vous, consacrez deux minutes à faire le point sur la façon dont vous souhaitez qu'il se passe. En agissant ainsi, vous constaterez que votre conscience du moment sera accrue. En plus, les choses ont de grandes chances de se dérouler comme prévu !

Utilisons nos sens

Pour prendre conscience de l'instant, essayons, lorsque nous mangeons une tartine de confiture par exemple, de la goûter comme s'il s'agissait de la première fois. Quelle texture a-t-elle ? Quel parfum délivre-t-elle ? Quelles saveurs renferme-t-elle ? L'objectif est de décrypter le maximum de sensations. Cet exercice va renforcer notre propre présence.

Nos résistances

Nous avons des réticences à vivre dans le présent car nous avons perdu notre conscience de l'Être. C'est le malaise de notre civilisation. Nous ne connaissons plus ce repère intérieur. Personne ne nous a enseigné à le trouver. Il faut désormais le redécouvrir, ce qui implique de se libérer de nos résistances.

Vivons pleinement

Choisissons d'adopter le moment présent car c'est là que se déroule la vie réelle. Cela signifie être attentif à soi, aux autres et au monde. Dans le moment présent, nous ne portons pas de jugement, nous écoutons les autres avec bienveillance. Dans le moment présent, nous avons conscience de l'essentiel. Dans le moment présent, nous sommes entièrement là.

Apprécions la vie

Vivre le moment présent, c'est savoir profiter de la vie. C'est faire de chaque instant un bien précieux. Alors observons, par exemple, la beauté d'un paysage. Savourons ce qui peut nous rendre heureux : le chant d'un oiseau ou le rire d'un enfant. Reconnaissons que le monde qui nous entoure regorge de merveilles.

À RETENIR

Libérons-nous du temps

Dès que cela est possible, efforçons-nous d'être le plus fréquemment possible dans l'instant. Il faut essayer de ne plus penser ni au passé, ni au futur, puisque ces pensées génèrent des émotions souvent négatives. Rappelons-nous : le présent est sans douleur.

Sentons-nous vivant

Être dans l'instant nous permet d'être reliés à nous-mêmes. C'est ainsi que nous nous sentons profondément vivant. Nous ne sommes plus dans l'insatisfaction mais accueillons la vie sereinement. Nous savons ce qui est primordial pour nous.

La qualité de l'instant présent

Le moment présent est synonyme de bonheur et de joie. Lorsque nous agissons en pleine conscience, nous avons alors accès à un réel état de bien-être. En étant dans le présent, nous avons accès aux états intemporels qui sont le bonheur, la paix, l'amour, la compassion et la satisfaction.

Donnons du sens

En vivant dans l'instant présent, notre vie prend toute sa dimension. Nous sommes en harmonie avec nous-mêmes et nous agissons en accord avec notre personne.

S'alléger

« Savoir se contenter de ce que l'on a constitue le plus haut degré de bonheur. »

Yoga Sutra

Témoignage

« J'ai pris l'habitude de jeter, dès que mes étagères ou mes armoires me semblent trop chargées. La première fois, c'est lorsque je me suis séparée de mon ami, Lucas. Nous vivions ensemble et j'ai fait le tri de ce que je pouvais emmener. Ça n'a pas été simple de jeter, de me séparer de certains objets, qui avaient une valeur affective, ou de choses que j'aimais bien. Mais j'emménageais dans un studio, un espace beaucoup plus petit. Je n'avais pas d'alternative : je devais laisser certaines choses à Lucas, en donner d'autres et enfin en jeter. Je suis finalement parvenue à faire des choix, non sans peine. J'avais du mal à laisser certaines choses à Lucas, comme ces petits bols dans lesquels nous prenions notre café. C'est assez ridicule, mais je les aimais bien. J'ai mis du temps à me décider. Si je les prenais, je savais que je penserai à Lucas en les utilisant. Donc, je les lui ai laissés. Mon départ ne s'est pas fait sans souffrance. Je partais mais j'avais toujours des sentiments pour Lucas. Néanmoins, je savais que je devais partir. Il fallait mettre un terme à notre histoire. En me séparant de certains objets, c'est comme si je réussissais à laisser une partie de mon passé. Quand je suis arrivée dans mon nouveau chez moi, je me suis sentie libérée et légère. J'étais un peu triste parce que je souffrais de la séparation mais le fait d'être partie avec juste ce qui me fallait était revigorant. Je pouvais ainsi repartir sur de nouvelles bases. J'avais avec moi l'essentiel pour me retrouver, me reconstruire et bâtir une nouvelle vie. J'ai acheté quelques meubles pour ranger mes affaires

personnelles et me sentir bien dans ce nouveau lieu. Je voulais l'habiter intelligemment. C'est pourquoi je veille à ne plus m'encombrer. Par exemple, dès que les bibliothèques commencent à se remplir, j'opère un tri. Je regarde ce qui m'est indispensable, ce que j'aime vraiment, et je jette ou donne le reste. Je fais la même chose pour le contenu de ma penderie, à chaque changement de saison. Si je n'ai pas porté une tenue depuis plus d'un an, je la donne. Pour la cuisine, mon espace est assez réduit, donc il faut absolument que je me limite à l'essentiel. Aussi, quand le revêtement d'une poêle est trop usé, que les aliments attachent lors de leur cuisson, je ne tergiverse pas. Je jette la poêle et je la remplace. J'éprouve même du plaisir désormais quand je fais du vide. Je sais que je vais me sentir bien ensuite. »

Élodie, 31 ans

Un peu de théorie

Allégeons-nous pour nous libérer

Lorsque nous nous débarrassons des choses inutiles, nous libérons de l'espace. Ce vide allège à la fois le lieu mais aussi l'esprit. L'endroit respire et nous nous sentons plus légers. C'est comme si notre tête s'aérait. C'est un effet très vivifiant. Comme l'indique Élodie, en se séparant d'objets, elle s'est sentie libérée et allégée.

Faisons de l'ordre

Regardons autour de nous. Quelles sont les choses qui ne signifient plus rien pour nous ? Est-il indispensable de garder ce vieux bouquin sur le bricolage ? En jetant, nous pouvons réorganiser notre espace. C'est aussi l'occasion de revisiter notre manière de vivre. Adoptons le rangement. Soyons disciplinés et mettons de l'ordre dans notre vie. Certains sont tellement habitués à vivre dans le désordre qu'ils n'ont pas conscience que cela nuit à leur bien-être. Il suffit de remettre en place deux ou trois livres, ranger quelques revues et tapoter quatre coussins pour s'en rendre compte : ne sommes-nous pas mieux dans un endroit ordonné ? Notre esprit n'est-il pas plus détendu ?

Simplifions-nous la vie

En décidant de posséder moins, notre vie s'en trouve facilitée. Ainsi, nous ne passons pas dix minutes à chercher un vêtement dans la penderie. Nous cuisinons avec des ustensiles à portée de main. Nous n'avons plus à attraper le plat de service qui se trouve derrière le lot de casseroles. Tout devient accessible et notre vie s'en trouve simplifiée.

Privilégions le beau

En nous allégeant de ce qui nous encombre, nous avons la possibilité d'offrir plus de place aux objets que nous aimons. Nous pouvons mettre en valeur les choses que nous trouvons belles. Un vase sur une étagère attire le regard alors que, s'il se trouve entre une rangée de livres, nous ne le voyons plus.

À quoi sommes-nous liés ?

Quand nous partons en vacances, que prenons-nous avec nous ? Des vêtements, un passeport et de l'argent. N'avons-nous pas une impression de liberté en étant ainsi « dépossédés » de tous nos biens ? Est-ce que nos objets nous manquent lorsque nous sommes loin d'eux ? Sommes-nous attachés à des habitudes, comme la télévision ou Internet ? Quelles sont les choses qui nous empêchent d'être avec nous-mêmes ?

Le poids des souvenirs

Nous sommes souvent attachés à des objets qui nous évoquent le passé. Nous ne parvenons pas à nous en libérer. Est-il si important de conserver ce tableau offert par un ex ? À quoi cela nous sert-il de le garder ? Ce tableau nous rassure-t-il ? Pouvons-nous nous séparer des objets qui ont uniquement une valeur affective ? Réfléchissons à ce à quoi nous tenons. N'est-ce pas là l'occasion de nous en affranchir ?

Être ou avoir

La grande question est de savoir si nous privilégions le fait de posséder à celui d'être. S'entourer d'objets inutiles, vivre dans le désordre, accumuler des objets sont des habitudes nuisibles. Il est nécessaire de savoir ce que nous préférons : continuer à amasser comme le souhaite notre société de consommation ou accepter de vivre plus simplement, avec ce dont nous avons vraiment besoin ? Voulons-nous continuer à être menés par notre environnement consumériste ou souhaitons-nous être en harmonie avec nous-mêmes ?

Faisons de la place pour recevoir

En faisant table rase de tout ce qui nous encombre, nous permettons au nouveau d'entrer. Comment pouvons-nous l'accueillir dans un milieu surchargé ? En nous séparant du superflu, nous sommes à nouveau disponibles.

Choisissons nos relations

Sachons nous entourer de gens que nous estimons vraiment. Si certaines relations nous pèsent, rompons les liens. Ne gardons que celles qui nous permettent d'être bien.

À RETENIR

Soyons légers

En allégeant nos lieux de vie, nous rendons nos esprits plus alertes. Nous faisons du ménage à l'extérieur et à l'intérieur.

Prenons soin de notre environnement

En conservant uniquement ce qu'il nous faut pour être bien, nous donnons de la valeur aux choses qui nous entourent. En respectant nos lieux de vie, nous nous respectons également.

Une vie simple

Une fois nos habitations délestées de tout ce qui les encombre, interrogeons-nous sur ce que nous allons faire. Que souhaitons-nous avoir à présent ? Comment voulons-nous vivre ? C'est le moment de décider de mener une vie simplifiée. Entourons-nous de l'utile, du beau et de l'agréable.

Privilégions l'être

Plutôt que de posséder à outrance, décidons d'avoir ce qui nous est indispensable et ce que nous aimons. En adoptant ce principe, nous accordons davantage de place à qui nous sommes réellement.

Soignons les gens que nous aimons

Respectons-nous. Ne nous encombrons plus de relations pesantes. Ayons le courage d'assumer nos choix et entourons-nous de gens aimables.

Être

« Être veut dire présence. »

Martin Heidegger

Témoignage

« Je ne suis pas un adepte de la méditation mais j'aime bien néanmoins me livrer à des "activités" qui y ressemblent. De temps en temps, par exemple, je vais dans la nature pour être au calme. Je cherche un endroit tranquille et je m'assois. Là, je ne fais rien. J'observe. Je peux ainsi m'apercevoir de la présence des écureuils et des oiseaux. Je me sens privilégié de pouvoir regarder vivre tous ces animaux. Pour eux, tout a l'air simple : ils cherchent à se nourrir. Ils sont vifs, joyeux. J'admire aussi la majesté des arbres. Cela me ressource et j'ai vraiment la sensation d'exister pleinement. C'est un bol d'air nécessaire pour mon bien-être physique et mental, comme un appel intérieur pressant. Je dois y aller pour me retrouver et être à nouveau avec moi. Dans la nature, je sens ma présence, le Soi. J'ai accès à la sérénité. Quand je retourne chez moi, je suis en pleine forme et heureux de vivre. Cela peut paraître idiot, mais j'ai besoin de m'offrir ce moment, rien que pour moi. Je ne considère pas cela comme égoïste mais au contraire indispensable à mon équilibre. Je suis du coup beaucoup plus agréable avec les autres. Je fais très attention à me respecter. J'écoute mes désirs, mes envies. Je prends du temps avec ma propre personne parce que j'ai appris à m'aimer. Je fais aussi attention à ceux qui m'entourent. J'essaie de les aimer du mieux que je peux. Je me suis libéré des croyances qui me faisaient du tort. Par exemple, quand j'avais la trentaine, j'avais une haute opinion de ma personne. Je voulais toujours me valoriser et je cherchais à me mettre en avant. En fait, je me gâchais la vie, mais je ne le savais pas. Un

jour, je ne suis pas parvenu à respecter les délais dans mon travail. J'en étais malade. Je me sentais honteux. Ce retard montrait que je n'étais pas à la hauteur. Mais cette "faute" n'a pas eu de répercussion. Mon supérieur m'a simplement fixé un délai supplémentaire. Ce manque de considération m'a blessé. J'ai réalisé que je n'étais pas si important que cela et qu'il n'était pas nécessaire d'en faire trop. Du coup, je suis devenu moins orgueilleux et moins exigeant. J'ai évolué au fil des ans. Je crois que je suis enfin humble. Je me sens bien dans ma peau aujourd'hui. Je sais qui je suis et j'ai fini par m'accepter. Je n'avais pas une grande estime de moi avant parce que je me cherchais. Je ne savais pas de quoi j'étais capable. Toutes mes erreurs m'ont beaucoup appris. Je sais m'entourer de gens que j'aime. »

Loïc, 48 ans

Un peu de théorie

Qui sommes-nous ?

Nous nous posons tous un jour la question de savoir qui nous sommes. C'est même une interrogation cruciale au moment de notre adolescence. Cette quête semble devoir durer toute la vie. Nous nous forgeons d'abord une personnalité. Nous apprenons progressivement à mieux nous connaître. Nous cherchons à nous accomplir et notre besoin de réalisation de soi se précise au fur et à mesure que nous évoluons. Les autres occupent une place importante : que serions-nous sans leur regard et leur approbation ? Devenir soi, c'est se sentir responsable et en harmonie intérieure. Ce que nous cherchons, c'est nous épanouir et nous engager dans un projet qui donne du sens à notre existence. Devenir soi ne serait-ce pas réussir sa vie ?

Être soi

Être soi, c'est devenir libre. Il faut pouvoir s'assumer et ne plus vivre, par exemple, par rapport au regard des autres. Pour être nous-mêmes, nous devons nous considérer avec humilité et lucidité. Nous devons nous efforcer d'être fidèles à nous-mêmes. Être soi s'inscrit dans un processus, celui d'individuation, selon Carl Gustav Jung, et demande du courage. Nous devons pouvoir nous détacher de tout ce que nous avions construit comme carapaces, fausses croyances, etc. Être nous-mêmes, c'est nous montrer tel que nous sommes, dans toutes les situations et avec n'importe quelle personne.

Trouvons un équilibre

Être c'est trouver un équilibre entre ce que nous sommes et ce que nous voulons vivre. Nous devons parvenir à diriger notre vie pour la mener de façon sereine. Pour cela, il nous faut respecter notre personnalité et nos valeurs, connaître nos compétences et les utiliser, savoir ce que nous aimons faire et agir dans ce sens.

Soyons intègres

Le lâcher-prise nous demande de lever le voile sur tout ce qui encombre notre esprit. Plus nous ôtons nos protections, plus nous nous montrons et plus nous sommes nous-mêmes. Nous nous dirigeons vers davantage d'intégrité. Dans le silence intérieur, nous savons qui nous sommes. C'est cette recherche de soi qu'il faut respecter. Nous sommes guidés de l'intérieur pour nous dépouiller de tout ce que nous avons fabriqué à l'extérieur, pour nous protéger. Mais cette protection nous empêche d'être véritablement nous-mêmes. Il faut, au fil des ans, nous en débarrasser. Ne faisons plus de compromis avec nous-mêmes. Acceptons de vivre en conformité avec qui nous sommes vraiment.

Recherchons l'essentiel

Sachons reconnaître ce qui est important pour nous. À quoi et à qui tenons-nous sincèrement ? Prenons conscience de ce qui est inutile. Choisissons de vivre en accord avec nous.

Mettons du sens dans notre vie

En lâchant prise, en nous allégeant, nous accédons à davantage de liberté. Nous refusons les choses superflues, les relations ennuyeuses. Nous recherchons ce qui fait sens et ce qui nous apporte de la joie.

Ayons foi en nous

Nous avons tous des rêves de réussite, de bien-être, de bonheur. Écoutons-les et suivons-les. Nos buts intimes correspondent à nos désirs de réalisation et à ce que nous sommes.

Écoutons notre intuition

Lorsque nous sommes confrontés à un problème qui nous semble insoluble, il ne sert à rien de le ressasser dans tous les sens. Au contraire, demandons à notre mental de se taire. Faisons place au silence et stoppons nos pensées. Ne pensons plus à notre difficulté. La solution apparaîtra spontanément d'elle-même un peu plus tard. Lorsque nous cherchons un mot ou le nom d'une personne, nous pouvons procéder de la même manière. Arrêtons de chercher et pensons à autre chose. Notre intuition va nous indiquer le terme.

Accédons à notre conscience

Tout ce que nous avons besoin de connaître se trouve en nous. Il n'est pas nécessaire de consulter un maître zen ou un spécialiste spirituel. Comme le dit Guy Finley : *« Nous sommes créés, chacun de nous, pour découvrir la vérité sur nous-mêmes à l'intérieur de nous-mêmes. »* La conscience est disponible dans l'instant. Ainsi, tout ce que nous avons besoin de connaître se trouve dans le moment présent. C'est la clé pour vivre en pleine conscience.

À RETENIR

Respectons-nous

Être soi c'est prêter attention à qui nous sommes pour nous permettre de nous accomplir.

Une vie harmonieuse

Être soi, c'est chercher à mener une vie en conformité avec notre nature, nos souhaits et nos valeurs.

Menons la vie qui nous correspond

Sachons reconnaître notre potentiel et l'utiliser dans un projet qui fait sens.

La réponse est en nous

La connaissance de soi nous est délivrée lorsque nous écoutons notre sagesse intérieure.

Respectons-nous

Soyons honnêtes avec nous-mêmes et ne faisons plus de compromis. Décidons d'être intègres et vrais.

À l'écoute de soi

L'intuition est le chemin le plus sûr pour connaître notre vérité intérieure.

La sagesse de l'instant

C'est en vivant dans le moment présent que nous accédons à notre conscience.

Sentir le flux

« Fais toute chose parce que tu sais intérieurement que c'est juste pour toi et que seul le meilleur en sortira. »

Eileen Caddy

Témoignage

« Ma vie semblait bien réglée jusqu'au jour où je me suis retrouvée au chômage. Là, j'ai été confrontée à toutes sortes d'obstacles difficilement surmontables. Je pensais retrouver facilement un emploi mais cela n'a pas été le cas. J'ai cherché dans un autre domaine, mais j'ai été obligée de constater que les places étaient encore plus rares. Je ne savais plus quoi faire. J'ai eu une période de flottement. Je me sentais ballottée par les événements et ma vie avait perdu son sens. Je ressentais comme un vide, moi qui étais si vive et entreprenante. Là, j'étais perdue. J'ai rencontré une conseillère du pôle emploi qui a compris ce qui m'arrivait. Elle m'a suggéré de faire un bilan de compétences, ce que j'ai fait. J'ai été reçue par une psychologue. Comme je n'avais plus d'idées sur ce que je pouvais faire, j'ai fait des tests de personnalité. Cette première approche a mis en avant mon goût pour la nature. C'est vrai que, dès que je le peux, je m'évade à la campagne pour m'aérer. La ville est trop stressante pour moi. Les résultats ont révélé que je souhaitais être utile aux autres. Avec la psychologue, nous avons cherché les secteurs et les postes qui pouvaient correspondre. J'avais des rendez-vous chaque semaine avec elle et nous réfléchissions chacune de notre côté. En confrontant nos idées, j'ai pu avancer et clarifier ce qui m'intéressait. Au bout d'un mois, mon projet se précisait : j'avais très envie de travailler pour les jardins d'insertion dans un poste de chef de projet. Il fallait simplement que je suive une formation à dimension sociale, ce que j'ai fait. Une fois le domaine et le poste définis, les événements

se sont enchaînés très vite. J'ai trouvé facilement une formation. Ayant été licenciée, je bénéficiais d'une aide ce qui m'a permis de me former sur six mois, sans rien débourser tout en percevant mes indemnités de chômage. J'ai commencé à chercher un poste, au milieu de ma formation. Je m'en félicite car j'ai pu démarrer mon poste actuel, immédiatement après ma formation. Je n'ai eu aucun temps mort. Tout s'est enchaîné naturellement. C'est comme si tout se débloquait parce que je faisais quelque chose qui me correspondait. Il n'y avait donc aucune raison que ça ne marche pas ! Je me sentais bien, confiante. J'avais la certitude que j'allais trouver un emploi en concordance avec mes aspirations. Aujourd'hui, j'occupe toujours ce même poste et j'en suis ravie. Je me sens exactement à ma place. »

Nathalie, 38 ans

Un peu de théorie

Cultivons le sens du possible

Comme Nathalie, ne soyons pas bloqués par des idées arrêtées. Nathalie ne s'est jamais dit qu'elle ne trouverait jamais d'emploi, elle a persévéré pour enfin découvrir le poste qui lui convenait. En lâchant prise sur des opinions erronées ou des a priori (comme « je n'y arriverai jamais », « je suis trop âgé », « je ne suis pas assez qualifié », etc.), nous permettons aux situations de se dénouer. Les événements peuvent ainsi se produire.

Une confiance inébranlable

Lorsque nous sommes confiants, tout s'enchaîne facilement. Même si cela n'est pas toujours facile, lorsque nous sommes confrontés à un problème par exemple, restons optimistes et cherchons toujours à trouver une solution à ce qui arrive. Cette démarche permettra effectivement que les choses s'améliorent.

Surveillons notre humeur

Les signes de mauvaise humeur nous avertissent que quelque chose ne va pas. Prêtons attention à ce mouvement pour pouvoir nous en libérer. Soyons de « bonne » humeur car cet état d'esprit ne peut nous apporter que de bonnes choses. N'est-il pas plus agréable d'être gai plutôt que triste ? Alors décidons de l'être le plus souvent possible. L'optimisme se travaille. Nous nous portons bien mieux lorsque nous sommes joyeux.

Soyons dans le flux

Lorsque nous lisons un livre qui nous passionne, nous n'avons plus la notion du temps, tellement nous sommes absorbés par notre lecture. C'est que nous sommes dans un état de flux. De même, lorsque nous faisons l'action juste, celle qui est en accord avec soi et ce qui nous entoure, nous le savons et nous la vivons de manière intense. Nous ne pensons plus à nous-mêmes tellement nous sommes absorbés par notre tâche. Nous ressentons du plaisir tout en donnant le meilleur de nous-mêmes. Le psychologue Mihaly Csikszentmihalyi parle de *« l'expérience optimale »*.

Fixons des objectifs

Pour Mihaly Csikszentmihalyi, il est nécessaire de se fixer des buts pour vivre cet état de flux. Ces enjeux correspondent à ce que nous décidons de faire de notre vie. Comme Nathalie, nous pouvons décider de faire ce que nous aimons et nous rendre utiles.

De la concentration

Être dans le flux signifie prêter attention à ce que nous faisons tout en restant sur le chemin fixé, à savoir celui qui mène à la réalisation de nos objectifs. Nous devons veiller à rester sur la bonne voie.

Ne nous opposons pas

Ne résistons pas aux événements qui surviennent mais apprenons à composer avec eux. Ainsi, Nathalie a d'abord recherché un poste similaire puis elle a fait un bilan de compétences. Elle n'a pas tenté de s'opposer à son licenciement. Elle ne s'est pas non plus entêtée à trouver le même emploi. Elle a accepté que les choses changent et elle a cherché d'autres solutions. Lorsque nous essayons de nous adapter, les choses sont plus simples. Il faut avoir l'humilité de reconnaître que parfois nous ne maîtrisons pas tout. Soyons curieux de voir comment nous comporter pour résoudre un problème plutôt que de le refuser.

Soyons ouverts sur l'extérieur

Il ne sert à rien de ruminer et de se lamenter lorsque les choses ne vont pas comme nous le souhaitons. Examinons ce que le contexte peut nous proposer. Nathalie ne peut plus être chef de produit. Elle ne passe pas ses journées à le déplorer. Elle agit. Elle regarde à l'extérieur ce qui existe en concordance avec ce qu'elle sait faire et ce qui lui plaît. En étant ouverts sur l'extérieur, nous avons la possibilité de saisir des opportunités et nous pouvons sentir que nous appartenons à un monde plus vaste.

Le sens du mouvement

La vie évolue sans cesse. Rien n'est statique. Nous pouvons nous en apercevoir chaque jour, dans notre quotidien. Sentir ce courant signifie que nous sommes libérés de nos vues étroites et de nos certitudes. Nous sommes prêts à saisir ce qui se présente comme nous sommes capables de comprendre une situation ou encore de trouver comment résoudre un problème. Nous vivons avec davantage de spontanéité et de confiance. Nous allons dans le sens de la vie.

À RETENIR

Trouvons la rivière

Nous pouvons tous vivre dans le flux. Pour cela, nous devons choisir de vivre de façon authentique. Il suffit de réaliser notre potentiel tout en nous sentant utiles.

Faisons ce que nous aimons

Pour vivre dans le flux, faisons ce que nous aimons.

La vie à l'envers

Ce n'est pas en ayant davantage de biens matériels ou d'argent que nous serons plus heureux. La démarche est inverse : nous devons d'abord être ce que nous sommes, faire ce que nous devons et ensuite avoir ce que nous voulons.

Observons le problème

Ce n'est pas en se laissant dominer par les événements que nous irons mieux. Nous devons au contraire saisir ce qui nous arrive et chercher une solution.

Cultivons la sécurité

Soyons sereins quoiqu'il arrive. Soyons certains de venir à bout de tous nos soucis. C'est en adoptant une attitude confiante que nous surmonterons tous les obstacles.

Aimer davantage

« La haine excite toutes les querelles, l'amour couvre toutes les fautes. »

La Bible

Témoignage

« La vie nous offre de nombreuses occasions de nous plaindre ou de nous réjouir. En ce qui me concerne, j'ai choisi la seconde option. Je me suis rendu compte que positiver rendait la vie plus facile et permettait d'être de bonne humeur. Mais je dois surveiller mon attitude. Parfois, mes anciennes habitudes veulent revenir. Il faut que je sois vigilante. Je travaille dans une compagnie d'assurances et les ragots ou les médisances font souvent le tour des bureaux. Avant, je participais activement à toutes ces conversations nocives mais aujourd'hui je les évite. J'ai compris que ça ne m'apportait rien, au contraire. Je l'ai réalisé petit à petit, en prenant conscience d'une sorte de malaise que j'avais après ces discussions malsaines. Je ne veux plus être comme ça. C'est un comportement que j'ai définitivement abandonné. Même quand une amie essaie de m'amener à critiquer sa voisine ou je ne sais qui, je refuse. Je lui dis simplement : "Arrête. Tu te fais du mal à médire ainsi." Et je passe à un autre sujet. J'essaie de vivre le plus agréablement possible. Peut-être parce que je commence à vieillir. Je m'aperçois que la vie est courte et qu'il faut la respecter. Je veux pouvoir rire chaque jour. Et les occasions ne manquent pas ! Je suis très entourée et les gens que je côtoie sont d'un naturel plutôt gai. Et puis, je crois que cela fait partie de mon tempérament, j'aime l'humour et je me réjouis assez facilement de petites choses. Par exemple, lorsque j'entends le chant d'un merle, j'arrête toute activité pour l'écouter de toutes mes oreilles. C'est tellement beau ! J'en ai presque les larmes aux yeux. Mes enfants sont indépendants et, lorsqu'ils viennent dîner, je m'efforce de leur faire

plaisir. Je prends le temps de confectionner un gâteau la veille, parce que c'est toujours meilleur le lendemain. Comme je travaille, je suis obligée de m'organiser : je programme mon menu, mes achats et le temps de préparation pour être certaine de leur faire quelque chose de bon. J'aime cuisiner et je m'applique. Il m'arrive d'avoir des petites contrariétés, comme tout le monde, mais je m'efforce de relativiser. Chaque souci peut être surmonté. C'est à chacun de lui donner la dimension qu'il souhaite. S'il veut se gâcher la vie, son problème va devenir un drame. S'il veut jouir de la vie, son tracas va être considéré comme il le mérite et vite réglé. Moi, je ne veux pas me laisser envahir par la tristesse ou la mauvaise humeur. C'est une règle de vie. »

Sylvie, 52 ans

Un peu de théorie

Apprécions chaque journée

Sachons goûter aux joies de la vie. Nous pouvons apprécier, comme Sylvie, le chant d'un oiseau. Nous pouvons nous livrer à une activité que nous aimons. Nous pouvons consacrer du temps aux personnes que nous estimons. Tout ce qui se présente à nous est susceptible de nous procurer des instants de bonheur. Le matin, si nous sommes réveillés par un rayon de soleil, n'est-ce pas délicieux ? Nous devons prendre la joyeuse habitude de saisir toutes les opportunités de bonheur. Le bonheur s'entretient et se provoque. C'est une attitude de vie. Essayons de démarrer la journée du bon pied et tenons-nous prêts à l'accueillir.

Cultivons la bonté

Essayons d'être aimables et aimants. Retrouvons la bonté qui est en nous. Soyons bienveillants et développons l'empathie. Cette attitude de cœur nous emplit de bien-être. La bonté fait partie de notre nature profonde. Il suffit juste de l'activer.

Ne portons plus de jugement

Adoptons une attitude de bienveillance en décidant de ne plus porter de jugement sur les autres. Nous n'en prenons pas toujours conscience, mais juger autrui ne nous apporte rien de positif. Cela ne peut que nous culpabiliser et nous encombrer. De quel droit pouvons-nous juger les autres ? À chacun de mener sa vie comme il l'entend.

Ne cultivons pas la haine

Arrêtons de détester telle personne ou de médire sur telle autre. Abandonnons toutes ces attitudes pesantes. De même, lorsque quelqu'un s'apprête à critiquer une de nos connaissances, essayons d'arrêter ses propos. Sommes-nous satisfaits lorsque nous alimentons des conversations malveillantes ? Non. Cela nous déplaît parce que toutes ces énergies négatives sont nuisibles.

Prenons du plaisir

Ne cherchons pas systématiquement une activité ou quelque chose qui nous procurerait de la joie. Contentons-nous de savourer ce qui se présente. C'est en agissant de cette façon que nous activerons la sensation de plaisir. Le plaisir s'expérimente et se ressent. Il sera alors plus aisé de le développer par la suite. Nous saurons saisir et provoquer ce qui nous met en joie.

Aimons-nous

Pour lâcher prise, il est nécessaire de nous faire confiance. Cela implique que nous ayons une certaine estime de nous-mêmes. Nous pouvons tous vivre la vie qui nous correspond. Nous devons juste nous autoriser à vivre selon nos aspirations et nous aimer suffisamment pour prendre les risques nécessaires.

Aimons les autres

Lorsque nous parvenons à nous aimer, il est alors plus aisé d'aimer autrui. Nous pouvons aimer nos amis, nos parents, nos enfants, etc. Nous pouvons nous montrer bienveillants avec nos voisins, nos collègues et toutes les personnes que nous croisons sur notre route. Adoptons une attitude ouverte et sereine envers les autres et nous nous sentirons très riches. Cela facilite les relations de qualité. N'est-il pas délicieux d'aimer, de se sentir aimé et apprécié ?

Agissons avec notre cœur

Lorsque nous nous livrons à une activité, essayons de faire de notre mieux. Accomplissons-la avec notre cœur. Ainsi, Sylvie, avant de recevoir ses enfants, va mettre beaucoup d'elle-même en préparant le dîner. Elle va s'investir pour prendre du plaisir mais aussi en donner. Lorsque nous agissons ainsi, notre tâche est, d'une part très prenante, et d'autre part, très agréable.

Visons la satisfaction

En prenant conscience de ce qui nous déplaît, nous pouvons y remédier. Comme l'affirme Guy Finley : « *C'est seulement grâce à notre insatisfaction, que nous comprendrons qu'il n'existe, pour nous, qu'une seule voie.* » Ainsi, notre insatisfaction nous guide vers ce qui nous satisfait et vers qui nous sommes. En nous libérant de nos croyances, et de nos a priori, nous devenons de plus en plus satisfaits car plus proches de notre vérité intérieure.

Écoutons notre cœur

Pour vivre pleinement, écoutons ce que notre cœur souhaite. C'est lui qui sait ce qui nous convient. Comme l'indique Guy Finley : « *La satisfaction que votre cœur désire vit déjà en vous et attend seulement que vous lui offriez la place qui lui revient de droit en vous souvenant de sa paix.* »

À RETENIR

Vivre au quotidien

Sachons nous émerveiller à chaque manifestation de la vie : le premier bourgeon du printemps, le chant d'un oiseau, le rire cristallin d'un nouveau-né...

S'attendre au bonheur

Le bonheur se cultive. Soyons prêts à l'accueillir dans notre vie. Soyons vigilants. Montrons-nous enjoués. Partons à la découverte du bonheur.

Recherchons la voie de la satisfaction

Elle nous guide vers notre intériorité.

Arrêtons de médire

Ne critiquons pas nos collègues, ni nos amis. Cela ne sert qu'à nous faire du tort.

Sachons aimer

Prenons la décision de nous aimer. Faisons sauter tout ce qui nous en empêche. Prenons conscience de notre chance de connaître autant de personnes merveilleuses !

Faisons de notre mieux

Cette attitude nous permet d'être en accord avec nous-mêmes. Elle nous apporte de la satisfaction.

Un apprentissage tout au long de la vie

« Apprends à faire tranquillement ce qui doit être fait, sans te jeter dessus, et sans bruit ni fanfare. »

Eileen Caddy

Témoignage

« J'ai eu un déclic le jour où j'ai vraiment lâché prise. J'ai compris comment mon esprit fonctionnait. J'ai pris conscience des souffrances inutiles que je subissais et que j'imposais aux autres. J'avais la fâcheuse manie de contrôler mon entourage, mais je n'en avais pas vraiment conscience. Si je "surveillais" mon fils Julien, en lui demandant de me montrer ses devoirs, c'était pour l'aider. Lorsque je demandais à mon épouse, Magalie, si elle était allée au supermarché, c'était pour savoir si je devais le faire. Mais je ne me rendais pas compte que c'était pesant pour eux. Ils avaient l'impression d'être contrôlés. Je l'ai compris plus tard, à la suite d'une scène de ménage bien méritée. J'ai réalisé que je n'avais pas à m'immiscer ainsi dans leurs habitudes. Ils y arrivaient très bien sans moi. Il était inutile que je les interroge sans cesse et que je me mêle de tout, comme j'avais pris l'habitude de le faire. J'ai lâché prise. Je leur laisse dorénavant tout leur pouvoir. Ils décident sans mon "précieux" avis. Je les laisse vivre, en un mot. Du coup, nos relations se sont améliorées et je ne ressens plus le stress que je m'infligeais. Je ne m'en rendais même pas compte. Je vérifiais tout ! Cela a été une première étape. Mais c'était loin d'être suffisant. Je me suis aperçu que j'avais beaucoup de choses à modifier dans mon comportement. En effet, ce que je faisais à la maison, je le faisais aussi au bureau et même en faisant mes courses ! Progressivement, je me suis libéré de tout ce qui provoquait de la

pression. Par exemple, j'avais des a priori sur certaines personnes. Je ne les voyais pas telles qu'elles étaient réellement. J'avais aussi des croyances stupides quant à mon rôle d'homme. Je m'empêchais de pleurer. Aujourd'hui, je respecte mes émotions et je m'autorise à les montrer. Mais je sais que j'ai encore beaucoup à apprendre. Je n'ai pas fini de me découvrir. Ça n'est pas de tout repos. Cela me demande énormément de vigilance et de volonté. Mais je veux vivre de façon intègre et essayer de ne pas gâcher mon existence. Je veux faire la chose juste, celle qui me correspond. J'avance sans filet. C'est à la fois excitant et terrifiant. Je m'efforce de vivre dans l'instant et de faire chaque jour ce que je dois faire. Je suis devenu beaucoup plus humble. J'ai grandi. J'ai davantage d'empathie aussi. Je sais que je progresse, même si mon évolution n'est pas spectaculaire. Je me sens de mieux, de plus en plus entier. »

Marc, 40 ans

Un peu de théorie

Intégrons le lâcher-prise progressivement

Au fil des années, nous avons construit notre personnalité. Mais nous avons aussi adopté, plus ou moins consciemment, des principes et des croyances qui nous desservent. Nous ne pouvons pas nous défaire du jour au lendemain de tout ce conditionnement issu de nos parents, de l'école et, d'une façon plus générale, de la société. Nous avons mis des années à être ce que nous sommes. Nous ne pouvons pas ôter le superflu d'un seul coup. Lâcher prise requiert du temps car c'est un processus qui se vit, s'expérimente et s'apprend. C'est au fur et à mesure que nous nous défaisons de nos croyances encombrantes, que nous prenons de plus en plus conscience de qui nous sommes réellement. Mais il faut lever chaque voile, un à un.

Combien de temps pour lâcher prise ?

La première expérience de lâcher-prise permet de saisir comment il opère. Mais, ce n'est qu'un début. Pour devenir vraiment entiers, il faut se délivrer de tout ce qui n'est pas indispensable. Nous devons nous débarrasser de nos conditionnements et cesser de nous identifier à l'ego. Cela demande du temps. Les épreuves ou les occasions de lâcher-prise se succéderont tant que nous serons insatisfaits. Cela varie d'une personne à l'autre, puisque chaque être est unique. Ensuite, nous devons veiller à demeurer dans le moment présent.

Expérimentons sans cesse

Le lâcher-prise est un processus. À chaque fausse inquiétude, nous devons essayer de ne pas faire réagir notre ego. Efforçons-nous de prendre le recul nécessaire pour saisir la situation et lâcher prise. Essayons d'acquérir de nouveaux réflexes. Même s'ils semblent difficiles au début, plus nous les mettrons en pratique, plus ils nous paraîtront simples. Nous découvrirons alors que cela est possible et nous nous approcherons de plus en plus de qui nous sommes.

Surveillons nos réactions

Nos réactions sont souvent automatiques. Nous ne réfléchissons pas et, par exemple, nous nous mettons en colère. Nous devons nous libérer de nos réactions mécaniques. Pour cela, décidons de ne plus nous laisser guider par elles. Réagir conduit toujours dans une même direction, à savoir une impasse. Les réactions masquent et ne révèlent rien. Nous devons donc ne pas réagir, mais être conscients. C'est la tâche la plus difficile à effectuer. Ensuite, nous devons prendre du recul et observer. C'est ainsi que nous apprenons ce qui se passe en nous. *« Apprendre signifie découvrir »* indique Guy Finley.

Une vigilance bienveillante

Plus nous avançons sur le chemin du lâcher-prise, plus nous prenons conscience rapidement d'une émotion. Par exemple, nous avons un accès de colère en nous trouvant dans un embouteillage. Nous pouvons aisément modifier notre pensée à l'origine de cette mauvaise humeur. Le plus simple pour nous en débarrasser est d'en rire. Moquons-nous gentiment de nous-mêmes. Ne laissons plus les pensées maussades envahir le reste de notre journée.

Un processus d'évolution

« Plus nous évoluons intérieurement, plus notre vie devient facile » nous dit Guy Finley. En nous détachant, nous nous ouvrons à notre spiritualité. Les barrières disparaissent. L'auteur nous suggère de pratiquer le plus souvent possible le *« détachement de soi »*. Nous devons ne pas faiblir et tenir bon : c'est la seule façon de nous transformer et d'avancer dans la découverte de soi.

Sur le chemin d'une nouvelle vie

En adoptant le lâcher-prise, nous osons nous aventurer vers l'inconnu. Nous abandonnons nos vieux réflexes et nos anciennes croyances. Nous cessons de nous laisser dominer par notre ego, qui ne nous apportait que souffrances et angoisses. Nous découvrons ainsi notre véritable nature, à savoir notre être essentiel. Nous sommes à présent capables d'apprécier pleinement, par exemple, la beauté de la nature environnante. Nous accédons à davantage de tranquillité et de sérénité. Nous sommes en mesure de veiller sur nos émotions et de ne pas nous laisser envahir par les pensées négatives. La vie qui s'ouvre à nous est, de ce fait, beaucoup plus joyeuse.

À RETENIR

Domptons notre ego

Soyons forts et volontaires : ne laissons plus notre ego mener la danse. Mais notre ego voudra sans cesse revenir sur le devant de la scène. Décidons de ne plus nous identifier à lui.

Une vigilance quotidienne

Lâcher prise requiert d'être présent. Cela exige, chaque jour, de l'attention et de la persévérance.

Apprenons à lâcher prise

Le lâcher-prise est un processus qui s'applique quand cela est nécessaire. C'est un chemin qui s'effectue en plusieurs étapes.

Soyons conscients de nos réactions

La prise de conscience est essentielle. Sans conscience le lâcher-prise est impossible. C'est grâce à la conscience que nous pouvons nous apercevoir de nos réactions pour les modifier.

La réaction : une voie à sens unique

La réaction ne nous conduit qu'à un seul endroit : la peur et la colère. C'est une impasse. Si nous choisissons de ne pas la suivre, nous demeurons ouverts.

Un chemin spirituel

Le lâcher-prise mène à soi. C'est grâce à cette pratique que nous pouvons découvrir notre être essentiel, qui est spirituel.

Vivre dans le lâcher-prise au quotidien

« La vie est trop courte pour être petite. »

Benjamin Disraeli

Témoignage

« J'essaie de vivre chaque jour dans le présent. Bien sûr, je dois régler certaines choses et donc il m'arrive de me sentir moins consciente d'être là, dans l'instant. Mais je m'y emploie. Je veille surtout à ne pas me laisser envahir par des pensées nuisibles. Je sais désormais qu'elles n'ont aucune utilité si ce n'est celle de m'ennuyer. J'arrive maintenant à les dépister à temps et à les empêcher de prendre trop de place. Mais c'est un travail quotidien. Je dois être très vigilante. Rien n'est jamais acquis. Je recommence jour après jour. Je dois quand même reconnaître que j'ai moins d'efforts à fournir qu'au début. C'est comme un muscle que je remets en route. Pour m'aider à rester zen, j'ai mis en place une sorte de rituel que je m'applique à effectuer chaque matin. C'est un peu comme si je faisais mes gammes. Par exemple, je pratique quelques exercices corporels. C'est une gymnastique douce que j'ai élaborée spécialement pour moi. Ces mouvements me conviennent parfaitement : ils me détendent et m'assouplissent. Je les effectue pendant une quinzaine de minutes pour me mettre en forme. Ensuite, je fais ce que j'appelle ma relaxation. Je suis assise, je ferme les yeux et j'écoute une musique qui facilite l'état méditatif. Je m'efforce de ne pas penser. J'essaie de faire corps en quelque sorte avec la musique. Je demeure ainsi, assise et détendue, au moins dix minutes voire davantage. Ensuite, je peux commencer ma journée de femme active. Cela me met toujours de bonne humeur. J'ai l'impression d'être beaucoup plus efficace lorsque je prends le temps d'exécuter ce rituel. M'étant occupée de moi, je peux être ensuite disponible pour les autres. Je me sens également ouverte et prête

à recevoir n'importe quel imprévu. J'établis un programme pour mes journées. Je fais des listes. Cela me facilite la vie. Je règle les affaires au fur et à mesure. Quand j'ai terminé une action, avant de passer à une autre, je me concentre et je réfléchis à la façon dont je souhaite que les choses se déroulent. Par exemple, si je dois prospecter pour mon travail, j'étudie ce que je veux obtenir. Je suis alors obligée de prendre en considération le discours que je dois tenir pour y arriver. Je m'aperçois souvent qu'il n'est pas assez pertinent et je suis obligée de le corriger. Cela me permet d'être très efficace lorsque j'agis. Et je dois reconnaître que grâce à cette anticipation, les choses se passent très souvent comme je le souhaite. »

Colette, 46 ans

Un peu de théorie

Gardons le cap

Pour vivre dans le lâcher-prise au quotidien, nous devons nous efforcer d'être dans le moment présent. Cela nous demande beaucoup d'attention mais c'est la condition pour y parvenir. Comme Colette, nous pouvons appliquer la méthode de l'intention et nous poser la question suivante avant chaque action : « Comment est-ce que je souhaite que les choses se passent ? Qu'est-ce que je veux obtenir ?». En anticipant de cette façon, nous nous impliquons davantage et nous sommes au clair avec ce que nous voulons.

Une attitude de vie

Être dans le lâcher-prise découle d'une volonté de vivre pleinement. C'est être avec soi et avec les autres, de façon entière. C'est choisir de découvrir ce que la vie nous offre. C'est s'ouvrir sur le monde et c'est avancer sur le chemin de la connaissance de soi.

Soyons présents

Ayons le courage de ne plus être le jouet de nos pensées, de nos émotions ou de nos souffrances. Cessons de nous identifier à elles pour prendre conscience de notre propre existence. Il est plus confortable de demeurer dans un état connu et donc de rester attachés à ce qui nous rend malheureux. Choisir de vivre en pleine conscience est donc un acte courageux. C'est une option incontournable si nous souhaitons mener la vie qui nous correspond.

Développons nos réflexes

Lorsqu'une pensée négative survient, adoptons la stratégie adéquate : respirons jusqu'à sentir à nouveau notre présence intérieure. La pensée pourra alors s'en aller plus facilement.

Cultivons le détachement

Prenons du recul sur les événements afin de relativiser. Lorsqu'une chose peu agréable survient, prenons un instant pour nous interroger : « Qu'est-ce qui est essentiel pour moi ?». Cela nous permet d'être détachés et de renouer avec soi.

Faisons confiance aux autres

Attribuons notre confiance à ceux qui nous entourent ou que nous côtoyons. En adoptant cette attitude, nos relations seront simples et ouvertes.

Ayons confiance en la vie

Lorsque nous poursuivons notre route en toute sérénité et avec confiance, les choses se passent généralement assez bien. Bien sûr nous ne sommes pas à l'abri d'événements malheureux ou de contretemps fâcheux. Mais il ne sert à rien de céder à la peur ou à toute autre émotion pesante. Nous ne pouvons pas faire autre chose qu'accepter ce qui arrive. Il faut donc réussir à nous faire confiance quoiqu'il arrive : nous surmonterons les obstacles et les peines. Lorsqu'une situation se présente à nous, c'est que nous sommes en mesure d'y faire face.

Ouvrons notre cœur

Osons chercher ce qui nous rend heureux. Ouvrons notre cœur et faisons-nous plaisir. Retrouvons notre âme d'enfant et cédons à la joie de faire des choses moins sérieuses. Prenons la résolution de rire au moins une fois par jour. Consacrons une après-midi par semaine à nous livrer à une activité que nous aimons. Pour ouvrir notre cœur, nous devons expérimenter les choses et donc les vivre nous-mêmes. Recherchons ce qui nous amuse. Par exemple, si nous adorons danser au son des djembés, faisons-le. Il existe toutes sortes d'activités susceptibles de nous faire du bien et qui sont gratuites (marcher, chanter, arpenter les rayons jouets ou travaux manuels, etc.). Pourquoi nous en priver ?

Dépassons nos limites

Écouter son cœur cela signifie aussi faire ce que nous désirons le plus. Le plus souvent, nous n'osons pas parce que nous avons peur de nous lancer. Que risquons-nous pourtant, si ce n'est de réaliser un souhait qui nous comble ? Ayons l'esprit d'aventure et jetons-nous dans l'inconnu. La satisfaction sera au rendez-vous.

Soyons réceptifs

Attendons-nous, chaque jour, à découvrir quelque chose d'inédit. Soyons attentifs et prêts à saisir les heureux imprévus. En cultivant cet état d'esprit, nous ne passons plus à côté d'événements plaisants. Nous retrouvons le sentiment du possible.

Nous fondre avec le réel

Lorsque nous sommes dans le moment présent, c'est comme si nous faisions corps avec notre environnement. Nous avons conscience d'une dimension plus vaste dont nous faisons partie.

À RETENIR

Soyons vigilants

Le lâcher-prise s'apprend et s'entretient. Chaque jour est nouveau et nous devons recommencer à exercer notre attention.

Des attitudes salvatrices

Lorsqu'une pensée pénible tente de nous accaparer, dépistons-la avant qu'elle ne prenne trop de place. En cas, d'échec, retrouvons le calme intérieur en respirant profondément jusqu'à sentir notre présence.

Une règle d'or : la confiance

Cultivons la confiance car c'est la clé pour surmonter tous les obstacles et entretenir d'excellentes relations.

Renouons avec notre âme d'enfant

En adoptant l'attitude que nous avions étant enfant, c'est le moyen le plus sûr pour trouver ce que nous aimons.

Apprenons à relativiser

Lorsque nous sommes détachés, nous savons ce qui important et ce qui ne l'est pas.

Être présent à soi-même

« Cherche la réponse en ce même lieu
d'où t'est venue la question. »

Rumi

Témoignage

« Je menais une vie parisienne assez mouvementée. J'ai été contraint de ralentir le rythme à cause d'une maladie. J'ai gardé la chambre pendant un mois. Au début, je fulminais. Puis, j'ai pris conscience que mon agacement était ridicule. Cela ne changerait rien à la situation. J'étais cloué au lit, autant l'accepter. Je passais les journées seul. L'appréhension a cédé la place au calme. Au bout de quatre jours, j'ai même pris du plaisir à être avec moi. Je n'étais pas du tout habitué à la solitude. J'en avais peur. C'est pourquoi j'étais autant hyperactif avant la maladie. J'ai repris goût à la lecture, à la réflexion. J'ai observé le jardin que je voyais de ma fenêtre. Il m'arrivait d'être très absorbé par cette "activité". Je regardais simplement une fleur ou les allées et venues d'un couple de mésanges. Je me suis rendu compte que cela me faisait du bien. Jamais je n'ai éprouvé d'ennui. Quand j'ai repris la vie active, je n'avais aucun empressement à me remettre au travail. Au contraire, l'envie de prolonger ce congé avec moi-même me titillait. C'est pourquoi j'ai décidé de m'aménager des plages horaires quotidiennes pour retrouver ce bien-être intérieur. J'en avais désormais besoin pour mon équilibre. Aussi, depuis la maladie, je m'accorde chaque jour des pauses de dix à quinze minutes pour me ressourcer. Après le déjeuner, j'essaie de marcher seul. Lorsque les collègues me demandent ce que je vais faire, je prétexte une course. Parfois, je m'accorde trente minutes dans un square ou dans un parc. J'observe les plantes, les arbres. Je respire le parfum des fleurs. Je

regarde la vie des insectes. Je m'installe sur un banc et j'écoute les sons. J'essaie d'utiliser tous mes sens pour me sentir vivant. Et ça marche ! Quand je suis de retour au travail, je me sens heureux car j'ai consacré du temps à être avec moi. Je ne me contente pas de faire cela uniquement à l'heure du déjeuner. Dès que j'en ressens le besoin, je programme un moment pour me recentrer. Par exemple, lorsque j'ai eu une semaine un peu difficile, je me lève tôt le samedi pour me rendre dans un bois. Je passe alors une heure ou deux à marcher et à observer la nature. Un exercice que je trouve très efficace pour renouer avec moi-même est de chercher une pierre ou un caillou très spécial. J'entends par spécial un objet qui entre en résonance avec moi, un objet qui m'interpelle tout particulièrement. C'est un peu comme si je le connaissais. L'effet est très jubilatoire. »

Antoine, 45 ans

Un peu de théorie

Respirons pour nous centrer

Être présent à soi-même commence par le corps. La respiration nous y aide. Encore faut-il en prendre conscience. En effet, nous respirons sans y prêter attention. Cela nous est complètement naturel. Nous ne réalisons pas à quel point cette fonction est vitale pour nous car si nous arrêtons de respirer, nous mourons. Gagnés par le stress, nous sommes nombreux à avoir une respiration rapide, trop courte. Son rythme est alors irrégulier. Il reflète ce que nous vivons. Il est important de pouvoir prendre le temps de souffler, d'écouter sa propre respiration, pour renouer avec la profondeur de son être.

La respiration témoigne de notre état émotionnel

« La respiration est le baromètre de notre état intérieur » nous dit la sophrologue et auteur Michèle Freud. Ainsi, lorsque nous sommes

anxieux, notre respiration s'accélère. Lorsque nous n'obtenons pas ce que nous désirons, nous soupirons. Mais nous pouvons, par le biais de notre respiration, influer sur notre condition émotionnelle. Ainsi, en prenant une longue inspiration pour gonfler nos poumons d'air et en expirant longuement, nous pouvons atteindre le calme intérieur. Il suffit simplement de répéter plusieurs fois cette opération.

Respirons en pleine conscience

Voici un exercice pour prendre conscience de sa respiration. En position allongée, fermons les yeux. Observons notre respiration. Effectuons ceci jusqu'à obtenir le calme en nous. Suivons le trajet de l'air. Il entre dans nos narines, il entre dans nos poumons, puis il repart vers nos narines. Observons les parties de notre corps qui bougent : nos narines qui se dilatent, notre cage thoracique qui se soulève. Au besoin, mettons nos mains sur notre abdomen pour sentir le mouvement. Maintenant expirons par la bouche le plus longtemps possible. Inspirons profondément par le nez, expirons lentement par la bouche. En répétant cet exercice plusieurs fois dans la journée, notre concentration va s'améliorer et nous ressentirons moins de stress. Nous pouvons aussi le pratiquer en position assise, mais il est plus facile, au début, de l'exécuter couché.

La rencontre avec soi

Prenons un moment pour nous isoler. Respirons profondément par le nez. Expirons lentement par le nez. Faisons-le une dizaine de fois. Puis respirons à nouveau profondément et retenons notre souffle quelques instants. Que se passe-t-il en nous ? (Évidemment ne retenons pas notre souffle trop longtemps.)

Notre ressenti corporel

En prêtant attention à notre ressenti corporel, nous prenons conscience de notre présence. Pour cela, détendons-nous, par le biais de la respiration par exemple. Ensuite, amenons notre attention sur les différentes parties de notre corps. Commençons par les orteils et remontons progressivement jusqu'au haut de notre crâne. Pour chaque zone, essayons de ressentir ce qu'il s'y passe : est-elle tendue, relâchée, chaude, froide… Si elle est douloureuse, peut-elle nous indiquer ce qu'elle ressent ? Mettre un mot sur la douleur est souvent très révélateur de ce que nous vivons.

Prenons le temps

Être présent à soi-même requiert la volonté de s'isoler. Il faut prendre le temps nécessaire pour se retrouver. Nous sommes sans arrêt en train de courir et de nous agiter dans tous les sens. Mais ce n'est pas ainsi que nous pouvons vraiment nous connaître. Être avec soi nécessite de marquer une pause, rien que pour soi.

À quoi occupons-nous notre temps ?

Listons cinq activités que nous faisons chaque semaine. Pour chacune, indiquons combien de temps nous y consacrons. Lesquelles voulons-nous faire ? Lesquelles sommes-nous obligés de faire ? Combien de temps consacrons-nous à nous-mêmes ?

Des pensées qui ressourcent

Si la solitude nous effraie, la lecture de pensées profondes nous permet de méditer quotidiennement sur nous-mêmes et sur la vie. Elles nous rendent plus sereins et plus positifs.

À RETENIR

Les bienfaits de la respiration

La respiration est un outil puissant pour nous recentrer. Elle agit presque immédiatement. Si nous nous sentons oppressés, stressés ou encore si nous ressentons de la peur ou de l'angoisse, pensons à respirer. Prenons une profonde inspiration et expirons lentement et longuement. Nous serons vite apaisés.

Le corps ne ment pas

Pour prendre conscience de soi, le corps est un instrument infaillible. Il nous indique ce qui se passe en nous.

Libérons nos émotions

En prêtant attention à notre ressenti corporel, nous pouvons prendre conscience d'une émotion. Par exemple, si nous avons des gencives douloureuses, peut-être ne « voulons-nous pas en démordre ». Il s'agit peut-être d'une colère refoulée. C'est en comprenant la présence de nos émotions que nous pouvons nous en libérer.

À l'écoute de notre ressenti

Lorsque nous dirigeons notre attention sur ce que notre corps ressent, notre mental se tait. C'est une condition nécessaire à l'expression de notre corps.

S'ouvrir, se relier

« La portion de félicité qui réside dans tout plaisir de la vie courante peut être une prise de conscience de son propre soi. »

Abhinavagupta

Témoignage

« Chaque année, je consacre un budget pour m'adonner à la danse africaine. Aussi, j'essaie d'aller régulièrement aux cours. Ils ont lieu le mardi soir. Pendant une heure trente, je ne pense plus à rien. Je danse. Je m'oublie. Ça me vide la tête. J'en ressors épuisée, mais heureuse. Je me sens incroyablement présente et vivante à la fin du cours. Même si mon corps est fatigué, ma tête est aérée. Cela a toujours un effet revigorant sur moi. Je suis contente de moi. Le samedi après-midi, j'essaie de m'occuper de moi. Je ne fais pas de projet précis. Je suis mes envies, mon instinct. Parfois, je reste chez moi pour me livrer à une activité artistique comme la peinture ou le piano. Je ne suis pas une experte dans ces disciplines, mais cela me délasse de peindre. Je me laisse aller. J'imagine un thème puis je l'exécute. Ensuite, je remplis la feuille en fonction de ce que je ressens. Il m'arrive de peindre ainsi pendant quatre heures d'affilée sans me rendre compte du temps qui passe. Je suis tellement absorbée. C'est vraiment une activité où je me sens profondément reliée. Je ne cherche pas à faire quelque chose de joli. Ce que je veux, c'est entrer dans cet état particulier où le dessin et moi ne faisons qu'un. C'est très stimulant et enthousiasmant. Quant au piano, je réapprends, seule. C'est un peu laborieux parce que je m'y suis remise depuis peu. Mais d'ici quelque temps, je pense que cela me sera agréable. Il faut juste que je parvienne à m'approprier un morceau. Il m'arrive de ne pas avoir spécialement envie d'être active, mais j'éprouve tout de même le besoin de rester seule

avec moi-même. Je me tiens, par exemple, sur mon balcon à regarder ce qui m'entoure. Il m'arrive d'écouter de la musique. Selon mon humeur, je choisis Mozart ou Janis Joplin ou encore de la musique de relaxation. Je me fie à mes envies du moment. Si le temps s'y prête, je vais marcher. J'ai la chance d'avoir deux grands parcs près de chez moi. J'ai l'habitude de marcher pendant une heure au minimum. Ça me met en forme. Au bout de vingt minutes de marche, j'ai oublié tous mes soucis, je suis à nouveau détendue. J'essaie de le faire seule. C'est important car c'est une condition pour moi pour me sentir en harmonie avec la nature. Si quelqu'un m'accompagne, nous parlons et je ne ressens pas du tout la même chose. J'ai besoin de communier en quelque sorte avec la nature. Je me fonds en elle. C'est une impression très agréable qui me permet de me ressourcer entièrement. »

Anne, 38 ans

Un peu de théorie

Partir à l'aventure

Pour retrouver notre esprit enfantin, rien de tel que de partir à la découverte. Oui, mais à la découverte de quoi ? C'est à chacun de le trouver. Nous sommes tous différents et donc ce qui fait plaisir à l'un peut ennuyer l'autre. Si nous aimons les grands espaces, une plage au bord de la Manche peut faire l'affaire, si nous préférons les endroits un peu mystérieux, nous pouvons opter pour un château en ruine. Certains seront comblés dans une boutique d'animaux ou de perles en vrac. Partir à l'aventure, c'est adopter une attitude. Tenons-nous prêts, lorsque nous mettons le pied dehors, à découvrir quelque chose. Nous nous apercevrons que notre âme d'enfant est toujours intacte.

Écoutons de la musique

La musique influe sur notre état psychique et suscite des émotions.

Certaines musiques agacent, d'autres nous mettent de bonne humeur ou encore nous bouleversent. La musique est d'ailleurs utilisée à des fins thérapeutiques (musicothérapie). La musique s'adresse à notre sensibilité et à notre mémoire. Elle touche à la fois notre corps et notre esprit. Elle est un médium très puissant pour nous relier à nous-mêmes. La musique permet l'harmonie intérieure. Trouvons celle qui nous correspond. Comme Anne, testons-les, au gré de nos humeurs ou de nos envies. Certains organismes étudient les fréquences vibratoires de la musique et leurs effets sur l'être humain. Ils éditent des musiques relaxantes correspondant à différents états de conscience (ondes Alpha et Thêta). Ces musiques apaisent et peuvent nous amener à des états de méditation. Cherchons la musique qui nous convient. Soyons curieux.

Cuisinons

Parfois, réaliser des tâches simples permet de nous sentir bien avec nous-mêmes. Ainsi, la cuisine peut apporter de nombreux bienfaits. Mais il faut en avoir envie et prendre du plaisir à la faire. Nous pouvons imaginer des recettes, incorporer des épices inédites, tester des plats exotiques, retrouver des saveurs enfantines, etc. L'objectif est de nous amuser tout en confectionnant quelque chose de bon pour nous et pour les autres. Au vu de la prolifération des blogs de cuisine sur Internet, nous sommes nombreux à redécouvrir ce plaisir.

Marchons

Lorsque l'esprit est bloqué, le corps le débloque. La marche a un effet libérateur sur l'esprit. Marcher dans la nature nous permet de nous recentrer, de nous sentir en harmonie avec l'environnement. En plus, cela nous offre l'occasion de découvrir des paysages et donc de nous enrichir. Il est conseillé de marcher rapidement les quinze premières minutes, puis de ralentir le rythme ensuite. Cet exercice procure l'apaisement recherché et relie avec soi.

La danse

La danse nous permet d'exprimer nos émotions et nous libère de nos blocages. Elle nous fait prendre conscience de notre corps et nous recentre. Nous pouvons créer une chorégraphie ou juste effectuer des mouvements sur une musique qui nous stimule. Nous pouvons pratiquer la danse en groupe, ou seul. C'est à chacun de définir quelle danse lui correspond. Pour certains, l'envie de bouger va se produire à l'écoute du son des djembés, pour d'autres, c'est la musique latine qui va les ensorceler. Une fois encore, le choix de la discipline est une affaire personnelle.

L'art du mandala

Depuis des millénaires, le mandala est utilisé. Il fait l'objet de pratiques spirituelles. Sa forme est basée sur le cercle. Sa structure est parfaite. La forme du mandala est présente dans toutes les manifestations de la vie comme l'atome, le cristal ou encore les ondes sonores. En dessinant un mandala, nous exprimons la beauté et l'harmonie tout en rejoignant notre centre.

Une pratique pour nous recentrer

Nous relier à nous-mêmes est indispensable pour parvenir à lâcher prise. Des techniques simples existent. Le yoga, la méditation, les arts martiaux ou l'art-thérapie apprennent à se recentrer. Pour ceux qui trouvent que la méditation est trop difficile, la sophrologie est susceptible de leur convenir. Comme toute pratique, il est conseillé d'être régulier pour sentir les bienfaits de la technique.

À RETENIR

Nous ouvrir

Partons à la découverte de ce qui nous entoure. C'est un état d'esprit à adopter. Il ouvre notre esprit et notre cœur.

Développons notre écoute

Devenons musicothérapeute et choisissons les musiques qui nous conviennent, pour nous relier, pour nous détendre ou tout simplement nous faire plaisir.

Sortons

Aérons-nous le plus possible. Sachons profiter de la beauté des paysages. Marchons rapidement pour nous sentir ouverts et reliés.

Des plaisirs simples

Sachons apprécier des moments comme celui de cuisiner. La cuisine permet de se faire et de faire plaisir.

Une pratique artistique

Trouvons une activité qui nous corresponde pour libérer notre créativité. Selon notre tempérament, nous opterons pour la danse, la peinture, la musique ou toute autre discipline qui nous fait du bien.

Recentrons-nous

Pour trouver notre centre, nous pouvons dessiner un mandala, méditer, faire du yoga ou simplement écouter de la musique multidimensionnelle.

Changer

« J'apprends aussi longtemps que je vis. »

Râmakrishna

Témoignage

« Il m'arrive plein de bonnes choses en ce moment, je sens que je traverse une période faste. Mais ça n'a pas toujours été le cas. J'ai beaucoup changé en dix ans. J'ai progressé. Je me sens bien dans ma peau aujourd'hui. Pour y parvenir, j'ai vécu seul. Cela m'a permis de réfléchir, de faire le bilan, de voir ce que je pouvais changer pour aller mieux. Par exemple, j'ai longtemps eu tendance à faire confiance trop rapidement aux gens. Cela m'a valu beaucoup de déceptions. Je croyais que j'allais avoir le contrat du siècle, par exemple, ou que j'avais enfin rencontré la femme de ma vie ! Aujourd'hui, quand je fais la connaissance de quelqu'un, que ce soit dans le milieu professionnel ou simplement sur le plan amical, je fais attention. Je ne m'enthousiasme pas comme je le faisais auparavant. J'attends que les liens soient plus solides. Je prends le temps. J'ai eu de nombreuses déconvenues sentimentales. Pour moins souffrir, j'utilise le mind mapping. En écrivant, je peux ainsi structurer ma pensée. Après, je me sens mieux, parce que la situation s'est éclaircie. Je vois plus clair en moi. Maintenant, j'utilise cette méthode même quand je vais bien. C'est très efficace pour élaborer un point de vue. J'utilise d'autres techniques très efficaces aussi, comme le collage. La première fois que je l'ai pratiqué, c'était pour trouver le métier de mes rêves. Je ne savais pas quelle profession exercer. Les premiers collages m'ont bouleversé tellement je les trouvais beaux et en résonance avec ce que j'étais profondément. Mais, je n'ai pas compris tout de suite ce qu'ils me montraient. C'est un peu plus tard que j'ai pris conscience de leur message : ils

m'indiquaient de raconter des histoires. Aujourd'hui, je suis scénariste. C'est peut-être aussi pour cela que je me sers de méthodes en lien avec l'écriture. Lorsque je veux comprendre un problème, je fais des listes. C'est plus rapide que le mind mapping et je peux l'écrire, même sur un bout de feuille. J'ai toujours un carnet sur moi qui me sert à noter ce genre de choses ou des idées de scénarios. J'ai beau me sentir super bien en ce moment, je sais que cette situation n'est pas définitive. Tout change tout le temps. J'apprends chaque jour. Je m'efforce de demeurer positif mais, parfois, je suis moins en forme et moins vigilant. Je me mets à râler, à trouver que tout va mal, je ne supporte plus les gens... J'ai encore du boulot si je veux devenir zen. Être positif est un travail quotidien. »

Michael, 37 ans

Un peu de théorie

Utilisons des phrases positives

Pour déconditionner notre esprit trop souvent pessimiste, appliquons la méthode des phrases positives. Il s'agit de transformer nos propos négatifs en tournures positives qui ne seront pas en contradiction avec ce que nous pensons intimement.

Écrivons

Pour dénouer un blocage ou pour clarifier une situation, écrivons ce que nous ressentons. Rédigeons ce qui nous pose problème. Le fait de l'écrire va débloquer des choses et nous permettre de trouver des solutions. L'écriture apporte une mise à distance. Nous nous impliquons moins dans l'événement. Écrire déclenche un processus de résolution.

Entraînons-nous à la visualisation

L'art de la visualisation libère les tensions et renforce la confiance.

Essayons-la tout d'abord sur des événements à venir, simples. Par exemple, nous devons prendre la voiture pour nous rendre dans un quartier très encombré et nous redoutons de ne pas trouver de place pour nous garer. Respirons, détendons-nous et visualisons-nous : nous arrivons en voiture dans la rue. Nous roulons doucement. Nous apercevons un clignotant : une place se libère. Elle est pour nous. Pour que cela fonctionne, nous devons y croire (et ça marche !).

Lisons des contes

Les contes détiennent la sagesse. Ils ont traversé les âges, portés uniquement par la parole. Ils se sont transmis ainsi, ce qui montre qu'ils sont incroyablement vivants. Les contes renferment des vérités accessibles à tous : chacun y puise selon son besoin de connaissance. Les contes nous parlent de la vie, de l'être humain. Ils nous aident à franchir des étapes. Ils nous montrent le chemin pour devenir plus conscients et plus heureux.

L'art du collage

Prenons une pile de magazines. Déchirons trente pages qui nous plaisent. Ensuite, à l'aide de ciseaux, de feuilles blanches et de colle, réalisons un collage. Notre œuvre va nous révéler et nous faire découvrir des traits de notre personnalité. Le collage est très utile lors de périodes difficiles. Il apaise, recentre et délivre des messages facilitant notre évolution. Nous pouvons choisir des thèmes au préalable (par exemple : faire sa biographie) ou simplement se laisser aller au plaisir de la composition.

Faisons des listes

Pour nous faciliter la vie, rédigeons des listes. De nombreuses situations s'y prêtent parfaitement : lorsque nous n'allons pas bien, listons ce qui ne va pas, puis ce que nous souhaitons et enfin ce que nous devons faire pour que les choses changent. En mettant à plat ce qui encombre notre esprit, nous créons l'espace nécessaire pour y voir plus clair. Cette technique peut s'appliquer à de nombreux domaines (liste des peurs, des chagrins, des gens qui me font du mal, des amours, des succès, etc.).

Le mind mapping

Cette technique, encore appelée cartographie, fonctionne à la manière d'un « brainstorming ». Lorsqu'un problème nous tenaille, il suffit d'écrire son nom (un mot-clé) au centre d'une feuille, et de l'entourer. Ensuite, nous inscrivons toutes les idées secondaires, autour de ce mot. Nous les entourons également d'un cercle que nous relions par un trait. Lorsque nous avons épuisé toutes nos pensées, un diagramme s'est formé. Relisons le tout. Au besoin, choisissons un aspect que nous souhaitons développer et procédons de la même façon. Comme le dit Michael, cet exercice est très efficace pour clarifier notre pensée.

Mettons-nous en mode optimiste

Martin Seligman, spécialiste de la psychologie positive, a mis en lumière trois critères pour vivre dans l'optimisme : la permanence, le particulier et l'espoir. Ainsi, préférons « j'ai toujours de la chance » à « j'ai de la chance aujourd'hui ». Soyons précis : « Martin est injuste » et non « Tous les directeurs sont injustes. Préférons « il y a de fortes chances pour que cela ne soit pas grave » à « il y a de fortes probabilités pour que cela soit un cancer ».

À RETENIR

Soyons positifs

Pour demeurer optimistes, sachons transformer nos pensées négatives. Trouvons la phrase qui va nous permettre de changer notre point de vue.

Auto-évaluation

Nous avons besoin, périodiquement, de faire le point et de nous livrer à une introspection pour modifier une situation, résoudre un problème ou faire le point avec nous-mêmes. En écrivant ce qui nous pose problème, nous trouvons la solution.

Les différentes formes d'écriture

Nous pouvons adopter l'écriture libre ou le mind mapping ou encore les listes : tous les procédés sont bons pour comprendre ce qui se passe en nous.

Visualisons

La pratique de la visualisation permet d'avoir confiance. Mais nous devons croire en son efficacité.

Ne jetons plus nos magazines

Utilisons nos anciennes revues pour nous livrer à l'art du collage. Réaliser une telle œuvre va nous permettre de nous révéler.

Éveillons-nous avec les contes

Accueillons les contes comme les enfants : avec simplicité et innocence. Ils nous enseignent l'amour et la vie.

À faire régulièrement

« Savoir et ne pas agir, c'est ne pas savoir. »

Dicton chinois

Témoignage

« J'ai établi une règle de vie pour vivre le plus possible en accord avec moi. Je m'accorde deux heures chaque matin. J'essaie de m'y tenir même si parfois les circonstances ne sont pas favorables. Je me lève tôt. Cela me permet de profiter du silence de la maison : tout le monde dort encore. J'ai aménagé une pièce en bureau-salon de repos. C'est là que je m'installe chaque matin pour me relaxer. Je mets une musique appropriée, je m'assois sur une chaise, le dos bien droit. Je ferme les yeux et je me concentre sur la musique. Je reste ainsi environ vingt minutes. Parfois, j'ai tendance à m'assoupir si je suis fatiguée mais je m'efforce de demeurer présente. Ensuite, je fais des mouvements de taï-chi-chuan pendant environ trente minutes. Après cette séance, je suis vraiment centrée et prête à démarrer la journée. J'entends les enfants qui se lèvent et le défilé dans la salle de bains commence. Je prépare le petit déjeuner pour toute la famille. Pendant que mon mari et mes enfants mangent, je file dans la salle de bains. Lorsque j'en ressors tout le monde s'apprête à partir. Je les embrasse. La porte se referme et là, c'est un moment délicieux. Je suis seule pour déguster dans le calme mes tartines et mon thé. Ensuite, je peux partir, à mon tour, au bureau.

Je me fais plaisir régulièrement. J'adore passer une heure dans le rayon développement personnel d'un grand magasin. J'en profite aussi pour écouter des musiques que je ne connais pas. Une fois par semaine, je vais à un cours de taî-chi. Depuis que j'ai découvert cette discipline, je me sens vraiment bien. Cela m'a transformée. Je suis désormais extrêmement présente.

Je vais souvent à des conférences concernant la spiritualité. J'ai découvert récemment des cours d'initiation à la méditation que je vais bientôt tester. J'aime apprendre.
Une journée sans sourire est une journée gâchée : je veille à trouver des prétextes à rire. Et j'en trouve tous les jours, heureusement. J'essaie de vivre le plus pleinement possible.
Parfois, je fais des choses un peu bêtes, histoire de rire davantage. J'aime bien les boutiques de jouets. J'essaie tous les articles qui émettent des sons ou de la musique. J'appuie sur le ventre du bébé qui pleure, j'enclenche le programme d'une poupée qui chante, j'essaie le xylophone. Bref, je m'amuse comme une gamine. Cela me fait du bien même si les clients me regardent parfois avec un œil désapprobateur ou consterné. »

Valérie, 42 ans

Un peu de théorie

Instaurons un rituel matinal

Essayons d'élaborer un rituel journalier destiné à nous consacrer du temps. Ainsi Valérie se livre tous les jours à la relaxation et au taî-chi. Elle a fait en sorte de prendre son petit déjeuner seule. Il s'agit de trouver des tâches qui nous relient et nous fassent du bien. Ce rituel doit être personnel. Certains voudront se livrer à une série de mouvements corporels, d'autres souhaiteront écrire pendant vingt minutes. L'idéal est de le faire chaque matin car l'objectif est de démarrer la journée en nous faisant du bien.

Chaque journée doit nous permettre de rire

Veillons à ce que chacune de nos journées soit joyeuse. La vie est beaucoup plus légère si nous rions. Le rire se cultive tout comme l'optimisme. Tenons-nous prêts à saisir les occasions de rire ou de sourire. Lorsque la journée commence avec un beau ciel bleu, réjouissons-nous. Rire fait partie d'une attitude de vie. Choisissons une vie joyeuse plutôt qu'une vie triste.

Faisons-nous plaisir

Prenons soin de nous en nous choyant, comme nous ferions avec un enfant. Ayons la même attention bienveillante, chaleureuse et aimante envers nous. Nous avons envie de suivre des cours de poterie. Faisons-le. Accordons-nous régulièrement du plaisir : offrons-nous des petits cadeaux, organisons des escapades solitaires pour découvrir des endroits qui n'émerveillent que nous, sachons nous gâter et nous dorloter. Nous le méritons !

Ne nous prenons pas au sérieux

Adoptons l'esprit de dérision. Il nous permet de prendre du recul sur les événements. Il nous simplifie la vie en la rendant plus légère.

Cultivons notre esprit enfantin

Prenons cinq euros et achetons-nous des choses stupides qui réjouissent notre âme d'enfant : des bonbons, des étoiles, des anges, des colliers, etc. Autorisons-nous à faire des choses que nous aimerions faire mais que ne faisons pas.

Enrichissons notre spiritualité

Il peut être utile d'avoir sur soi un petit carnet pour noter ce qui nous nourrit. Par exemple, nous remarquons une annonce pour une conférence qui nous intéresse. Nous n'avons pas envie d'assister à la conférence mais le thème nous intéresse. Inscrivons-le dans notre carnet. Nous chercherons plus tard des ouvrages sur ce sujet. Une nouvelle revue parlant du cerveau paraît. Procurons-nous le premier numéro. Peut-être déciderons-nous par la suite de nous abonner. Des ateliers sur la médiumnité ont lieu. Inscrivons-nous s'ils nous intéressent. Ouvrons-nous. Soyons curieux. Enrichissons-nous.

Vidons nos armoires

À chaque changement de saison, faisons le tri dans nos armoires : jetons ce qui est usé. Donnons ce que nous ne porterons plus, ce qui ne nous va plus. Comme le conseille l'essayiste française Dominique Loreau, trouvons notre style et arrêtons de suivre les modes. Optons pour la simplicité et des tenues dans lesquelles nous nous sentons bien.

Mettons de l'ordre dans nos têtes

Notre esprit n'est pas toujours en ordre et nous le savons. Regardons ce qui nous dérange. Établissons une liste de choses qui ne vont pas : les émotions par exemple. Dressons la liste des émotions qui nous font souffrir. Quelles sont les choses ou les pensées qui provoquent ces émotions ? Établissons la liste. Faisons le bilan.

Notre aptitude à lâcher prise

Avons-nous encore des liens nous empêchant de lâcher prise ? Voici une liste de questions pour nous en rendre compte :

- Notre attitude correspond-elle à notre intention ?
- Voulons-nous agir sans réussir à le faire ?
- Souhaitons-nous arrêter d'agir et ne pas y parvenir ?
- Avons-nous tendance à imposer ? À contrôler ?
- Écoutons-nous les autres ?
- Avons-nous peur ?
- Jugeons-nous les autres ?
- Écoutons-nous nos émotions ?

Répondons régulièrement à cette liste.

Si notre présence faiblit

Il nous est parfois difficile d'être dans le moment présent. Ayons alors le réflexe d'y remédier et accordons-nous le temps nécessaire pour nous ressourcer. Marchons en pleine nature. Aménageons-nous des plages horaires pour nous relaxer ou méditer. Soyons à l'écoute de notre corps. Écoutons le silence.

À RETENIR

Consacrons-nous régulièrement du temps

Nous avons besoin de nous centrer pour pouvoir vivre dans le moment présent. Efforçons-nous de planifier un moment de la journée pour nous sentir reliés.

Les bienfaits du rire

Le rire est bon pour la santé, c'est reconnu. Saisissons les opportunités de rire pour notre bien-être personnel.

Prenons soin de nous

Nous devons veiller à nous faire plaisir régulièrement, d'une part pour garder le moral et d'autre part pour être attentifs à nous. Il est nécessaire de nous respecter.

Notre enfant intérieur

Écoutons la part enfantine qui réside en nous et livrons-nous de temps en temps à des activités ludiques.

Recherchons la simplicité

Faisons le ménage régulièrement dans nos armoires et dans nos têtes. Allégeons-nous.

Restons vigilants

Nous pouvons faiblir dans notre aptitude à lâcher prise. Nous devons y remédier en nous recentrant.

Lâcher prise pour maigrir

Le lâcher-prise a été évoqué dans la partie précédente comme une attitude à mettre en œuvre dans les relations personnelles et professionnelles mais il peut également être mis en pratique très concrètement au sujet de la problématique de l'alimentation et des régimes.

Faites le point sur votre histoire personnelle

« C'est avant tout une quête de soi dont il est question dans l'apprentissage ou la redécouverte du véritable plaisir à manger, à déguster, celle de la gourmandise pour remplacer la gloutonnerie. Mais aussi la découverte de toutes les émotions qui vous gouvernent et qui vous définissent en partie. »

Stéphane Clerget, *Les Kilos émotionnels*

Témoignage

« Quand j'étais petite fille, c'était la sortie de la guerre. Mes parents ont beaucoup manqué de vivres, notamment pour mes frères aînés, pendant cette période, et je crois que le retour à un semblant de normalité les a poussés à beaucoup me gâter. J'avais le droit de manger entre les repas, de faire des dîners entiers de sucreries. Un vrai rêve pour une enfant ! Aujourd'hui, il m'apparaît clairement que mes parents soignaient leur culpabilité d'avoir eu du mal à nourrir leurs autres enfants pendant des années. J'ai compris cela plus tard, quand mon mari est décédé brutalement alors que nous étions encore jeunes. Je me suis mise à grossir sans m'arrêter. La solitude, le soir, une fois les enfants couchés, me pesait tellement ! Mes meilleurs compagnons étaient le chocolat et la télévision. Et puis, un jour, j'ai rencontré celui qui est devenu mon deuxième mari. Il a su deviner quelle femme j'étais vraiment, derrière mes nombreux kilos superflus. Et, bizarrement, ayant quelqu'un à qui raconter ma journée, j'ai oublié le chocolat. J'ai repris en moins d'un an mon poids "d'avant", sans m'en rendre compte. En étant juste à nouveau amoureuse, en ayant quelqu'un à qui plaire, en ayant chassé l'ennui de ma maison. De la magie. Depuis, les années ont passé, mon mari est toujours à mes

côtés, et je crois pouvoir affirmer que les seuls kilos repris sont ceux de l'âge, discrets, presque plaisants. Les kilos du malheur et de la tristesse se sont bel et bien envolés. »

Françoise, 72 ans

Un peu de théorie

Nourriture et état psychique : les liaisons dangereuses

La façon que nous avons de nous alimenter est intimement liée à notre moral, qu'il soit au beau fixe ou qu'il atteigne les profondeurs. Effectivement, de nombreux états d'esprit peuvent nous pousser à nous alimenter d'une manière qui n'a pas de rapport avec nos besoins réels. Le dérèglement alimentaire (à ne surtout pas confondre avec les pathologies du comportement alimentaire, anorexie et boulimie) peut être dû à un ennui naissant de l'inactivité subie (le chômage par exemple), ou bien un autre type d'ennui dû à une situation personnelle ou professionnelle insatisfaisante, une sorte de lassitude de l'existence. Ce dérèglement peut également être dû à un sentiment de vide affectif, amoureux et/ou amical (deuil, séparation), à des angoisses persistantes, à un manque inexpliqué de quelque chose ou à un épuisement de fond.

Ce dérèglement peut avoir les deux effets opposés. D'une part, les aléas de l'existence peuvent provoquer chez certains une perte d'appétit suffisamment importante, pour que cela se ressente sur leur poids. C'est ce qui arrive quand on a l'estomac noué en permanence, ou des soucis si importants qu'ils prennent toute la place dans l'esprit. On en oublie même de se nourrir. D'autre part, il peut arriver, et c'est plus fréquent, que les gros soucis de la vie amènent à s'alimenter de manière disproportionnée par rapport à ses besoins. La nourriture devient alors non seulement un substitut, un refuge, mais également un compagnon, un anxiolytique, etc.

Hauts et bas de la vie, hauts et bas du poids

Pour connaître le statut de son propre appétit et s'interroger sur son rapport à la nourriture, il est important de se poser un certain nombre de questions. D'abord, il faut retracer approximativement sa courbe de poids depuis l'enfance et la superposer, si cela est possible, à la courbe de votre moral, en évaluant les bons moments et les épreuves de votre existence.

En premier lieu, vous pouvez observer la linéarité de ces courbes. Y a-t-il des pics, positifs ou négatifs, sur les deux courbes ? Ces pics se trouvent-ils aux mêmes moments ? Pouvez-vous repérer un changement d'attitude face à la nourriture à ces moments-là ?

Prenez les choses dans l'ordre. Quelle stature aviez-vous, étant enfant ? Comment viviez-vous votre apparence par rapport aux autres ? Quels sont les moments de la vie où votre poids a changé ? En prenant ou perdant du poids ? Qu'avez-vous ressenti par rapport à la nourriture pendant les périodes difficiles de votre vie, si vous considérez en avoir vécu ? Avez-vous, à certains moments charnières, eu des envies soudaines et fortes de certains types d'aliments ? Quels types d'aliments ? (En général, plutôt du gras et du sucré dont le goût est plus réconfortant.) Connaissez-vous le désir de vous « remplir » quand tout va mal ?

Toutes les réponses à ces questions vous permettront d'esquisser un portrait de vous dans votre rapport à la nourriture.

Enfin, pour aller plus loin, il est intéressant de réfléchir à son rapport à ses parents, et notamment à sa mère.

Histoires d'enfance, histoires d'éducation

Le premier désir de tous les bébés, c'est celui de se nourrir. Pour cela, il se tourne instinctivement vers le sein de sa mère. De là, naît un triangle fondamental : celui de la mère, de l'enfant et de la nourriture. La mère et l'enfant utilisent la nourriture comme un vecteur affectif

très important. En d'autres termes, l'un dit à l'autre qu'il l'aime et inversement via son assiette. Mais c'est aussi, pour la mère comme pour l'enfant, un moyen d'exercer son autorité, de montrer son opposition, de s'affirmer comme un individu différent, une personne à part entière. Un enfant qui refuse la nourriture que lui donne sa mère exerce un chantage, donc un pouvoir sur elle, en se mettant en danger. Et une mère qui nourrit son enfant plus que selon ses besoins veut peut-être lui dire et lui redire son amour, pour tout type de raisons.
De ces histoires d'enfants naissent les histoires d'adultes. Il y a fort à parier qu'un enfant dont les parents ont consolé les chagrins en lui offrant un morceau de chocolat se réfugiera dans la consommation de sucreries, à la première peine de cœur.
Il est important de retracer sa propre histoire, de savoir qui on est par rapport à la nourriture qui emplit nos vies, quel rapport nous avons eu avec nos parents quand nous étions plus jeunes, afin de mieux se placer par rapport à elle et d'avoir un comportement alimentaire dédramatisé et de mieux lâcher prise par rapport aux tourments qui influent sur la perception de nos besoins alimentaires.

À RETENIR

Notre alimentation est liée à notre état d'esprit

Trop ou pas assez, nous mangeons souvent en fonction de notre situation sur l'échelle du bonheur. Tous les sentiments négatifs font naître des comportements alimentaires déréglés et brouillent nos vraies sensations de besoin. La nourriture est alors oubliée ou au contraire surinvestie, comme un instrument de consolation, de diversion, etc.

Il est important de déterminer son profil

Quel rapport à la nourriture avons-nous ? Quelle est notre propre histoire par rapport à ce besoin vital ? Décelons-nous un rapport entre les aléas de l'existence et notre manière de nous alimenter ? Avons-nous des automatismes de repli vers les sucreries ? Pour mincir en lâchant prise, il est nécessaire de connaître son rapport à l'alimentation.

L'enfance joue un rôle primordial

Parce que l'enfance façonne l'adulte que nous serons, il est souvent intéressant de se pencher sur le rapport que nos parents (en particulier notre mère) nous ont fait établir avec les aliments. Était-ce un enjeu de pouvoir ? D'affection ? De récompense ? Comment reproduisons-nous aujourd'hui pour nous cette utilisation symbolique de la nourriture ?

Apprenez à gérer vos émotions

« Les prises alimentaires émotionnelles, c'est lorsque nous mangeons en réaction à une émotion. Pour l'étouffer, par exemple. Ou bien parce que notre histoire, notre éducation, notre construction imaginaire nous a programmés pour nous pousser à manger face à telle ou telle émotion. »

Stéphane Clerget, interview pour Psychologies.com

Témoignage

« J'ai de grosses responsabilités dans l'entreprise où je travaille. Plus j'ai gravi les échelons, plus j'ai grossi, c'est bien simple ! Bien sûr, j'avais de plus en plus de repas d'affaires, mais c'est surtout avec le sens des responsabilités que sont venus les kilos, il me semble. Quand on devient manager, il est indispensable de faire bonne figure, de montrer notre solidité et notre imperturbabilité face aux aléas du marché et aux tensions internes. J'ai été la victime d'une très forte pression de la part de mes supérieurs hiérarchiques et, pour garder le cap, je crois que je me suis beaucoup consolée, rassurée et récompensée avec une nourriture réconfortante. Lorsque j'ai compris que mon espérance de vie était en jeu, j'ai décidé d'agir. J'ai essayé de comprendre à quels moments la nourriture était un refuge, un instrument de compensation. J'ai déterminé différentes situations de conflit avec mon équipe et mon chef. Une fois identifiées, ces situations ont été naturellement dédramatisées, puisque je pouvais mettre des noms dessus. Il y avait le "coup de pression du vendredi soir" de mon chef, le "chantage affectif" de la responsable de production, etc. J'ai pu ainsi relativiser et tenir à distance les émotions que ces épisodes suscitaient en moi. En anticipant les

situations et les émotions, j'ai enfin pu lâcher prise avec elles et cesser de les prendre de plein fouet. Croyez-le ou non, mais j'en ai oublié la tablette de chocolat tapie dans mon casier de bureau... »

Catherine, 47 ans

Un peu de théorie

Comment les émotions jouent-elles sur la prise de kilos ?

Nous sommes naturellement disposés à vivre une vie quotidienne remplie d'émotions plutôt modérées. En effet, les émotions fortes et extrêmes ne nous sont pas naturelles, elles exercent sur notre esprit une sorte de pression qui peut être violente, difficile à supporter. Sans parler des événements graves de la vie, tels que les accidents, les deuils, les licenciements, de simples angoisses liées au travail ou à ses proches peuvent tenir ce rôle d'émotions plus fortes que la moyenne. L'être humain a tendance à compenser ces émotions, à tenter de les neutraliser pour revenir à cette moyenne. La compensation peut facilement passer par la nourriture puisque c'est une activité quotidienne, universelle. C'est la plus accessible, puisque c'est un passage obligé pour tous, à plus ou moins long terme. Jeûner un jour est possible, jeûner toujours, non.

Nous vivons aujourd'hui dans une société où nous sommes sans cesse soumis à un certain stress (au sens large de « pression »), à des changements permanents, ce qui a pour effet physiologique de favoriser notre production d'insuline. Cette hormone favorise le stockage et inhibe la sensation de satiété, ce qui, à long terme, a pour effet de nous faire prendre du poids.

Enfin, quelqu'un qui est victime d'émotions fortes ou extrêmes aura tendance à se concentrer sur ces émotions, à se laisser submerger ou à rassembler ses efforts pour essayer de les contenir. De ce fait, il diminuera ses activités physiques, ce qui participera à sa prise de poids.

Anticiper les émotions

Parce que nos émotions jouent un rôle essentiel dans la prise de poids, il est important d'apprendre à les connaître, pour pouvoir déjouer le mécanisme « émotion/compensation » qui, sinon, peut rester inconscient et donc incontrôlable. Voilà les questions que l'on peut se poser, afin d'établir un répertoire des situations et des émotions qu'elles provoquent.

Commençons par les situations de conflit, les plus propices à provoquer chez vous de la tristesse, de la colère, de la rancœur. Y a-t-il des sujets permanents de désaccord, que ce soit au sein de votre famille, dans votre équipe professionnelle, dans votre groupe d'amis ? Ensuite, faites le point sur vos angoisses : que redoutez-vous le plus ? Dans quelles circonstances ?

Quels sont les moments où les conflits, les désaccords et les craintes latentes resurgissent ? Savoir cela permettra, si vous avez bien en tête les réponses, d'anticiper les émotions qui vont avec. Connaître les schémas et leur répétition, c'est une manière de les tenir à distance et, pourquoi pas, d'en faire ce que vous voulez. Vous redevenez ainsi maître à bord de votre esprit et ne vous laissez plus embarquer malgré vous dans des chemins qui perturbent votre équilibre émotionnel. Naturellement, le besoin de compensation devrait disparaître, puisque vous n'êtes plus piqué à vif par votre entourage. Vous serez à la fois libéré de vos contrariétés de fond, mais aussi de la culpabilité d'avoir cédé à la tablette de chocolat pour de mauvaises raisons.

Accompagner les émotions

Une fois que l'on a fait connaissance avec les émotions qui provoquent une envie de manger indépendante de la sensation de faim, il faut en effectuer un classement. Quelles sont les émotions authentiques ? Quelles sont les émotions superflues ?

Le savoir vous permettra d'en éliminer littéralement certaines (celles qui sont superflues), pour vous concentrer sur celles qui sont essentielles. Car oui, il est indispensable de vivre pleinement certaines émotions, même si celles-ci vous semblent difficiles à subir à certains moments. Par exemple, il est nécessaire de vivre pleinement les deuils pour continuer à avancer sans angoisses, alors qu'il n'est pas forcément utile de s'imposer à soi-même une pression d'enfer pour un dossier pas rendu à temps à un client. Logique, non ? Mais surtout indispensable pour ne pas faire de sa vie un enfer ! Pourtant, lorsque nous sommes pris dans la machine implacable du quotidien, nous avons parfois du mal à lâcher prise sur les émotions superflues, notre vision d'elles étant déformée. Il peut arriver à quelqu'un de surmené, ou simplement de consciencieux, de penser qu'un oubli de réservation d'une salle de réunion est une catastrophe.

Il s'agit pour chacun de faire la part des choses. Généralement, il s'avère que les émotions nécessaires se cantonnent à la sphère du privé, riche en affectivité, quand les émotions superflues proviennent de la sphère professionnelle ou sociale, qui est davantage faite de normes et de codes.

À RETENIR

Émotions et prise de poids

Plus on est sujet aux émotions fortes, plus on a tendance à vouloir naturellement rétablir la normalité. Cela signifie qu'il nous faut compenser, le moyen le plus facile et accessible étant la nourriture. Par le goût comme par le fait de se remplir l'estomac, elle procure un certain plaisir qui permet de faire diversion et de rétablir le bien-être.

Anticiper est essentiel

Ce qui fait la violence de la plupart des émotions, c'est le fait qu'elles soient prises de plein fouet par la personne qui les ressent. Si on ne s'attend pas à ressentir de l'angoisse, celle-ci est bien plus forte car non maîtrisée et cause ainsi bien plus de souffrance. Si la souffrance est grande, le désir de la compenser l'est d'autant plus.

Hiérarchiser ses émotions

Il est important de ne pas perdre de vue que certaines émotions sont nécessaires à vivre, même si elles sont souvent douloureuses sur le moment. Il faut les vivre pleinement, sans chercher à les atténuer. D'autres, au contraire, sont totalement dépourvues de sens. C'est, en général, le cas des émotions qui ont trait avec les normes sociales imposées.

Repérez les pressions extérieures

« Les médias ne font pas que montrer des personnes idéalement minces, ils font aussi la promotion de la minceur. Comme il en faut pour tout le monde, on fera pêle-mêle dans le bien-pensant, le diététiquement correct, le culpabilisateur, le dramatisant (...). »

Gérard Apfeldorfer et Jean-Philippe Zermati

Témoignage

« J'ai longtemps travaillé pour une célèbre agence de mannequins située à Paris. Difficile de ne pas comparer son propre corps à celui des filles qui défilaient toute la journée dans nos bureaux ! Et quand je les voyais en photos dans leur book, c'était encore pire, une fois les photos retravaillées. Les premières années, j'essayais inconsciemment de leur ressembler un peu. Je m'affamais, j'étais très fatiguée et rien n'y faisait. J'avais beau faire un joli petit 38, je me voyais inévitablement comme un pachyderme difforme et inélégant face à ces biches fragiles et gracieuses. J'aimais beaucoup mon métier, j'étais une sorte de mère pour elles, fraîchement débarquées de leur pays natal, très jeunes en général. Mais cela ne pouvait plus durer : j'étais mal dans ma peau à cause d'une simple comparaison avec des filles exceptionnelles ! Il m'a vraiment fallu du temps pour comprendre que je n'avais rien à leur envier et c'est une discussion avec un photographe renommé qui m'a ouvert les yeux. Selon lui, la plupart de ces filles avaient une constitution très spéciale. Leur réputation d'anorexiques était pour la majeure partie bien mal à propos. Elles engouffraient des hamburgers et des frites sans prendre un gramme. Rien à faire, nous ne sommes pas faites du même bois. Je continue à les

aimer comme mes propres filles, mais j'ai cessé de me comparer à elles et j'ai même compris qu'elles m'enviaient ma poitrine, certes pas explosive mais bien plus rebondie que la leur ! »

Emmanuelle, 36 ans

Un peu de théorie

La minceur fait vendre

Ouvrez un magazine féminin : vous commencerez par y voir un « tunnel » de publicités valorisant des corps de femme, souvent dénudés, toujours très, très minces, souvent retravaillés. Il en est de même dans les photos de mode, les émissions de télévision, au cinéma. On observe d'ailleurs que les jeunes actrices gagnent en succès et en célébrité ce qu'elles perdent en kilos. Cela semble être un passage obligé. Pourquoi ? Simplement parce qu'on considère dans notre société qu'un vêtement est mieux mis en valeur sur une femme très mince et que l'écran a tendance à faire prendre aux individus quelques kilos, qu'il est nécessaire de compenser par une minceur hors norme, si l'on veut apparaître tout juste mince à l'écran. Si on ajoute à cela, par le biais des mêmes réseaux de diffusion, une promotion des régimes récurrente (« Perdez 3 kg avant la plage », « Le régime postréveillon », ou encore le numéro de mars « Spécial minceur » que l'on retrouve partout au même moment), il est bien difficile d'ignorer la pression que véhiculent tous les types de médias. Cependant, si l'on interroge tel ou tel rédacteur en chef, il affirmera à coup sûr que les numéros consacrés à la minceur sont ceux qui battent des records de vente. Il serait pour eux bien dommage de s'en priver. C'est donc que les lectrices sont demandeuses. La pression de la minceur est tellement bien intégrée par la plupart des individus, en particulier les femmes, que de fait, nous perpétuons ce qui nous contraint.

Ces images brouillent notre vision de nous-mêmes

Une chercheuse de l'ANEB Québec, une institution chargée de surveiller les troubles du comportement alimentaire au Canada français, donne un exemple dans unc étude de 2004 : la télévision a été introduite aux îles Fidji dans les années 1990, permettant d'en mesurer l'influence sur la population. Cette influence fut catastrophique sur la population féminine. Si les femmes a priori étaient plutôt satisfaites de leur image corporelle, ou du moins n'en avaient pas une préoccupation aussi affirmée, la télévision a eu pour effet de les rendre insatisfaites, par effet de comparaison et a ainsi achevé un certain travail d'uniformisation. Les images vantant la minceur, parce qu'elles sont partout, s'installent dans notre esprit comme des références. Inconsciemment, nous en venons à nous comparer à ces images de corps fabriquées, irréelles et exceptionnelles. Et fatalement, la différence entre la « vraie vie » et les représentations des médias donne une vision déformée de ce que nous sommes, grossissant les défauts, créant de la frustration là où il n'y en avait pas, tant qu'il n'y avait pas de représentations artificielles du corps.

Les troubles de la représentation de soi-même peuvent aller du complexe physique, assez courant, à la dysmorphophobie. Les adolescentes sont celles qui sont les plus touchées. Elle peut alors peser sur la vie sociale de celle qui en souffre et verser dans la névrose obsessionnelle dans les cas les plus graves.

Des individus perdus

Il semble que nous soyons tous un peu perdus face à la double injonction de notre société de consommation, qui nous veut à la fois bons consommateurs, cédant à toutes les pulsions, tous les plaisirs et en même temps, exemples de discipline et de minceur. En somme, il faut surconsommer, tout en donnant une image d'ascète.

Si on ajoute à cela la distorsion entre les représentations médiatiques omniprésentes du corps et sa réalité, qui est notre propre corps, il n'est pas étonnant que la nourriture soit un objet d'angoisses, de prise et de perte de contrôle en alternance. Ces attitudes portent des noms : anorexie et boulimie. De plus en plus fréquents chez les jeunes, plus vulnérables face aux pressions extérieures, ces troubles du comportement alimentaire peuvent notamment être dus à un désir de plaire et de se conformer à des modèles (il y a évidemment d'autres facteurs à ces troubles, sans liens avec les pressions extérieures, mais qui ne sont pas notre sujet).

Il est indispensable de lâcher prise face à ces représentations et à ces injonctions, pour se réconcilier avec son corps et retrouver un rapport normalisé avec l'alimentation. C'est d'autant plus difficile qu'on ne peut s'extraire de notre société et que ces images seront toujours présentes à nos yeux. Bien sûr, ces troubles, même s'ils sont de plus en plus fréquents, restent malgré tout des manifestations extrêmes, qu'il est important d'avoir en tête. Mieux vaut prévenir que guérir !

À RETENIR

Rondeurs et médias ne font pas bon ménage

Si l'on essaie de synthétiser l'image de l'individu dans les médias, on obtient à coup sûr un être mince. L'explication : la minceur est signe de performance et met ainsi en valeur les produits vantés. De plus, les magazines féminins connaissent leur public et perpétuent le désir de minceur, en offrant régulièrement des pages de régimes miracles.

La norme médiatique nous fait perdre nos repères

Parce qu'elles sont omniprésentes, ces images de minceur s'installent progressivement mais sûrement dans nos esprits, créant de la comparaison permanente, souvent inconsciente, entre soi et une prétendue norme. On a alors une vision négative de son propre corps, dont les défauts prennent une importance démesurée. C'est la naissance du complexe.

Nous ne savons plus comment agir

Non seulement notre vision de notre propre corps est déformée par des modèles oppressants, mais au-delà de ça, cette vision nous mène à agir sur la supposée cause de notre mal-être : l'alimentation. Il faut veiller à ne pas entrer dans le cercle vicieux de la prise de contrôle de l'alimentation, qui peut se transformer en un trouble pathologique.

Relativisez

« La beauté est une affaire de perspective, de subjectivité, de préjugés culturels. »

Joyce Carol Oates, *Nous étions les Mulvaney*

Témoignage

« Comme de nombreuses femmes un peu plantureuses, je me sentais souvent mal à l'aise dès que venait l'été et que je devais ressortir petites robes et shorts de plage… Au bord de la mer, je ne me sentais pas toujours très à l'aise pour dévoiler mes courbes. J'ai nettement pris confiance en moi le jour où nous avons délaissé notre destination habituelle, pour aller passer nos vacances estivales en Tunisie. D'une jeune fille un peu gauche, je suis devenue en quelques semaines une femme beaucoup plus sûre de ses charmes. La première chose qui m'a frappée, en arrivant à l'aéroport, c'est évidemment que les jeunes femmes avaient, globalement, une nature beaucoup plus ronde que celles de ma connaissance. Je les trouvais si jolies ! Leur teint mat mettait en valeur des courbes généreuses. Le deuxième déclic fut celui de la plage : j'ai eu un succès fou ! Les garçons de mon âge se pressaient pour me parler, m'inviter aux soirées du club de vacances, me recruter dans leur équipe de volley-ball. J'ai bien vite compris que la beauté au sud de la Méditerranée prenait d'autres traits que dans mon quotidien parisien. J'ai passé de merveilleuses vacances, qui m'ont permis de prendre de la distance, au sens propre comme au figuré, par rapport à ma situation habituelle.

Bien sûr, quand je suis rentrée à Paris, j'étais toujours aussi ronde, mais un peu moins gauche. Je savais, pour longtemps, que je pouvais plaire ailleurs, dans un pays où, par ailleurs, je trouvais les filles si jolies ! »

Adeline, 34 ans

Un peu de théorie

Regardez autour de vous plutôt que dans les magazines

Il suffit d'ouvrir un peu les yeux sur la « vraie vie » plutôt que de les garder rivés sur des images de magazines, pour constater que les femmes plantureuses, ou simplement « pas maigres », sont la majorité. Mieux que cela, si vous ne pouvez vous empêcher de vous comparer (rassurez-vous, c'est le lot de tout être humain sociabilisé), vous verrez rapidement que la normalité recouvre en fait une large palette de physiques et que vous trouverez jolies des femmes qui n'ont pas les mensurations idéales et idéalistes des mannequins de haute-couture. Selon une recherche effectuée par les étudiants de l'UTC, une école d'ingénieurs, une campagne de mesure des Français destinée à réajuster les tailles des vêtements a été lancée par l'Union française des industries de l'habillement en 2006, la dernière datant de 1970.

Les conclusions les plus intéressantes de cette étude montrent qu'en 100 ans, *« les hommes et les femmes ont grandi respectivement de 11 cm et 8 cm »* que *« malgré une stature moyenne de 162,5 cm, les canons de la beauté féminine exigent 175 cm au minimum ; 26 % de la population est en surpoids »*, dont une majorité de femmes. *« Chez les femmes, la taille moyenne est le 40, soit 20,6 % de la population et 16,6 % mettent du 42 »*. Ce que l'on peut retirer de cela et qui est infiniment important pour cesser de se battre contre des moulins à vent, c'est que la population a tendance à prendre du poids et de la hauteur, mais aussi que l'idéal physique est totalement déconnecté de la moyenne.

Rappelez-vous : les hommes préfèrent les rondes

Rassurez-vous, le cliché selon lequel les femmes les plus minces sont les plus désirables n'est plus vraiment au goût du jour. Si l'image de la minceur est valorisée dans la sphère publique, pour les raisons commerciales que nous venons de voir, c'est une autre affaire dans le domaine privé, a fortiori au sein du couple. D'après un sondage Ifop pour le magazine *Elle* effectué auprès de 500 hommes de 15 ans et plus en juin 2008, la moitié des hommes affirment préférer les femmes ayant des courbes généreuses. 70 % des hommes trouvent également « énervant » que les femmes soient obsédées par leur poids. Conclusion : il semble même désormais facile aux hommes d'avouer indifféremment qu'ils aiment les minces ou les rondes. Il y a quelques années, aimer les femmes « non minces » pour ne pas dire « rondes » n'était pas très bien vu, voire suspect.

La maigreur, au quotidien, si elle est subie par la femme (on ne parle pas, en effet, de la maigreur naturelle, due à un métabolisme hyperperformant !), ne dit rien de bon, symboliquement, sur la gourmandise, l'hédonisme et la sensualité de son sujet. Certes, tout cela reste au niveau des symboles, mais c'est la première impression qui compte, en matière de séduction (et l'on ne parle pas seulement de séduction amoureuse, mais aussi amicale).

Une fois cette préférence comprise, il est, semble-t-il, plus facile de se sentir bien dans son corps en n'étant pas la plus mince, mais épanouie et bien en chair.

Regardez votre corps dans sa globalité et non en parcelles

La psychologue québécoise Annie Aimé, de l'université de Québec en Outaouais, qui travaille sur l'évolution du poids des jeunes filles âgées de 8 à 12 ans, affirme : « *Les filles ont une perception fractionnée de leur corps. Lorsqu'on regarde chaque morceau, il y a plus de chances d'être insatisfaite que lorsqu'on regarde le tout.* » (Site Agence Science-Presse, *Les Enfants dans le miroir*, Isabelle Burgun, 22 février 2011).

Le principe des complexes est que l'on regarde à la loupe une partie de notre corps, ce qui est un non-sens, en focalisant notre attention sur un défaut, exacerbant sa perception, ou même, créant un défaut là où, objectivement, il n'y en a pas ! Cela peut virer à l'obsession, parfois la plus saugrenue : des oreilles soi-disant décollées qu'il faut à tout prix cacher, une bosse microscopique sur le nez, que seule sa propriétaire voit, des hanches trop rondes qui pourraient être simplement généreuses… Faire l'exercice de prendre un peu de recul face au miroir permet de voir son prétendu défaut dans un contexte : une trop grosse poitrine ? C'est si joli avec une taille fine ! Un nez proéminent ? Avec cette frange à la Françoise Hardy, cela donne un sacré caractère à votre visage. Les éléments du corps n'ont aucune signification s'ils sont pris isolément puisque, par définition, ils n'existeront jamais de manière indépendante. En architecture comme chez les êtres humains, en peinture comme dans la nature, la clé de voûte de la beauté tient en un seul mot : harmonie.

À RETENIR

La minceur extrême n'est pas la norme

Si l'on observe un tant soit peu autour de soi, les rondeurs sont statistiquement le lot de la plupart des femmes. Cette tendance progresse avec l'époque, ainsi qu'avec l'âge des femmes. N'être pas mince, avoir quelques kilos de « trop » (par rapport à quoi ?), c'est le lot de toutes les femmes ou presque. Pourtant, cela n'empêche pas la beauté.

Une femme ronde plaît autant qu'une femme mince

Aujourd'hui, si le corps mince est encore mis à l'honneur dans les médias de manière très insistante, il en va différemment dans la sphère du privé, où les hommes avouent qu'une femme ronde peut, au premier abord, susciter chez eux davantage d'intérêt. C'est important de le savoir pour cesser enfin de contraindre son organisme à la minceur inutilement.

La clé de voûte de la beauté : l'harmonie

Qu'elle soit dans la minceur ou la générosité, l'harmonie est fondamentale dans la beauté. En effet, le corps humain s'envisage dans sa globalité et non de manière fractionnée. C'est un équilibre savant, où les parties du corps se répondent, se compensent naturellement et donnent un effet général qu'il faut considérer le plus loin possible de son miroir !

Déterminez votre profil gustatif

« (La) valorisation hédonique des substances grasses et sucrées (...) incite les individus à consommer des nourritures riches en énergie. Le rejet de l'amer aurait aussi un certain avantage (…) puisque l'amertume prédit souvent la toxicité. »

André Holley, *Le Cerveau gourmand*

Témoignage

« Je suis célibataire, je travaille beaucoup et j'adore mon métier. Il est vrai que je passe très peu de temps chez moi. De ce fait, ma manière de m'alimenter n'est, je crois, pas tout à fait la bonne. D'abord, je n'ai rien dans mes placards. Le matin, je bois un café au saut du lit et c'est tout. À midi, j'avale souvent un sandwich devant mon ordinateur, manger est pour moi une perte de temps par rapport aux grandes choses que je peux accomplir dans ma vie professionnelle ! Je culpabiliserais trop de sortir déjeuner avec des collègues, j'aurais l'impression de voler du temps à mon employeur. Souvent, j'agrémente malgré tout ce sandwich un peu triste d'une tarte au chocolat ou d'un muffin, j'ai trop besoin de ma dose de sucre… J'ai l'impression que cela me remonte le moral et me donne l'énergie suffisante pour attaquer la deuxième partie de la journée qui est, en général, la plus longue. Je quitte rarement le bureau avant 22 heures, ce qui me laisse juste le temps d'aller chercher une barquette de nouilles chez le traiteur chinois en bas de chez moi. Mais, j'avoue, parfois je dîne d'une tablette de chocolat devant les programmes de la nuit, ou même, horreur, dans mon lit ! Je mange toujours très vite, très peu de légumes et il est vrai que je préfère de loin un macaron à un bœuf bourguignon. Du coup, je me sens tout le temps fatiguée et c'est un

cercle vicieux : mon épuisement m'empêche même de me nourrir mieux le week-end. Pas idéale, cette manière de manger, n'est-ce pas ? »

Aurélie, 37 ans

Un peu de théorie

Êtes-vous sucré ou salé ?

Lorsque l'on veut perdre du poids, on a tendance à vouloir appliquer une méthode normalisée, à suivre un programme sans tenir compte de notre propre personnalité ni de nos goûts. C'est l'écueil du régime miracle. C'est pourtant indispensable de se connaître pour créer une manière personnelle de perdre du poids, durable et sans frustrations. Il faut commencer par s'interroger sur ses penchants. Il existe deux grands types de goûts, donc d'affinités : le sucré et le salé.

Seul le sucré peut créer une vraie dépendance. Les zones du cerveau correspondant au plaisir et au réconfort seraient stimulées par la consommation de sucre. C'est pourquoi l'esprit a pour désir de renouveler cette expérience. On sait que le sucre stimule les récepteurs cérébraux excités habituellement par les stupéfiants. Cet appétit est d'autant plus difficile à réguler que le corps humain a un besoin fondamental de glucose. Au repos, notre cerveau n'utilise pas moins de 60 % du glucose de notre organisme ! On associe souvent le goût pour le sucré à l'enfance. Pour preuve, dès le ventre maternel, il apparaît que plus le liquide amniotique est sucré, plus le fœtus a tendance à en ingérer. Plus tard, les enfants continuent à préférer le sucré au salé de manière innée et très répandue.

L'amour de la nourriture salée, au contraire, s'acquiert. Des expériences montrent que le fait d'habituer un enfant à en consommer conditionne son penchant. Symboliquement, le salé est donc davantage le goût de l'expérimentation.

Coupable ou hédoniste ?

Essayez de comprendre votre rapport à la nourriture avant de vous imposer telle ou telle méthode dictatoriale et prétendument miraculeuse. Vous gagnerez, c'est sûr, en bien-être et en assurance dès que vous saurez dans quel état d'esprit vous mangez.

Posez-vous un certain nombre de questions. D'abord, par rapport aux situations dans lesquelles vous vous nourrissez : prenez-vous vos repas assis à une table ou debout dans la cuisine ? Prenez-vous le temps de vous préparer de bons petits plats ? Invitez-vous beaucoup d'amis à dîner chez vous, ou préférez-vous les plateaux télé recouverts de délicieuses nourritures régressives ? Inutile de préciser selon les réponses quel profil correspond à quelle situation !

Mangez-vous parfois sans avoir faim ? Demandez-vous quel type de nourriture vous consommez alors. Il y a fort à parier que les becs sucrés, recherchant plus ou moins le réconfort, auront une attitude tendant vers la culpabilité. Mais les aliments du « coupable » peuvent aussi être des aliments fractionnés, du « snacking » ou de la charcuterie, des aliments prêts à être consommés sur le pouce, c'est-à-dire très transformés, en général gras, salés et/ou sucrés, comme le dit la publicité.

Les personnes ayant un rapport « coupable » à la nourriture sont celles qui éprouvent le besoin de lâcher prise par rapport à celle-ci. En revanche, l'hédoniste entretient par définition un rapport de plaisir à la nourriture, lui permettant de doser son alimentation selon ses besoins (sa satiété).

Apprivoisez votre gourmandise

Pour maigrir, retrouver une alimentation décomplexée et équilibrée en lâchant prise, il est essentiel de connaître son profil gustatif et de l'apprivoiser. N'espérez pas combattre vos penchants, vous n'en tirerez que frustration, souvent un accès à une consommation démesurée (la tablette de chocolat engloutie sans s'en rendre compte devant la télévision pendant un régime sans sucre est un classique). S'il ressort de votre diagnostic que vous avez un penchant sucré coupable (la configuration la plus éloignée du lâcher prise), acceptez-le. Vous serez davantage à même de contrôler vos envies si vous leur donnez libre cours, en privilégiant la qualité face à la quantité. Ainsi, une bonne sucrerie consommée selon un rituel que vous mettrez un point d'honneur à observer (sur un banc dans un jardin par exemple, certes seul mais pas à toute vitesse) répondra pleinement à vos envies, respectera votre profil, et vous en tirerez un bien plus grand bénéfice que d'une viennoiserie industrielle dévorée à la va-vite sur un morceau de trottoir. Enfin, n'oubliez pas que si vous avez certains goûts, il faut rester curieux et accepter d'essayer sans cesse de nouveaux aliments. La règle idéale, c'est qu'il faut manger de tout. Sans se forcer, il faut trouver dans sa catégorie ce qui nous convient. Si vous êtes un bec sucré et que la vue d'un légume vous ennuie profondément, tournez-vous, par exemple, en hiver, vers les courges et les potimarrons, qui font de délicieuses soupes au goût de châtaigne.

À RETENIR

Nos goûts personnels disent qui nous sommes

Que l'on ait une préférence pour le sucré ou le salé en dit long de notre rapport à la nourriture. Le sucré est une saveur rassurante qui renforce notre assurance mise à mal. Le salé, c'est le goût de l'aventure, un goût acquis en grandissant et en testant par soi-même des aliments « d'adulte ». Nos penchants changent selon les périodes de la vie.

Comment mangeons-nous ?

Sommes-nous coupables ou hédonistes ? Quelles circonstances posons-nous en général autour du fait de manger ? L'alimentation peut être un plaisir pur, justement dosé, comme elle peut être remplie de démons – la peur de grossir, de mal manger – qui influent de manière très importante sur ce que nous mangeons et, de ce fait, sur notre degré de lâcher prise.

Jouer avec ses penchants est une solution

Il est extrêmement difficile de combattre ses goûts. De plus, cela est parfaitement inutile et ne mène qu'à la frustration, alors qu'il est toujours possible de vivre avec ses propres goûts. C'est à votre alimentation de s'adapter à vous et non le contraire. Ainsi, il faut privilégier la qualité des aliments que l'on aime et toujours prendre le temps.

Établissez votre pyramide alimentaire

« La pyramide alimentaire est un outil éducatif pour bien choisir ses aliments et pour conserver le plaisir d'un bon repas. (...) Il faut manger varié car aucun aliment n'est équilibré en soi. Chaque grande famille d'aliments doit être représentée au moins une fois par jour. »

V. Charreau, *À la découverte des aliments*

Témoignage

« Je vis seule et je crois que cela a une influence sur ma manière de m'alimenter. Bien souvent, mon repas du soir consiste à picorer ce que je trouve dans le réfrigérateur jusqu'à satiété, debout, dans la cuisine, ou bien en faisant l'aller-retour jusqu'au canapé : fromage en grande quantité, tablettes de chocolat, crème de marrons en tube... Tout ce qui se mange avec les doigts ! Et cela a pour conséquence directe, je pense, le fait que j'aie pris pas mal de kilos depuis quelques années. Je serais bien incapable de dire quelle quantité de nourriture j'ingurgite dans une journée, puisqu'il m'arrive rarement de réellement me mettre à table et de me remplir une assiette. Si je n'arrive pas à identifier la quantité de mon alimentation, je n'arrive pas non plus à mesurer sa qualité et sa variété.

Ce que je sais, c'est que j'ai une certaine tendance à privilégier les féculents, que j'adore : pâtes, riz, pommes de terre, je pourrais en manger à tous les repas ! Ils présentent l'avantage de me faire ressentir rapidement une vraie satiété et ce n'est le cas d'aucun autre type d'aliments. Sinon, je ne sais pas du tout si je mange équilibré. Quelque chose me dit que cela ne doit pas vraiment être le cas, puisque les aliments mangés sur le pouce, je les achète tout prêts au supermarché. Et puis, je vais tout naturellement vers ce que j'aime, ce qu'il est pour moi "facile" de manger. Sucreries et autres nourritures réconfortantes sont au menu tous les jours. »

Marie-Christine, 38 ans

Un peu de théorie

Qu'est-ce que la pyramide alimentaire ?

Pour perdre du poids sans régime ou obligations, il faut savoir honnêtement ce que l'on mange. La connaissance de soi, de ses habitudes est une des bases du lâcher prise. Lorsque l'on se connaît, on identifie plus clairement les écueils qui nous menacent. On parle de pyramide en diététique pour sensibiliser les personnes à l'équilibre alimentaire. Elle est la représentation de ce que doit être l'alimentation de chacun, afin d'être la plus diversifiée et la plus équilibrée. Utilisez cet outil de manière détournée afin de mieux connaître votre propre manière de manger. Cela permet de dresser un bilan des faits.

À la base de cette pyramide, se trouvent en théorie les liquides non sucrés tels que l'eau, les infusions. Juste au-dessus, en moindre quantité, se trouvent les féculents : pâtes, riz, pommes de terre, céréales. Viennent ensuite les fruits et les légumes, puis se trouvent les protéines, les laitages et, au sommet de la pyramide, à consommer avec parcimonie, les matières grasses.

Il ne s'agira pas pour nous de redessiner cette pyramide dont le principe est d'être universelle. Mais il s'agira plutôt de prendre modèle sur celle-ci, pour essayer de comprendre comment nous nous alimentons et de savoir si ce que nous mangeons est en adéquation avec nos besoins. Quelle est la base de notre alimentation, en termes de quantité ? Quelle est la largeur du spectre des aliments que nous consommons ? Il s'agit d'utiliser cet outil de la pyramide à l'usage de la connaissance de soi-même.

Représentez-vous le champ de votre alimentation

Prendre conscience de son mode d'alimentation est la première étape vers le lâcher-prise pour perdre du poids. Avant de dessiner votre propre pyramide, tenez un carnet alimentaire pendant quelques jours, voire une semaine. Il n'y a que sur une semaine complète que l'on peut réellement se rendre compte de sa manière de manger.

Au premier abord, cette méthode ne semble pas relever du lâcher-prise, mais au contraire du contrôle de soi-même. Ce n'est pas un moyen de censurer la manière dont on mange, mais un moyen d'appréhender la réalité de notre alimentation, d'apprendre à se connaître soi-même honnêtement, pour mieux apprivoiser ses comportements. Une fois que vous avez rempli ce carnet alimentaire et que vous y avez annoté absolument tout ce que vous avez mangé, synthétisez, vous arriverez assez facilement à dégager des dominantes : qu'est-ce que vous mangez plusieurs fois dans la semaine ? Qu'est-ce que vous mangez plusieurs fois par jour ? Quels aliments consommez-vous en plus grande quantité, avec le plus d'appétit ? Si vous pouvez grâce à votre carnet alimentaire répondre à toutes ces questions, vous avez acquis, sans le savoir, une sorte de « raison » de votre alimentation, une représentation ordonnée. Le simple fait d'obtenir cette image intellectuelle vous fera naturellement rectifier ce qui vous semble, à vous, déséquilibré. Il ne s'agira pas de coller à la pyramide alimentaire théorique et parfaite, mais de construire la vôtre, selon ce qui se passe chez vous.

Déterminez votre propre hiérarchie

Au-delà du fait d'identifier honnêtement ses propres habitudes alimentaires, créer sa pyramide personnelle permet de poser les aliments du quotidien par opposition aux aliments « plaisir » et de bien les distinguer. Beaucoup plus intéressant que de s'en interdire certains ! Ainsi, on se crée une base alimentaire, des habitudes et également la possibilité d'y déroger. La règle d'or étant qu'il faut, autant que possible, consommer de toutes les catégories d'aliments et cette dualité y participe. Les aliments « plaisir » au même titre que les autres. Ainsi, par exemple, si l'on considère que la base de l'alimentation d'une personne donnée est constituée de féculents et de légumes verts, prenons une personne qui apprécie modérément la viande, et qui par ailleurs aime les sucreries, ce seront ses aliments « plaisir », notamment sous la forme de produits laitiers sucrés, sources de protéines et de calcium, indispensables au bon fonctionnement de l'organisme. Il est ainsi possible de jouer avec sa gourmandise, ses envies et ses penchants gustatifs, pour en faire des atouts dans son équilibre alimentaire. De plus, la gourmandise peut amener à la curiosité de découvrir de nouveaux goûts, de nouvelles textures et favoriser ainsi la variété des produits consommés. Comprendre que la gourmandise et le plaisir ne sont pas forcément problématiques est un premier pas nécessaire au lâcher-prise, qui permettra de se réconcilier avec la nourriture et, enfin, de perdre du poids durablement.

À RETENIR

La pyramide, un outil universel

La pyramide alimentaire permet de montrer comment s'alimenter selon de grands principes d'équilibre : la priorité est donnée aux liquides, puis viennent les féculents, les légumes et les protéines. C'est une représentation de l'alimentation sur un temps long, par exemple une semaine, et chacun des types d'aliments doit être consommé au moins une fois par jour.

Se représenter ce que l'on mange

Il est important d'avoir toujours en tête la quantité et le type de nourriture ingérée au quotidien. Sans se censurer ou s'obliger à quoi que ce soit, cela permet de rééquilibrer naturellement sa manière de manger. Pour cela, il est possible d'exploiter pour soi-même ce qu'on appelle la « pyramide alimentaire », en la détournant selon sa consommation.

Hiérarchiser ce que l'on mange

Cette fameuse pyramide permet de comprendre quel est, en quantité et en fréquence de consommation, le type d'aliments qui nous est le plus familier. Elle permet également d'établir une dissociation entre les aliments du quotidien et les aliments plus extraordinaires. Ainsi, la variété des apports est préservée et surtout, justement dosée.

Écoutez votre faim

« Nos goûts s'émoussent aisément par la satiété, et il faut rendre grâce à Dieu de nous avoir donné les privations nécessaires pour les conserver. »

Marquise du Châtelet, Discours sur le bonheur

Témoignage

« J'adore manger. C'est une activité qui m'enchante, mon moment préféré de la journée. Enfin… quand je dis "moment", cela fait longtemps qu'il ne s'agit plus de temps délimités et que je grignote en continu ! J'en tire un certain plaisir, mais il est vrai que j'ai un peu perdu de vue cette sensation qui précède les repas, cette délicieuse impression de saliver rien qu'à l'odeur du rôti qui cuit dans le four… Je n'ai plus jamais faim ! C'est un problème pour moi. J'apprécie sans doute moins les repas longuement élaborés, les plats traditionnels, quand ils sont précédés d'une ou deux viennoiseries le dimanche matin, ainsi que d'un copieux apéritif de toasts en tout genre. Je mange donc à tous les repas sans avoir vraiment faim, "par simple gourmandise", comme on dit.

De même, lorsque je suis seule, je m'astreins par habitude à manger à tous les repas, sans tenir compte de ma faim ou plutôt de mon absence de faim. C'est un vrai repère dans ma journée que le moment de me mettre à table. Entrée, plat, dessert… Cela me rassure ! On m'a toujours appris à finir mon assiette lorsque j'étais petite fille, résultat : je suis bien sage, j'obtempère, toujours sans me poser la question de la satiété. D'autant qu'en général, celle-ci vient un peu après le repas, ce qui signifie que je suis barbouillée plus souvent qu'à mon tour ! Une chose est certaine, je mange trop. Question d'habitude, je pense, une diététicienne m'a dit que je m'habituerai très vite à réduire les portions. »

Géraldine, 24 ans

Un peu de théorie

Évaluez ce sentiment de creux dans l'estomac

Il est important de définir la faim pour pouvoir l'identifier. Biologiquement, c'est une sensation provoquée par la chute du niveau de sucre dans le sang.

Depuis 1999, on sait qu'une hormone appelée « ghréline » provoque aussi la sensation de faim. Elle est davantage sécrétée aux heures des repas et diminue dès que l'on commence à s'alimenter. Cela ne nous dit pas grand-chose sur la sensation elle-même. Voici la liste des symptômes rencontrés : ventre qui gargouille, sensation de creux dans l'estomac, voire de crampes, salivation plus importante qu'à l'accoutumée, légère nausée, hyperréactivité aux stimuli en rapport avec la nourriture… Cela peut aller jusqu'à des signaux se rapprochant de ceux de l'hypoglycémie, qui est l'étape qui suit la simple faim : tête qui tourne, perte de connaissance, humeur colérique, etc.

C'est un bon exercice que d'attendre de ressentir au moins un de ces signaux pour manger. Cela permet d'apprécier davantage le repas, d'en saisir tout le plaisir possible, mais cela permet de répondre à une demande de son corps et d'entamer ainsi le dialogue avec lui, ce qui est toujours plus sain que de devancer le besoin de manger. Cette anticipation ne mène qu'à une seule chose : manger davantage que notre corps ne le réclame, c'est-à-dire trop manger.

Enfin, pour manger « à sa faim » et pas plus que selon ses besoins, il peut être utile de prendre ses repas à des horaires réguliers. À terme, cela crée des cycles de faim et régule la prise d'aliments durant le repas.

Repérez les circonstances où vous mangez sans faim

On peut vite s'apercevoir qu'il y a des circonstances de la vie qui font que l'on mange sans faim.

D'abord, il y a l'habitude, qui fait que l'on se met à table pour dîner même si c'est le jour de Noël et que l'on est sorti de table seulement deux heures auparavant. On n'a pas faim, mais, à se nourrir trois fois par jour depuis notre naissance ou presque, il est des habitudes qui ont la peau dure.

Ensuite, il y a les circonstances exceptionnelles, où l'on cède à la gourmandise plutôt qu'à la faim. Ce sont, par exemple, les fêtes, notamment les fêtes de famille, les dîners entre amis et tout ce qui est mis en place pour favoriser la convivialité : le risque de caler sa consommation sur l'appétit des autres convives est réel et le temps du repas s'allongeant généralement à ces occasions, les chances de grignoter au-delà de la faim se multiplient.

De même, les voyages semblent être le moment où rien ne compte, pas même la quantité de nourriture consommée. On est hors du quotidien, dans une atmosphère suscitant la curiosité et la découverte, il n'y a pas de raisons, théoriquement, de contrôler sa gourmandise…

Enfin, et c'est un cas très fréquent, lorsque nous ressentons des angoisses ou des contrariétés, nous avons tendance à manger pour d'autres raisons que la faim, le plaisir tiré de la satiété étant ainsi un dérivatif aux émotions négatives.

Voici une règle d'or pour maigrir sans s'atteler à des régimes abracadabrants : celle d'apprendre à écouter sa faim.

Écoutez votre satiété

L'intestin, lorsque l'on se nourrit, libère une hormone appelée « cholécystokinine ». Celle-ci se maintient un long temps et, lorsqu'elle baisse, fait survenir la sensation de faim.

Mastiquer avec soin permet de mieux transmettre au cerveau l'information « alimentation » et ainsi de déclencher plus facilement la sensation « satiété », qui est ce qui est toujours recherché dans le fait de s'alimenter.

Il faut prêter une attention particulière à la satiété, et surtout, être patient et mesuré pour pouvoir la laisser s'exprimer : elle ne vient que 15 minutes après avoir arrêté de manger. De manière générale, il faut donc l'anticiper en sortant de table en ayant encore un peu faim.

Il existe certains aliments qui favorisent la venue plus rapide de la satiété. La satiété immédiate s'obtient avec des aliments à fort volume mais à faible teneur calorique : les légumes verts en sont un très bon exemple. La satiété à long terme, quant à elle, s'obtient grâce aux féculents, aux protéines et aux fibres. Une combinaison de tous ces types d'aliments, par ailleurs équilibrée en apports, vous assurera de réguler votre faim jusqu'au repas suivant, et ainsi de créer une dynamique positive, en vous mettant à table la fois suivante, au juste moment où vous commencerez à ressentir à nouveau la faim.
La satiété est aussi relative à une certaine part de psychologie : lorsque l'aliment consommé a un goût prononcé (épicé, sucré, acide…), la satisfaction, donc la satiété, aura tendance à venir plus vite.

À RETENIR

Qu'est-ce que la faim ?

La faim est une réaction de notre corps, nous envoyant un signal de besoin de nourriture. Ses symptômes peuvent être assez désagréables, mais il est important d'en attendre au moins un, ou le début d'un, pour se mettre à manger. C'est la seule manière de dialoguer avec son organisme à propos de la nourriture et de ne pas le contraindre à trop manger.

Quand mange-t-on au-delà de sa faim ?

Des circonstances exceptionnelles nous affranchissent psychologiquement de la mesure. Il faut les repérer pour les anticiper : ambiances festives, voyages, moments de souci… Si l'on décide de céder au réconfort ou à la récompense procurée par la nourriture, ce sera en pleine conscience et l'équilibre se fera naturellement à un autre moment.

Comprendre la satiété

La satiété est une sensation fragile, il faut se mettre à sa disposition. D'abord, elle ne vient pas immédiatement pendant le repas, mais peu après. Il faut donc l'anticiper. Ensuite, elle demande à être favorisée, encouragée par une alimentation équilibrée. Enfin, il faut savoir qu'elle vient plus facilement avec les aliments qui ont du goût.

Dites non aux régimes miracles

« Les régimes obsessionnels de l'adolescence se sont révélés aussi dangereux qu'inutiles. De quelques kilos en trop, je suis passée à une dizaine en un éclair - qui se compte en 4 ou 5 petits régimes ! Dans ce désarroi, il m'a fallu rebâtir entièrement mon rapport à la nourriture. »

Julie Andrieu, www.julieandrieu.com

Témoignage

« Quand j'avais 26 ans, je considérais que j'avais 3 kg à perdre. J'ai suivi comme toutes mes amies à ce moment-là le célèbre régime du docteur Dukan.
Les cinq premiers jours, c'est protéines maigres exclusivement. À moi le jambon blanc, le blanc de dinde, le fromage blanc 0 % et le surimi ! Autant dire qu'au bout de trois jours, mes cheveux étaient à plat, ma peau bourgeonnait, mon haleine n'était pas géniale et surtout, j'étais à la fois épuisée et surexcitée. Le bonheur ! Je me suis surprise, moi qui ne suis pas une grande fanatique des légumes verts, à rêver d'une fleur de brocoli ou d'une grande plâtrée de haricots verts sans beurre... Étrange.
Ça s'est un peu mieux passé durant la 2e phase, où j'avais droit à ces fameux légumes verts. Mais l'absence de matière grasse et de féculents m'épuisait. J'ai continué à alterner les phases pendant un mois, résultat : j'ai perdu 5 kg au lieu de 3, génial !
Mais ce qui devait arriver arriva et au moment où j'ai réintroduit ne serait-ce qu'une cuillerée à café d'huile d'olive dans la salade, j'ai regrossi. Et ce ne sont pas les 5 kg perdus que j'ai repris, mais 7. Conclusion : je me suis épuisée, j'ai abîmé ma peau, j'ai déréglé

(momentanément, heureusement) mon goût de la nourriture et surtout, au final, j'ai grossi de 2 kg là où je voulais, coquettement, en perdre simplement 3, pour me sentir jolie en maillot de bain. J'y ai vraiment tout perdu, mais on ne m'y reprendra plus, à jouer avec les habitudes alimentaires ! »

Sophie, 33 ans

Un peu de théorie

Les carences alimentaires

Le principe de la plupart des régimes est la restriction : ils excluent une partie des aliments sans compenser leur apport par ailleurs. Le régime Hollywood ordonne de consommer exclusivement des fruits et des légumes, Atkins proscrit les glucides, Mayo interdit carrément les sucres, les féculents, les laitages et les graisses… C'est sans parler du régime Dukan, qui a défrayé la chronique ces dernières années, en privilégiant les protéines maigres. À suivre ce type de méthodes, on manque généralement de certaines vitamines, de fibres, de minéraux nécessaires au bon fonctionnement de l'esprit et du corps. Alors que le régime est censé alléger le corps pour lui donner une meilleure santé, il a, en fait, l'effet inverse. Manquer de certains composants alimentaires, tels que le fer, provoque un effet d'épuisement, également un affaiblissement du système immunitaire. Manquer de calcium quand on se prive de produits laitiers a une incidence sur la solidité du squelette. Ces manques nous fragilisent inévitablement à long terme.

Mais c'est sans parler de la trop grande rapidité de résultat de certains régimes (c'est le cas au-delà d'une perte de 1 kg par semaine). Ils infligent au corps de telles contraintes que celui-ci n'en sort pas indemne. Ils génèrent ce qu'on appelle du stress oxydatif, c'est-à-dire un vieillissement prématuré des cellules de l'organisme. C'est comme si celui-ci, poussé à bout, s'essoufflait plus vite, usant son capital jeunesse.

La perte d'intuition

Par définition, le régime alimentaire est une manière contrôlée de manger, c'est-à-dire le contraire du lâcher-prise. C'est l'introduction de contraintes quotidiennes, qui ne laissent plus de place à l'écoute des besoins, des envies. C'est une manière de ne plus faire confiance ni à son corps, ni à son esprit. Or, qui est mieux placé que vous-même pour savoir quels sont vos justes besoins ?

Dans les régimes hypocaloriques, par exemple, il faut 30 g de ci, 150 g de cela… ce qui empêche de faire soi-même l'exercice d'évaluation naturelle de ce que l'on peut manger ! Il serait plus logique d'agir au juger, sans passer par la balance de cuisine. De même, dans les monodiètes, puisqu'un seul aliment est autorisé, aucun jugement de nos besoins n'est plus possible. Il est parfois très difficile de renouer ensuite avec cette faculté de juger. Les régimes nous mettent dans un état d'esprit, où toute prise alimentaire est réglementée par une contrainte extérieure, par un calcul, par un « j'ai le droit/je n'ai pas le droit ».

De même, le poids de forme est laissé de côté, au profit du poids rêvé. On se fixe des objectifs qui ne correspondent pas à la réalité, mais souvent à un âge, à des circonstances qui ne sont plus. On normalise, on arrondit les chiffres (pourquoi « Moins 3 kg après les fêtes » devrait-il s'appliquer à tout le monde ?). En bref, on met en sommeil son libre arbitre, au profit d'exigences extérieures.

La prise de poids à long terme

Statistiquement, 95 % des personnes qui perdent du poids grâce à un régime le reprennent en totalité, ou plus, dans les cinq années qui suivent ce régime. En fait, dès que l'on réintroduit un mode habituel de consommation juste après un régime, la nature reprend immédiatement ses droits. C'est d'autant plus vrai dans les cas où il n'y a pas de transition observée entre la période de restriction et la reprise des habitudes. Il n'y a alors pas de phase de stabilisation et le choc pour le corps est d'autant plus grand. Enchaîner les régimes provoque alors ce qu'on appelle « l'effet yo-yo ». Ainsi, à force de contraindre son corps à une manière de s'alimenter qui ni ne lui est habituelle, ni ne lui correspond biologiquement, celui-ci s'habitue à fonctionner avec moins d'énergie. Par conséquent, lorsque l'on rétablit une manière classique de manger, on stocke beaucoup plus, ayant abaissé notre niveau de besoin métabolique.

Conséquence : on regrossit un peu davantage à chaque reprise de poids d'après-régime. Une vraie catastrophe pour l'organisme. Mais c'est surtout un vrai cercle vicieux dont il est difficile de s'extraire. Plus on grossit, plus l'envie d'observer un régime draconien est forte, plus le choc est rude pour le corps, qui se venge. La seule, la vraie solution, même dans les cas les plus désespérés, est de réapprendre à s'écouter et de stopper net le cycle des régimes.

À RETENIR

Le régime entraîne l'appauvrissement alimentaire

Un régime alimentaire appauvrit, en général, notre manière de manger. La conséquence quasi systématique est le manque de certains apports nutritionnels. Cela affaiblit l'organisme à court terme, réduisant le stock d'énergie, mais aussi à long terme, en ayant une influence sur le vieillissement prématuré des cellules et la fragilisation de certains organes.

Le régime nous fait mettre le bon sens de côté

Faire un régime, c'est changer une manière de manger qui nous est naturelle, en quelque chose de contrôlé, de normé. Ainsi, on fait un exercice contre-nature et on perd de vue l'intuition qui nous dicte la faim et la satiété, et même le type d'aliments dont nous avons besoin à un moment précis. Il est très difficile de retrouver cette intuition.

Le yo-yo peut avoir des conséquences dramatiques

Nombreuses sont les personnes obèses qui ont suivi des régimes à répétition et qui sont prises dans un cercle vicieux. Ce paradoxe provient du fait que le corps, habitué à la famine, se conditionne à stocker tout ce qui peut l'être, ne brûlant plus aucune calorie, simplement au cas où. La nature est bien faite et les régimes ne le sont pas…

Les interdits sont interdits

« Un régime, c'est la courte période de privations qui précède une augmentation de poids. »

Abraham Lincoln

Témoignage

« Lorsque j'ai commencé un régime, j'étais fermement décidée à me débarrasser de ces 6 kg qui me gâchaient la vie. Je ne rentrais plus dans aucun de mes vêtements et j'avais du mal à faire des efforts physiques. Je suis gourmande et j'avais bien compris que je m'étais défoulée sur le chocolat ces temps derniers. Je nourris une vraie passion pour le chocolat noir, je connais toutes les nuances de son goût et je l'aime en grande quantité. Je suis capable, si personne n'est là pour me retenir, d'engloutir une tablette entière dans l'après-midi devant mon ordinateur, ou dans la soirée devant ma télévision ! La solution paraissait simple : m'interdire ce qui était pour moi un des plus grands plaisirs de la vie. Pari difficile à tenir... Et ce qui devait arriver arriva : au bout de deux jours sans le moindre carré, je ne pensais plus qu'à cela. Je voyais des chocolateries partout, des vitrines remplies de lapins de Pâques, de boîtes de Noël, de fontaines dégoulinantes... J'ai craqué, je suis entrée dans une de ces boutiques et j'ai acheté autant de chocolats que pouvait en contenir mon sac à main. J'ai tout mangé en un temps record, autant dire qu'après cet épisode, je ne me sentais pas au mieux de ma forme. Ce que je percevais comme un échec m'a découragée pour longtemps. J'ai stoppé là mon régime et depuis, je cherche la motivation pour m'y remettre d'une autre manière, moins stricte, plus facile à tenir sur le long terme... sans m'interdire le chocolat, cette fois. »

Laurence, 35 ans

Un peu de théorie

Une alimentation variée permet de mincir à long terme

Nous sommes naturellement omnivores, au sens strict du terme. C'est-à-dire que nous avons besoin de manger de tout pour que notre organisme fonctionne correctement, digère, que notre cerveau ait ses pleines capacités, que nos cellules soient renouvelées.

Biologiquement d'abord, supprimer un type d'aliments a des conséquences. En déséquilibrant le champ de notre alimentation, nous créons des carences à long terme.

Ensuite, psychologiquement, les interdits dans le cadre d'un régime sont contre-productifs. Ils focalisent la responsabilité de la prise de poids sur un seul aliment, ce qui est toujours une illusion. Bien entendu, supprimer par exemple complètement le fromage de ses habitudes aura pour effet une perte de poids, surtout si on en consomme beaucoup. Mais il convient de se demander pourquoi on en consomme beaucoup. Et si l'on aime particulièrement le fromage, l'interdit total à long terme n'est pas envisageable. Dès la réintroduction de celui-ci, les kilos seront immanquablement repris !

En bref, l'interdiction est une mauvaise méthode. En réalité, pour mincir à long terme, sans reprendre ses kilos, il faut conserver jalousement son propre type d'alimentation, en aménageant les quantités et la manière de consommer. De manière générale, il vaut mieux réduire les portions et mieux les répartir au fil de la journée. Si nous gardons l'exemple du fromage, pourquoi ne pas le consommer au petit-déjeuner pour lui donner toutes les chances d'être « brûlé » au cours de la journée ?

La frustration pousse à l'écart et à l'abandon

L'interdit porte sur la nourriture incriminée dans la prise de poids, donc celle que l'on consomme le plus. Plus la frustration est importante, plus le risque de compulsion est grand.

Si aucun des aliments appréciés n'est interdit, aucun « coup de canif dans le contrat » du régime n'est possible et le découragement aura moins de chances d'avoir lieu. Qui plus est, un craquage occasionnel est souvent dramatisé à hauteur de la force de l'interdit. L'écart est souvent le premier pas vers l'abandon du régime. En effet : *« À quoi bon ? »*, se demande-t-on dans ce cas-là. Fichu pour fichu, autant reprendre un peu de raclette, puis s'en consoler en reprenant du gâteau ! Et si jamais, par bonheur, on n'a pas craqué pendant cette période de restrictions, gare à la fin du régime. Ce qui était interdit ne l'est plus et la tentation de compenser à ce moment-là peut également être forte. Si un projet d'amincissement (que nous n'appellerons pas régime pour des raisons maintenant bien compréhensibles !) est fait de libertés et de bon sens, il a bien évidemment beaucoup plus de chances d'aboutir, plus lentement, certes, mais plus sûrement qu'un régime express J-30. Nous touchons là au principe même du lâcher-prise pour maigrir. Il s'agit de trouver une manière raisonnée de vivre son rapport à la nourriture, en se fiant à ses goûts, à son intuition, à ses besoins et non à des grands principes très généraux, des sortes de contraintes extérieures inadaptées aux cas particuliers que nous sommes tous.

L'obsession du bien-manger : le danger de l'orthorexie

Variante aggravée de l'interdit alimentaire, la recherche de l'absolue perfection est nocive également. Elle réunit le maximum d'interdits, considérant toute nourriture comme suspecte. Quelqu'un d'orthorexique contrôlera l'ensemble de sa nourriture pour que celle-ci soit, non pas la plus saine possible, mais absolument, totalement saine et équilibrée. L'orthorexique sera en lutte permanente contre la matière grasse, les polluants, le déséquilibre alimentaire.
Le test de Bratman comporte une série de questions auxquelles il convient de répondre pour savoir si l'on est touché par cette pathologie. La valeur nutritionnelle de votre repas est-elle à vos yeux

plus importante que le plaisir de le déguster ? Votre amour-propre est-il renforcé par votre volonté de manger sain ? Éprouvez-vous un sentiment de culpabilité dès que vous vous écartez de votre régime ? Ces quelques exemples nous montrent comme les préoccupations de l'orthorexique et celles de l'accro aux régimes sont semblables. L'orthorexique n'a pas pour seul but la minceur, il cherche à atteindre la santé parfaite, mais il est intéressant de l'évoquer, car c'est un mal qui émerge parallèlement à la mode des régimes, au contrôle absolu de l'alimentation. L'orthorexie est également intéressante car, comme l'obsession des régimes, elle entraîne dans une spirale infernale, le handicape socialement et lui fait perdre de vue son intuition par rapport à la nourriture et la notion de plaisir, fondamentales pour le lâcher-prise.

À RETENIR

Le secret de la minceur à long terme : la variété

Nous sommes constitués pour manger de tout. C'est à cette condition que nous pouvons nous développer, renouveler nos cellules, avoir une activité. En bref : vivre pleinement notre vie. Se priver de l'un de nos apports, c'est à coup sûr maigrir, certes, mais de manière illusoire. Dès le régime terminé, la reprise de poids se fera ressentir.

La frustration est contre-productive

Se refuser de consommer à vie les aliments que l'on préfère, c'est risquer l'écart, l'abandon des efforts et la perte d'estime de soi, qui ne fait jamais bon ménage avec les problèmes de poids. Il faut faire de sa méthode d'amaigrissement le lieu de libertés alimentaires, de curiosité et non de restrictions, sous peine d'échouer très rapidement.

Le risque extrême : l'orthorexie

À force de s'interdire des aliments, de tenter de s'alimenter selon une méthode édictée par l'extérieur et non par son propre bon sens et son intuition, on risque de tomber dans l'orthorexie, qui n'est autre qu'une obsession de s'alimenter correctement, de manière à la fois saine et équilibrée jusqu'à l'extrême, handicapante socialement et épuisante.

Trouvez votre poids de forme

« Heureusement qu'ils ne fonctionnent pas, les régimes ; sinon, depuis le temps qu'on en fait, il y a longtemps que nous aurions atteint le but ultime : le poids zéro ! »

Isabelle Sorente

Témoignage

« Quand j'avais 20 ans, je pesais 52 kg pour 1,70 m. Ce n'était vraiment pas beaucoup. Je ne me sentais pas bien dans ma peau. Je n'étais pas très sûre de moi et je me trouvais relativement maigrichonne… surtout quand je comparais mon physique de planche à pain à celui, bien plus avantageux, de mes amies. Mais avec les années et la croissance, je me suis remplumée d'une petite dizaine de kilos et aujourd'hui, 5 ans plus tard, je regarde les photos de l'époque avec une certaine nostalgie. Je me trouve jolie. Je rêverais de retrouver ce poids que j'avais étant plus jeune, avec l'assurance, la sagesse et la conscience de mon corps en plus. Mais je sais que dans la famille, les femmes atteignent en général leur poids définitif et cessent de grandir à l'âge que j'ai aujourd'hui. Il est inutile de tenter de me battre contre des moulins à vent, je sais que, quoi que je fasse, je reviendrai toujours à mon poids actuel, inévitablement. L'avantage, pour le moment, c'est que je peux aussi me laisser aller à une certaine gourmandise, je sais qu'en faisant un petit effort dans les jours qui suivent mes agapes, je retrouve très facilement ce poids. Peut-être en sera-t-il de même pour mes grossesses ? Mon corps me signifie assez vite quand je suis trop lourde : je souffre immédiatement des genoux. Et puis, je me sens gonflée, au niveau du visage, surtout. Bref, j'adorerais retrouver les attaches fines de danseuse de mes 20 ans, mais mon corps dit non et je n'ai plus qu'à l'accepter. »

Marianne, 25 ans

Un peu de théorie

Un outil d'évaluation objectif, l'indice de masse corporelle

Il existe un outil d'évaluation du poids qui permet, en un seul chiffre, d'évaluer le rapport poids/taille d'une personne. En effet, tenir compte seulement du poids n'a pas de sens si on ne l'associe pas à la taille. Quelqu'un qui pèse 70 kg pour 1,50 m n'aura pas du tout la même corpulence que quelqu'un qui pèse 70 kg pour 1,80 m ! Et pas la même santé non plus...

Ce chiffre est l'indice de masse corporelle, un repère nécessaire pour pouvoir se comparer à une norme, une moyenne, en un seul chiffre. Il se situe généralement chez l'adulte de 20 à 65 ans entre 20 et 25. Cette fourchette est souvent donnée pour indiquer qu'en dessous et au-dessus de celle-ci, la santé de la personne est potentiellement mise en danger, connaissant un risque accru de maladies cardio-vasculaires, de fatigue chronique, de vieillissement prématuré. Mais la fourchette est large et même si au premier abord, ces calculs peuvent sembler un brin normatifs, ils ont en fait une simple valeur indicative et médicale, pour nous mettre sur la bonne voie dans la recherche du poids de forme, qui est, pour la plupart d'entre nous, situé dans cette fourchette. C'est un outil intéressant mais dont il faut aussi savoir se démarquer, pour comprendre quel est notre poids idéal, selon d'autres critères. En effet, le poids de forme ou « set point » n'est pas seulement mathématique et le trouver nécessite aussi un peu d'autoanalyse, de compréhension de son histoire, de son hérédité et de son état psychologique.

Tenez compte du contexte

Le contexte est tout d'abord génétique. Le poids de forme d'une personne n'est pas défini seulement selon ce que préconise le corps médical avec la fourchette de l'IMC, mais il est aussi défini selon des prédispositions familiales.

Ainsi, l'IMC de la Française moyenne se situe autour de 23, quand celui des top models est plutôt autour de 16. Il faut avoir des caractéristiques génétiques hors du commun pour avoir cette corpulence. En résumé, une personne aura un poids de forme plus ou moins élevé, selon la lignée dont elle est issue.
Le contexte, c'est aussi la pression sociale qui existe autour du poids, dont il faut tenir compte pour mieux l'écarter. Ainsi, selon le GROS (Groupe de réflexion sur l'obésité et le surpoids), une enquête européenne de 1991 effectuée sur 16500 étudiants montrait que 55 % de ceux qui avaient objectivement un poids normal (selon ce fameux IMC) se trouvaient trop gros. Attention donc aux influences extérieures pas toujours très éclairées.
Enfin, le poids de forme peut changer au cours de la vie, selon les âges. Le poids qu'une personne avait à 20 ans n'est plus forcément son poids idéal à 50 ans : les grossesses, la modification du métabolisme et de l'anatomie (le gain naturel de masse graisseuse au détriment de la masse musculaire), la ménopause peuvent être passées par là et la corpulence nécessaire au bon fonctionnement de l'organisme n'est plus forcément la même.

Privilégiez votre ressenti par rapport à une prétendue norme

Vous l'aurez compris, il ne faut pas chercher à atteindre le poids que nous rêvons de faire, mais trouver le poids que notre corps désire faire. Encore une fois, il faut écouter son corps, ses sensations, ses douleurs, sa condition physique.
Voici quelques grandes questions dont les réponses peuvent faire bouger le curseur du fameux poids de forme.
Avez-vous l'impression de vous nourrir correctement, en accord avec vos besoins, ou bien en cédant à des envies pressantes ? Déjà, avoir bonne conscience, ou non, selon son type de consommation alimentaire est un bon indicateur.

Ensuite, connaissez-vous, à partir d'un certain poids, certains troubles physiques ? Des douleurs lombaires, articulaires ? Souvent, la morphologie est construite de telle manière qu'elle tolère une certaine prise de poids, mais pas au-delà, et le fait ressentir par des douleurs. Avez-vous certaines difficultés à faire de l'exercice, à suivre les autres quand ils marchent dans la rue d'un pas soutenu ?

Et enfin, la question la plus subjective, qui demande la recherche la plus honnête en soi : quand vous vous regardez dans la glace, que ressentez-vous ? Avez-vous l'impression de vous reconnaître, vous aimez-vous ? Si oui, quels que soient les kilos autour de vos hanches, vous avez peut-être trouvé votre poids de forme.

Le poids de forme n'est pas le poids rêvé, celui qui vous fait fantasmer et dont vous vous dites qu'il vous faciliterait la vie, mais celui dans lequel vous vous sentez en accord avec votre corps.

À RETENIR

L'IMC, un indicateur normatif... mais intéressant

L'indice de masse corporelle peut, au premier abord, sembler très normatif : il distribue les bons et les mauvais points selon un rapport poids-taille évalué d'après une moyenne. Pourtant, il peut être utile de s'y pencher. En effet, l'IMC est un bon indicateur de l'état de santé d'une personne et des risques encourus. Il est cependant à relativiser.

D'autres facteurs déterminant le poids de forme

Les facteurs sont nombreux pour déterminer un poids de forme. Il y a d'abord les prédispositions génétiques, mais aussi l'âge de la personne. Et il faut veiller à ne pas se laisser influencer par des pressions sociales autour de la minceur, pour ne pas choisir d'être plus mince que notre corps ne nous le dicte par les sensations qu'il nous procure.

Questionner son ressenti

Pour connaître son poids de forme, il faut enfin questionner ses impressions à tel ou tel moment de la vie correspondant à des poids particuliers. Le corps est, dans cette recherche, le premier allié. Il signale, à la moindre douleur, à la moindre gêne, un poids un peu excessif. De même, l'image de nous-même dans le miroir parle d'elle-même.

Apprenez à vous mettre en valeur

« La beauté d'une femme tient à l'idée qu'elle s'en fait. »

Clémence de Biéville, Le Meilleur des Mariages

Témoignage

« Quand j'étais adolescente, j'étais coupée à la garçonne, je portais des polos, ce qui se mariait à merveille avec mes épaules d'athlète... Bien plus pratique, disais-je à qui voulait l'entendre. Je ne remportais pas un franc succès auprès des garçons et cela commençait à m'ennuyer ! Surtout que sous l'apparence d'un camionneur, j'étais assez jolie, d'après ce que me disaient mes amies. Toujours est-il que je n'avais pas la moindre idée de la manière dont je devais m'habiller pour faire « fille », comme je disais à l'époque. À la maison, ce n'était pas la préoccupation particulière. Ma mère était professeur de gymnastique et mes trois grands frères, parfaits pour m'apprendre le plaquage, n'auraient pas été du meilleur conseil en matière de mode et de maquillage. C'est une amie qui m'a un jour prise par la main et m'a emmenée faire les boutiques. Au début, je me sentais déguisée dans les vêtements que j'essayais. Trop de couleurs, des étoffes trop chichiteuses... Mais, au bout d'un certain temps, nous avons compris ensemble que le « décontracté chic » m'irait à merveille. Jupes trapèzes, talons plats, couleurs sobres rehaussées d'une touche plus vive... Ces attributs féminins me sont rapidement devenus naturels, j'ai gagné en confiance en moi et j'ai fini par me trouver très « fille » ! Plus personne n'a eu l'idée de montrer du doigt en ricanant mes larges épaules ou mes cuisses un peu trop musclées, car plus personne ne les voyait, sous mes mignonnes petites robes tennis. »

Gwenaëlle, 34 ans

Un peu de théorie

Déterminez vos points forts

On a vu, pour le bonheur de tous, fleurir ces dernières années à la télévision une foule d'émissions consacrées à la confiance en soi et au relooking de Mme Tout-le-Monde. Les ficelles peuvent paraître épaisses dans ce genre de programmes, mais bien souvent, la vision du relookeur est juste, peut-être simplement parce que c'est un point de vue extérieur. Quand on se regarde, seule, devant la glace, il est bien difficile de se dire que finalement, l'arrondi de nos épaules n'est pas si mal, que notre taille est fine ou que nos yeux clairs illuminent notre visage. Pourtant, c'est peu de dire que ces atouts éclipseront de manière très efficace les défauts de rondeur un peu trop prononcés, du moins selon nous.

Il est donc nécessaire de faire appel à un autre que soi. Nous nous connaissons trop bien et avons forcément une vision de notre corps différente de l'impression que l'on donne. Un œil extérieur vous permettra d'envisager des points forts jusqu'à présent toujours négligés, il vous donnera une autre vision de vous-même.

Il est vraiment possible aujourd'hui de jouer avec des formes prononcées. De nombreuses marques de prêt-à-porter ont une ligne adaptée aux silhouettes les plus rondes, sans les camoufler. Vous y trouverez des décolletés vertigineux, des tailles marquées, des jupes plutôt sexy… tout ce qu'il faut pour aimer s'habiller, se plaire et plaire aux autres. L'essentiel avec le fait de savoir se mettre en valeur, c'est de déclencher une démarche positive.

Tentez l'inhabituel, vous vous découvrirez autrement

Le lâcher-prise consiste pour beaucoup à voir la vie autrement. Pourquoi ne pas appliquer cette méthode à notre apparence ? L'effet de nouveauté, s'il est réussi, gommera vos petits complexes. De même que la vision

de quelqu'un d'autre sur vous vous permettra de changer de point de vue, modifier des habitudes cosmétiques ou vestimentaires vous fera peut-être envisager votre apparence sous un autre angle, renforçant votre confiance en vous-même : vous avez osé et c'est une réussite ! Il se peut, par exemple, que votre coupe de cheveux ne soit pas celle qui mette en valeur le plus sûrement votre beauté. Prenez donc conseil auprès d'un spécialiste, sans a priori ni peur. De même, si vous avez été habituée à porter depuis toujours des vêtements un peu trop pratiques pour être réellement féminins, pourquoi ne pas surprendre votre entourage en arborant un jour une jolie robe et des talons (pas trop hauts, si c'est la première fois !) ? Non seulement le premier effet d'étonnement vous fera sûrement plaisir, mais peut-être révélerez-vous de vous-même une partie insoupçonnée jusqu'alors.
Nous ne sommes pas faits d'un seul tenant. Notre caractère a de multiples facettes. Il est important de pouvoir jouer avec son physique comme on l'entend, sans barrières psychologiques, au gré de ses humeurs et de ses envies. Notre apparence et notre personnalité doivent pouvoir vivre en harmonie et cela passe souvent par des tentatives de changement. Se percevoir autrement permet de voir la vie autrement.

Soyez sûr de vous, les autres vous verront comme tel

Il est souvent difficile, pour les personnes qui ont peu d'estime d'elles-mêmes, de comprendre que les autres n'ont pas d'idées préconçues et que, si elles renvoient l'image de quelqu'un d'assuré, les autres l'accepteront ainsi, et elles en seront payées en retour. Plaisez-vous, vous plairez aux autres. Facile à dire… C'est la meilleure manière de mettre en avant vos atouts le plus naturellement du monde.
Lorsque l'on se considère comme un peu trop rond, apprendre à aimer son corps tel qu'il est est absolument indispensable pour cesser de le punir et sortir du cercle vicieux « Je ne m'aime pas - Je me défoule sur la nourriture pour me consoler (à quoi bon essayer de mincir ?) - Je

grossis encore - Je m'aime encore moins ». Le respect de soi-même est le premier pas vers le lâcher-prise pour maigrir.
Ainsi, oser des tenues vestimentaires de mince peut, par exemple, faire renvoyer l'image de quelqu'un d'assuré. De même, privilégier l'humour, la sociabilité, la gaieté, plutôt que l'effacement, donnera à votre entourage une impression évidemment positive. Inutile de stigmatiser vos défauts en vous retranchant derrière eux, s'ils sont bien présents, cela ne vaut pas la peine de s'y attarder ni de les commenter ! Pour vous aider, dites-vous que les seules caractéristiques de vous que les autres verront, même physiques, seront celles que vous déciderez de mettre en avant. Même si ce principe n'est pas tout à fait vrai, cela vous aidera à faire la part de ce que vous voulez montrer.

À RETENIR

Nous avons tous des atouts physiques

Trop gros, trop petit, pas assez de poitrine ? Ces caractéristiques ne sont des défauts que parce que nous les voyons comme tels. Et bien souvent, elles cachent des atouts irrésistibles : une poitrine généreuse, une taille fine, des attaches délicates, de jolis yeux. Il s'agit de les identifier, ou de les faire identifier par un proche de confiance.

Voir son corps autrement, voir la vie autrement

Changez tout ! Vous aurez peut-être la surprise de découvrir toute la beauté qui sommeille en vous. Parfois, changer un seul élément (coiffure, maquillage, style de vêtements) permet de découvrir qui d'autre l'on peut être. Pour lâcher prise dans le but de maigrir, il faut faire vivre son corps au gré de ses humeurs et envies, être en harmonie avec lui.

Montrer de l'assurance donne de l'assurance

Montrer de l'assurance est la meilleure manière d'en acquérir. Plus votre entourage sera persuadé que vous êtes sûr de vous, plus il agira en conséquence, ce qui vous donnera cette assurance. C'est un cercle vertueux qu'il suffit d'enclencher. De même, montrer que l'on se trouve beau est une méthode radicale pour diffuser cette idée auprès des autres.

Fatigue et surpoids

« Peu de personnes connaissent le lien existant entre sommeil et obésité. Mais, le manque de sommeil peut être un facteur qui favorise la prise de poids et à l'inverse, une obésité peut entraîner des troubles du sommeil qui engendrent : fatigue et somnolence. »

Caroline Beltrami, diététicienne

Témoignage

« J'ai pris les commandes d'un nouveau poste il y a deux ans, et avec cette promotion, des responsabilités énormes, une grosse charge de travail et des enjeux très importants à gérer. Évidemment, ma vie sociale en a pris un bon coup : j'ai arrêté de sortir, de voir du monde... Inutile de préciser que je ressentais pas mal de culpabilité envers ma famille, à qui j'essayais de me consacrer pleinement durant les week-ends. Cela m'épuisait littéralement, je n'avais pas le temps de récupérer. De plus, mes horaires de travail n'ont jamais été si étendus. Le plus souvent, je partais de chez moi vers 7 heures pour ne rentrer que vers minuit. Il est vrai que cela ne me pesait pas vraiment, je ne voyais pas les journées passer, à cause du stress et de la multitude de dossiers à traiter. Pourtant, je suis fatiguée en permanence, mais j'ai l'impression d'avoir appris à vivre avec cette fatigue et que je ne m'en déferai jamais... J'ai pris beaucoup de poids pendant ces deux années, bien entendu. Je pense qu'il y a plusieurs raisons à cela. D'abord, j'ai arrêté le sport. Plus le temps ! Ensuite, je grignote pour tromper la fatigue. Et enfin, je me nourris mal, de choses très sucrées et très réconfortantes, pour essayer de me distraire du stress permanent.

Aujourd'hui, j'ai toujours ce job que j'adore, j'ai atteint les objectifs fixés, mais je ne me reconnais plus : c'est comme s'il m'avait transformée physiquement ! J'ai décidé d'agir, mais je ne sais pas par où prendre les choses... »

Marina, 43 ans

Un peu de théorie

Travailler beaucoup et peu dormir font grossir

Plutôt que de se concentrer sur la perte de poids à tout prix, concentrez-vous d'abord sur votre hygiène de vie. Celle-ci commence par un sommeil de qualité et une vie équilibrée.

Selon une étude menée par des chercheurs de l'université d'Helsinki de 2005, la surcharge de travail peut entraîner une prise de poids. De cette étude effectuée sur 9 000 employés, hommes et femmes entre 40 et 60 ans, il ressortait que la plupart des personnes déclarant avoir pris du poids l'année passée travaillaient au-delà des 40 heures hebdomadaires classiques en Finlande et avaient, de ce fait, du mal à concilier vie professionnelle et vie de famille. De plus, ces personnes affirmaient ressentir une fatigue permanente. Conclusion : la fatigue au travail mène à une alimentation anarchique, à la fréquentation du distributeur automatique de friandises et à faire moins d'exercice physique (en effet, on prend par exemple moins volontiers le temps d'aller faire un tour entre midi et deux, lorsque l'on croule sous les dossiers à traiter).

Allant de pair avec une vie professionnelle surchargée, le manque de sommeil participe lui aussi à la prise de poids. Le sommeil permet de réguler l'hormone qui donne la sensation d'appétit : théoriquement, moins on dort, plus on ressent la faim fréquemment et intensément. En somme, vivre dans le stress et l'agitation rend l'alimentation accessoire : on n'y pense plus que comme à un carburant, c'est elle qui finit par s'adapter à notre emploi du temps et non l'inverse.

Quelques astuces alimentaires pour lutter contre la fatigue

On est souvent trompé par sa sensation de fatigue. Quand elle se fait ressentir, on a tendance à se jeter sur les sucreries et à répondre ainsi à un appel physiologique primaire. Mais il faut lâcher prise avec vos pulsions et essayer de privilégier, quand c'est possible, les aliments contenant suffisamment d'éléments nutritifs pour donner de la bonne énergie, à moyen et à long terme. Il y a d'abord tous les aliments riches en fer : viande rouge, boudin, abats, mais aussi les lentilles. Il y a également ceux qui sont riches en vitamine B : les laitages, les œufs, le poisson, la viande. Bien sûr, les fruits et légumes frais sont toujours recommandables, pour leur teneur en vitamines s'ils sont crus ou juste cuits à la vapeur. Enfin, on n'y pense pas toujours assez : buvez ! L'eau est, après l'air, le deuxième élément qui nous est indispensable. De préférence de l'eau claire ou des infusions (le thé et le café ont tendance, après leur premier effet « coup de fouet », à faire ressentir par contrecoup davantage la fatigue) et à raison d'un litre et demi à deux litres par jour. Vous pourrez constater que l'hydratation a un effet quasi miraculeux sur la sensation d'épuisement. L'eau vous aidera à faire fonctionner vos reins, organes essentiels dans l'élimination des toxines.

Enfin, si vous souhaitez mincir sans régime et en pleine forme, n'hésitez pas à demander à votre médecin des compléments alimentaires (vitamines, oligo-éléments) qui pourraient vous aider à garder votre équilibre.

Favorisez votre sommeil

Pour mincir… dormez. Quelle meilleure solution pour calmer le stress, se sentir en meilleure forme ?

Il est fréquent de se prendre au jeu d'une série télé à suspense, de surfer sur Internet jusqu'à pas d'heure malgré la fatigue, ou même de sortir voir des amis alors que l'appel du lit se fait entendre.

Première règle importante : essayez de vous coucher et de vous lever à des heures régulières. Tenez compte de vos besoins en sommeil, de vos horaires de travail et de vos cycles de sommeil. Vous verrez qu'après peu de temps, si vous avez trouvé l'heure qui vous convient, votre organisme enregistrera, comme il se cale sur un nouveau fuseau horaire, ces petites habitudes. Vous obtiendrez ainsi un sommeil plus profond, donc de meilleure qualité.

Évitez les écrans deux heures avant de vous coucher. Leur luminosité maintient votre cerveau en état d'excitation, il sera plus difficile de vous décontracter. Il va de soi, par conséquent, que la place de l'ordinateur portable n'est certainement pas ni dans votre lit, ni même dans votre chambre à coucher ! Les lumières clignotantes que produisent certains modèles peuvent troubler votre sommeil de manière importante, sans même que vous vous en rendiez compte. Enfin, ne surchauffez pas votre habitation. Préférez ajouter une couverture sur votre lit, vous dormirez bien mieux la tête au frais.

Qui a dit que mincir demandait des efforts redoutables ? Décompressez, reposez-vous, cela fait partie intégrante du processus de perte de poids.

À RETENIR

Le travail, c'est vraiment la santé ?

C'est prouvé statistiquement, travailler au-delà de la norme, être stressé par son emploi, cela fait prendre du poids. Quand la vie professionnelle prend toute la place, il n'y a plus de temps ni pour le plaisir ni pour la convivialité, les repas sont expédiés, souvent trop riches pour « tenir le coup » et l'exercice physique est mis de côté.

Mangez « antifatigue »

La lutte contre la fatigue peut passer par l'alimentation. Il faut privilégier une nourriture riche en fer et en vitamine B, manger de tout et penser à s'hydrater. La qualité du « carburant » est essentielle au fonctionnement durable du moteur. Laissez donc aussi tomber les sucres rapides, vous verrez qu'à moyen terme, vous sentirez la forme vous gagner.

Apprenez à dormir

Bien dormir, cela s'apprend. La qualité du sommeil est essentielle, au moins autant que la quantité, pour se sentir reposé et lutter ainsi contre les kilos superflus. Il faut observer une certaine régularité dans les horaires, bien sûr, mais aussi bannir certaines activités avant l'heure du coucher et enfin, dormir dans une atmosphère fraîche.

Le sport pour se réconcilier avec son corps

« Quand le corps fonctionne, tout fonctionne ! Pas besoin d'en savoir beaucoup pour comprendre que la pratique d'un sport régulier fait autant de bien au corps qu'à la tête… »

Thibault de Maillard

Témoignage

« À 27 ans, je pesais 103 kg pour 1,63 m. Autant le dire tout de suite : dans mon rapport avec mon corps, j'avais littéralement démissionné. Non seulement je me trouvais abjecte, j'étais incapable de me regarder en face dans le miroir, mais en plus, je ne cessais de me consoler de cela, ou de m'en punir, en continuant à ingurgiter des quantités effroyables de nourriture grasse et sucrée, avachie sur mon canapé devant des émissions de télé dont je ne retirais pas grand-chose. Quand j'ai décidé de maigrir, après une grave alerte de santé, il fallait que ma démarche alimentaire aille de pair avec une activité physique. Mon médecin m'a proposé de commencer par essayer la marche. Un vrai sport, avec ma corpulence… mais c'était un moyen de renouer avec le mouvement, tout en ne mettant en danger ni mon cœur, fragilisé, ni mes articulations mises à rude épreuve. Bien sûr, je n'ai pas commencé par escalader le mont Blanc, mais aller faire des emplettes plutôt à pied qu'en voiture, c'était déjà pas mal. Un kilomètre, puis deux, puis trois… pour finir, je prenais réellement plaisir à pratiquer la marche en douceur, à ressentir à nouveau ce qui pouvait ressembler à un effort physique. J'étais bel et bien vivante, mon corps existait à nouveau pour quelque chose. Bien sûr, j'ai encore aujourd'hui des kilos à perdre, mais le fait de réapprendre à marcher m'a aidée à enclencher la machine. »

Louisa, 31 ans

Un peu de théorie

Un euphorisant naturel

Retrouver une activité physique souvent mise de côté permet de cesser de se focaliser sur le décompte des calories, pour privilégier la relation entre l'esprit et le corps. Une fois ce lien renoué, il est bien plus facile de perdre du poids.

Comme la consommation de produits gras et sucrés, l'activité sportive provoque la sécrétion d'endorphines (hormones du plaisir) par le cerveau. Les endorphines auraient des propriétés antidouleur et décontractantes, et elles favoriseraient non seulement un état d'esprit positif, mais aussi la disponibilité d'esprit et la capacité à se concentrer, luttant ainsi contre la fatigue nerveuse.

Le sport est donc le moyen de se sentir heureux et apaisé, et ainsi d'éviter de prendre des kilos émotionnels. C'est aussi le meilleur levier de renforcement de son estime de soi, ce qui contribue au respect de son corps et donc minimise les risques de compensation alimentaire ou de perte de contrôle.

Enfin, et c'est important, le sport provoque par définition de la fatigue physique. C'est une bonne fatigue, une fatigue saine, dans la mesure où elle épuise plutôt le corps que l'esprit. Elle s'oppose à la fatigue nerveuse, la plus fréquente dans nos sociétés sédentaires et urbanisées. Celle-ci a tendance à favoriser la qualité du sommeil et donc, paradoxalement, à nous rendre plus reposés, bien que nous fatiguant sur le moment. Le sport aide notre corps à alterner clairement périodes d'activité et de repos, et ainsi, à acquérir un rythme.

Le meilleur brûleur de calories

Afin de ne pas vous frustrer et pour éviter de trop surveiller votre alimentation, faites du sport. Cela permet d'augmenter l'élimination de calories. Or le seul phénomène capable de provoquer l'amaigrissement, c'est une dépense supérieure à l'absorption calorique. Quoi de plus logique, en voulant lâcher prise pour maigrir, que de préférer augmenter la dépense plutôt que de réduire drastiquement l'absorption ? Cela semble plus naturel.

L'avantage de la pratique du sport, dans le cadre de la perte de poids, est évident. D'abord, il permet de brûler des calories de manière accélérée. Par exemple, pour une femme de 65 kg, une heure de tennis correspond à 400 calories brûlées, alors que le métabolisme basal, c'est-à-dire les calories dépensées sans rien faire d'autre que de respirer et de maintenir son corps à une température de 37 °C, ne sera dans le même temps que de 80 calories.

De plus, la dépense calorique liée au sport n'est pas limitée au seul moment de l'effort. En effet, avec une pratique sportive, la masse musculaire augmente à moyen terme. Et plus celle-ci est importante, plus elle brûle de calories, même au repos. En bref, avoir une activité sportive régulière augmente le métabolisme et vous permet, dans une certaine mesure, de vous accorder davantage de plaisirs gourmands (toutes proportions gardées). Gare cependant à l'arrêt brusque du sport, qui peut être fatal dans l'autre sens. Nombreux sont les sportifs qui prennent énormément de poids au début de leur retraite.

Choisir le sport adapté à sa condition physique

Pour vos retrouvailles avec votre corps et vos sensations, hors de question de choisir un sport qui n'est pas adapté : vous risqueriez de vous fatiguer vite, donc de vous lasser et d'abandonner, voire de vous blesser si la reprise est trop brusque et mal dosée.

Préférez d'abord les activités qui se pratiquent en douceur : la marche est idéale. Même si elle n'est habituellement pas considérée comme un sport (sauf la marche sportive) lorsqu'elle est pratiquée au quotidien comme un moyen de déplacement, faire l'effort de marcher plutôt que de vous laisser transporter permet d'enclencher le mécanisme de l'effort. C'est d'autant plus vrai quand on est en surpoids important et que tout sport semble dangereux. Si vous allez travailler en transport en commun, descendez une ou deux stations plus tôt que d'habitude. Au lieu de prendre votre voiture pour aller acheter le pain, allez-y donc à pied. Il existe de multiples manières de se mettre à marcher. Vous pouvez également tester les activités qui exercent à la fois le corps et l'esprit, comme le yoga. Vous en tirerez de nombreux bénéfices. D'abord, si le cours est de bon niveau, vous apprendrez à écouter vraiment votre corps. Ensuite, vous gagnerez en souplesse. Enfin, vous musclerez votre concentration et votre capacité à ne pas vous laisser submerger par les émotions. Autant d'apprentissages indispensables pour changer son rapport à la nourriture, dans la maîtrise de soi et le lâcher-prise qui permettra de maigrir.

À RETENIR

Le sport rend heureux

Cela a une explication physiologique. L'activité physique agit sur notre cerveau et inscrit notre esprit dans une dynamique positive. Nous sommes plus détendus, davantage disposés au respect de nous-mêmes. Psychologiquement, c'est un excellent moyen de se dépasser et de renforcer l'estime de soi. Il est plus facile de maigrir dans cet état d'esprit.

La dynamique positive de la dépense calorique

Non seulement le sport contribue immédiatement à la dépense calorique, mais un sport pratiqué régulièrement permet à l'organisme d'augmenter son métabolisme. La dépense énergétique connaît une certaine force d'inertie. Ainsi, les besoins en énergie augmentent et on en brûle davantage, même au repos ! Un secret jalousement gardé par les sportifs…

Marche et yoga, des alliés

Le choix du sport pratiqué doit être fait avec soin. Pour éviter les blessures, il vaut mieux privilégier la douceur, avec la marche d'abord, d'autant plus si l'on est en surpoids. Ensuite, pourquoi ne pas s'intéresser aux activités qui allient travail sur le corps et sur l'esprit ? Le yoga, par exemple, est un excellent apprentissage du lâcher-prise.

Chouchoutez votre couple, aimez votre corps

« Un baiser apaise la faim, la soif. On y dort. On y habite. On y oublie. »

Jacques Audiberti, *La Poupée*

Témoignage

« J'ai très vite compris quelle importance avait mon bien-être amoureux dans les errances de ma courbe de poids. C'est bien simple, quand je suis heureuse en couple, je fonds… et je reprends tous les kilos perdus quand une histoire d'amour se termine. Ainsi, lorsque j'ai rencontré Jean, j'étais ronde : je pesais 73 kg pour 1,55 m. Notre coup de foudre fut immédiat, mais nous nous sommes courtisés longtemps. Pendant toute cette période, j'avais la tête dans les nuages et je pensais tout le temps à lui… au point d'en oublier de me nourrir ! J'ai fondu, d'autant que les premiers mois ont été merveilleux et que j'ai continué sur cette lancée. Mes proches avaient du mal à me reconnaître. J'ai stabilisé mon poids car je me sentais vraiment bien avec Jean et l'envie de me réfugier dans la gourmandise m'était devenue totalement étrangère. Et puis, cette belle histoire s'est finie et les kilos sont revenus avec la vie de célibataire. Lors de ma rencontre avec Nicolas, même schéma ! Cependant, la suite est un peu différente. Je vis avec lui depuis 8 ans et nous filons le parfait amour. Après s'être à nouveau stabilisé à la baisse, mon poids a fini par reprendre ses droits : de bons petits plats à deux en dîners chez les amis, nous nous sommes arrondis tous les deux. Ma première grossesse m'a laissé quelques kilos supplémentaires sur les hanches, mais je ne suis pas inquiète le moins du monde. Nicolas me trouve belle ainsi, je suis maintenant son épouse et c'est l'essentiel. »

Céline, 31 ans

Un peu de théorie

L'amour nourrit l'estime de soi et permet le lâcher-prise

Se focaliser sur ses kilos en trop, on l'a vu, est vain, si cela n'est pas précédé de quelques questions : quelle vie me suis-je construite et quelle est son incidence sur ma personne et mon poids en particulier ?
En premier lieu, pour parler trivialement, l'amour fait diversion : il nous extrait de la banalité, des soucis et autres sentiments négatifs que l'on peut avoir coutume de chasser avec des plaisirs alimentaires. Ainsi, lorsque l'on est intensément amoureux, on a tendance à ressentir une impression d'appétit coupé, à penser à autre chose. L'émotion positive est forte et prend toute la place dans notre vie. Les occasions de craquage, avec la vie à deux, se raréfient. Car pour craquer, il vaut mieux être seul, sans interlocuteur ni regard extérieur culpabilisant, même involontairement.
Aimer et être aimé, cela renforce l'estime de soi. Ce pic d'estime amène non seulement au respect de soi, mais aussi à l'abandon d'une éventuelle logique de dévalorisation-punition, ou de dévalorisation-réconfort. Au contraire, on entre dans un cercle vertueux où l'on puise dans sa propre estime la force que l'on peut trouver, quand tout va mal, dans la nourriture. On se sent plus léger, mais on a aussi envie de l'être et cela passe d'abord par la nourriture. Et puis, on a envie de plaire, d'apparaître sous son meilleur jour. Qui n'a jamais revu une amie après plusieurs mois et ne l'a pas trouvée méconnaissable, amincie, presque rajeunie ? L'explication est toujours la même : l'amour !

L'amour enclenche la spirale du respect de son corps

De nombreux nutritionnistes l'affirment, les femmes qui souhaitent mincir et recommencent à s'aimer soignent de plus en plus leur présentation, au fil des séances. Elles arrivent souvent la première fois avec une lingerie dépareillée et défraîchie, une épilation approximative, une peau qui manque cruellement d'hydratation… pour revenir ensuite en étant passées chez l'esthéticienne et en s'étant fait cadeau d'un joli ensemble en dentelle. Conclusion : lorsque l'on commence à s'aimer un peu, on prend soin de soi et inversement. Il en est exactement de même lorsque l'on se sent aimé et que l'on apparaît nu devant quelqu'un. Lorsque notre corps est admiré, aimé pour ce qu'il est, avec ses qualités et ses (petits) défauts, on a davantage tendance à souhaiter le valoriser. On cesse, tout naturellement, parfois même inconsciemment, de lui infliger ce qui est, à terme, mauvais pour lui : sucreries, apéritifs à rallonge, mais aussi parfois tabac, manque de sommeil… La reprise en main se fait à ce moment. Par le respect et l'amour de l'autre, on acquiert le respect et l'amour de soi et cela passe d'abord par le corps.

Si vous n'en avez pas l'habitude, tentez le coup, vous serez surpris de l'effet produit : une séance en institut de beauté vous fera le plus grand bien, y compris au moral. Et vous verrez qu'il est bien plus facile, presque naturel de mincir lorsque l'on commence par aimer un tant soit peu son corps et que l'on pense que le jeu en vaut la chandelle.

Faire l'amour, un euphorisant qui coupe la faim

Lâcher prise ne signifie pas laisser-aller. Il y a un phénomène auquel il faut veiller : on note une prise de poids générale des personnes qui sont en couple depuis longtemps. Si cette prise de poids n'est pas forcément due au fait d'être en couple, mais simplement au fait de prendre de l'âge et à l'évolution hormonale de chacun, la vie à deux, voire en famille, peut malgré tout favoriser l'embonpoint : on devient plus casanier, on préfère les bons petits plats et les longs repas aux sandwiches avalés avant de ressortir voir du monde.

Il est possible de lutter contre ce problème, d'une manière détournée et plus agréable que de se mettre au régime à deux !

En effet, faire l'amour provoque, par des réactions chimiques, une sensation de plaisir qui est équivalente à celle provoquée par la consommation de drogues ou d'aliments sucrés en grande quantité. Les personnes qui font l'amour fréquemment (mais il ne suffit pas de faire l'amour, il faut en retirer un certain plaisir !) ont donc un besoin moindre de chercher le plaisir par ailleurs, notamment avec la nourriture. Si l'on est épanoui sexuellement, les compensations ne se font plus nécessaires.

C'est aussi une activité, sur le plan purement physique, dont les dépenses caloriques ne sont pas négligeables ! En effet, faire l'amour intensément pendant une demi-heure fait en moyenne brûler 300 calories. N'en faites pas trop malgré tout, faire l'amour doit rester un plaisir et non une séance d'entraînement au marathon de New York.

À RETENIR

L'amour remplit d'émotions positives

Les émotions occupent une place importante dans notre vie et interfèrent grandement dans notre manière de nous alimenter. Lorsque l'on est amoureux, on est pleinement à ses émotions et comme celles-ci sont positives, on n'a pas besoin de les oublier par des plaisirs alimentaires. L'alimentation refuge, celle qui fait prendre du poids, est mise de côté.

Respecter son corps et vouloir s'alléger

La vie de couple est la meilleure occasion de vouloir dévoiler son corps.
C'est le moment où l'amour de l'autre se transforme en amour de soi, en respect de soi et en désir de faire du bien à son corps. N'hésitez pas à prendre soin de vous, à remercier votre corps par une alimentation dont vous ressentez qu'elle est saine, votre corps vous en remerciera !

Faites l'amour !

Non seulement vous dépenserez des calories par le simple effort physique fourni, mais le plaisir que vous en retirerez vous détournera (normalement) de vos raids nocturnes sur le réfrigérateur. Les sensations éprouvées lorsque vous faites l'amour sont censées procurer le même bien-être que la consommation d'une barre de très bon chocolat… ou inversement.

Petits exercices de méditation culinaire

« Cueillons les douceurs, nous n'avons à nous que le temps de notre vie. »

Proverbe perse

Témoignage

« Mon talon d'Achille a longtemps été ma digestion et, du même coup, mon malaise par rapport à la nourriture, qui devenait un problème. Après m'avoir fait faire de multiples examens qui ne donnaient rien, mon généraliste a fini par me conseiller des choses très simples qui ont fonctionné. Il m'a demandé de bannir la télévision de ma cuisine, où je prends la plupart de mes repas. Évidemment, l'effet fut immédiat. Comme je vis seul, au début, ce n'était pas très amusant de me retrouver seul face à ma pitance, mais vite, cela a amélioré ma digestion. Je mâchais davantage puisque j'étais concentré sur ce que je voyais : mon assiette ! De plus, comme ma nourriture était devenue ma seule distraction pendant les repas, je me suis mis à agrémenter mes assiettes de jolies couleurs, à faire des efforts sur la présentation. Alors que je mettais, avant cela, le couvert à la va-vite, j'ai commencé à décorer ma table, parfois d'un soliflore, parfois d'une jolie vaisselle, qui sinon ne sortirait jamais de la commode ! Et puis, j'avais ainsi le temps, pendant mes repas, de me retrouver seul avec moi-même, avec mon plaisir de manger, avec les goûts et la texture des bons petits plats que je finissais par me préparer. Ainsi, j'ai été assez vite beaucoup moins ballonné et manger est redevenu un plaisir. En prime, croyez-le ou non, alors que mes repas étaient plus élaborés, plus longs et peut-être même plus caloriques, j'ai quand même perdu quelques kilos sans m'en apercevoir ! Incroyable, non ? »

Patrick, 51 ans

Un peu de théorie

Manger, un acte si naturel que parfois, on l'oublie

Par « méditation culinaire », on entend prise de conscience de ce que l'on mange, indispensable au lâcher-prise sur les obligations multiples que l'on se crée en la matière.

Nous n'avons pas à commander le travail de nos organes durant la digestion. De même, la sensation de faim n'est pas quelque chose de réfléchi, il est difficile, au bout d'un moment, de lutter contre celle-ci. En réalité, manger peut devenir quelque chose de tout à fait machinal, sans plaisir, un simple acte biologique. C'est pourquoi, si l'on souhaite lâcher prise pour maigrir, il est nécessaire de réintroduire une vraie conscience de l'alimentation, afin de profiter de chaque bouchée comme il se doit et d'atteindre la juste satisfaction, la vraie satiété au moment opportun.

De même, il est important d'apprendre à se consacrer à cette activité pleinement, sans laisser les émotions extérieures nous envahir au moment où nous mangeons. Cela risquerait de nous faire oublier que nous mangeons et retarderait le moment de la satisfaction et de la satiété, ce qui mène en général à trop manger. Les aliments ingérés dans la contrariété seraient, semble-t-il, moins bien digérés, donc assimilés différemment de ceux consommés dans le calme. C'est pour cela également que les nutritionnistes interdisent, par exemple, aux personnes qui souhaitent perdre du poids de regarder la télévision en même temps. Celle-ci nous met face à un trop grand nombre d'émotions, pour pouvoir nous consacrer correctement à notre repas.

Pratiquez la visualisation pour mieux vous rassasier

Pour lâcher prise avec les problèmes de poids et les questions d'alimentation, il est fondamental d'accepter l'acte de manger tel qu'il est, d'en prendre pleinement conscience.

Le premier exercice de méditation consiste à travailler sur sa sensation de faim, sa gourmandise. Choisissez un moment où vous avez faim. Comment avez-vous faim ? Quel type d'aliment vous fait le plus saliver ? Imaginez la texture et le goût de cet aliment, son apparence, ainsi que sa quantité. Visualisez-le longuement. Vous pouvez également évaluer la place que cet aliment prendra dans votre estomac, imaginer le passage dans votre système digestif. Et lorsque enfin, après l'avoir préparé, vous mangez cet aliment auquel vous avez tant pensé, n'hésitez pas à décomposer toutes les étapes de la digestion : mastication, déglutition, passage dans l'œsophage, l'estomac, le duodénum, l'intestin, mais aussi l'activation des glandes salivaires, du foie, du pancréas, de la vésicule biliaire… Toutes ces étapes sont souvent passées sous silence ou même tues volontairement, les bruits d'estomac ne sont pas toujours très bien tolérés en société. Pourtant, ils sont si naturels…
Manger, c'est un acte qui a une signification pour moitié physiologique et pour moitié psychologique. Si vous faites quelquefois l'exercice de la digestion psychologique, que vous visualisez de l'envie de manger jusqu'au passage des aliments dans votre organisme, vous verrez que vous tirerez une satisfaction supérieure du repas.

Concentrez-vous sur le moment présent, celui du repas

Nous sommes ce que nous mangeons. C'est donc très important de respecter la nourriture que nous préparons ou que nous nous faisons servir, de la considérer avant de l'ingérer, avant que l'aliment fasse partie de notre organisme.
Pour cela, il faut ralentir le rythme des repas. En général, pressés par des obligations sociales ou professionnelles, nous mangeons tous bien trop vite pour en avoir réellement conscience.
Petit truc pour donner le tempo : mangez les aliments un par un. Si vous mangez un plat de pennes à la sauce tomate, portez à votre bouche

les pâtes une à une. Non seulement cela facilitera votre digestion, car vous mâcherez naturellement davantage, mais cela vous aidera aussi à ressentir la satiété plus rapidement, donc à manger selon votre strict besoin, car vous profiterez mieux de chaque bouchée et votre cerveau l'enregistrera.

Enfin, et c'est important, manger les aliments un par un vous permettra, dans de nombreux plats, de ressentir les goûts isolément, donc plus intensément. Vous pourrez discerner plusieurs goûts, plusieurs textures par plat et cela jouera aussi sur votre satiété.

Autre astuce, vous pouvez travailler sur la situation dans laquelle vous prenez vos repas : où êtes-vous installé ? Quelle est votre posture, quels sont vos appuis physiques pendant ce repas ? Prenez conscience de votre place dans le monde qui vous entoure. C'est nécessaire, puisque au cours du repas, une partie de ce monde extérieur, sous forme d'aliments, va devenir une partie de vous.

À RETENIR

La nourriture mérite d'être considérée

En effet, il est important de prendre conscience de chaque bouchée. La nourriture mérite notre considération. C'est la source de notre énergie, c'est ce qui fait battre notre cœur, nous fait respirer, mais c'est aussi la manière qui régénère notre corps et qui alimente notre cerveau. La nourriture, c'est nous, il faut vivre en harmonie avec elle.

Il faut avoir conscience de ce que nous mangeons

... et de la manière dont nous le mangeons. Pour pouvoir atteindre la juste satiété, au bon moment, sans trop manger, il est très important d'avoir pleinement conscience de notre faim, de nos envies et surtout de la manière dont nous nous alimentons. Textures, odeurs, goûts mais aussi formes et couleurs de la nourriture, tout est important pour atteindre la satiété.

La mise en scène a son importance

Le plaisir de manger ne passe pas seulement par l'ingestion des aliments, mais également par la mise en scène du repas : pas de télévision pour ne pas perturber nos émotions ni notre attention, une jolie table, une présentation soignée... Tout est bon pour favoriser la satisfaction et la satiété, et ne pas manger plus que ce dont nous avons besoin.

Combattez l'ennui plutôt que les kilos

« Manger permet de ne pas penser et lutter contre l'envie de manger permet aussi de ne pas penser. Merveilleux système que voilà : on mange ou on ne mange pas, dans les deux cas, on ne pense qu'à ça et donc pas à… Pas à quoi ? Ah, mais, je n'en sais rien, je donne ma langue au chat. »

Gérard Apfeldorfer, Psychologies.com

Témoignage

« Mon départ à la retraite a marqué un changement dans ma vie, comme pour beaucoup de mes amis. D'un coup, je me suis retrouvé à errer sans but, à ne pas savoir pourquoi me lever le matin. C'est vrai que ma vie professionnelle avait beaucoup compté dans mon existence ! Et que je n'avais pas vraiment pensé à préparer cette retraite. C'était une vraie période de flottement pour moi, d'autant que Christiane, ma femme, exerçait encore une activité professionnelle. Mes journées, donc, étaient bien vides et je restais assis dans le canapé à regarder les programmes télé de la journée défiler devant mes yeux, sans même me concentrer dessus. Je me levais de temps en temps du canapé, toutes les vingt minutes environ, pour aller grignoter quelque chose à la cuisine, sans réelle gourmandise, ni vraiment avoir faim, à force !

En six mois, j'ai dû prendre 6 kg, à force d'allers-retours canapé-cuisine, mais aussi parce que je manquais cruellement d'activité physique : la grande sortie de la journée était tout de même d'aller acheter une baguette de pain pour le déjeuner… C'est quand j'ai enfin repris le dessus, en m'inscrivant à plusieurs associations et en recommençant à sortir voir du monde, que tout est rentré dans l'ordre. De fait, j'avais du jour au lendemain cessé de grignoter, puisque j'avais chassé l'ennui de ma vie. Au bout d'un certain temps, je n'ai même plus eu une seule minute à moi pour souffler ! Alors, plonger dans les réserves d'épicerie, très peu pour moi. »

Jean-Louis, 67 ans

Un peu de théorie

Éteignez la télévision

Beaucoup regarder la télévision et être en surpoids semblent être en étroite relation. Selon une étude de 2009 menée par l'université de Birmingham, la télévision est mise en cause, car elle colonise l'esprit de celui qui la regarde, dont la perception est altérée. Il en vient à oublier ce qu'il a mangé, son évaluation de la prise alimentaire est minimisée. Le téléspectateur a tendance à trop manger, car il ne réfléchit pas à ce qu'il mange en fonction de ce qu'il a déjà mangé durant la même séance. Ensuite, plus précisément que la télévision, la publicité, qui est très présente à la télévision, incite à manger et déconnecte l'envie de manger de la faim. En effet, la publicité présente l'aliment sous son jour le plus appétissant, souvent, d'ailleurs, de manière très artificielle et irréaliste. De plus, la publicité attache une importance essentielle au temps de présentation du produit. Il est sous nos yeux le plus longtemps possible. Et, autant que possible pour l'annonceur, la publicité pour un aliment passe aux heures où soit nous avons faim naturellement, soit nous ne sommes pas rassasiés, c'est-à-dire juste un peu avant l'heure des repas, ou précisément à l'heure des repas. Bizarrement, beaucoup moins juste après…

Enfin, la télévision incite à la sédentarité. Quand on a un moment de libre et que l'on choisit de regarder la télévision, on brûle autant de calories que pendant notre sommeil. De ce point de vue, il est plus intéressant d'aller faire les boutiques !

Remplissez votre emploi du temps

Comme le dit le proverbe : « *L'oisiveté est la mère de tous les vices.* » Quand on ne fait rien, que l'on s'ennuie, les angoisses les plus profondes ont tendance à remonter à la surface. Il est alors facile de ruminer son malheur (au sens propre comme au figuré), même s'il est tout relatif. Or manger semble être pour nombre d'entre nous le dérivatif le plus accessible aux pensées noires. On occupe d'ailleurs aussi bien ses pensées à lutter contre l'envie de manger, qu'à se lever de son siège pour aller grignoter sans réelle envie. C'est pourquoi il faut donner la place vacante dans votre esprit à d'autres choses qu'aux angoisses, donc qu'à l'envie de vous nourrir pour rien. Et si vous vous remettiez à la guitare ? Non seulement les cours prennent du temps, mais la préparation de ceux-ci peut mobiliser un nombre d'heures extensible dans la semaine. De même, si vous bannissez l'hyperactivité de votre vie, ou que vous êtes casanier, surfer sur Internet est bien préférable à une séance de télévision : lorsque l'on est devant l'ordinateur, notre attitude est moins passive que devant une série américaine ou un jeu télévisé. L'esprit est davantage mobilisé et ne se laisse pas entraîner vers ses tourments. Et puis, l'ordinateur, tout comme un instrument de musique ou un jeu de patience, mobilise les mains et c'est très important. En effet, cela permet une double occupation, physique et mentale, qui laisse moins de place au grignotage.

Travaillez vos relations aux autres

Manger peut être le moyen de remplir un vide affectif, intellectuel, spirituel. En cultivant vos relations humaines, vous sortirez de vous-même, vous aurez d'autres préoccupations que votre personne, votre bien-être et vous enrayerez vos angoisses par le souci d'autrui, par le désir de vous occuper de votre entourage. Si vous avez besoin de méthode, tenez votre agenda en vous fixant des rendez-vous récurrents avec vos relations. Vous essaierez de dîner avec telle amie tous les trois mois, vous ferez une partie de bridge avec ce groupe deux fois par mois et pourquoi pas réunir toute votre famille chez vous toutes les cinq semaines ? Si cela peut passer pour stakhanoviste les premiers temps, les relations se nourriront et s'enrichiront d'elles-mêmes assez rapidement. Vous aurez ainsi de nombreux événements à anticiper, à préparer, et ceux-ci, ainsi que les personnes que vous aurez à voir, occuperont davantage vos pensées. Plus disponible pour les autres, vous verrez que l'envie de tourner en rond chez vous, en grignotant sans faim et par pur ennui, ne sera bien vite plus qu'un mauvais souvenir. Lâcher prise pour maigrir, c'est cela aussi : lâcher prise avec ses propres soucis, ses angoisses latentes. C'est décider de les laisser nous traverser pour préférer aller vers les autres. En résumé, c'est apprécier le temps qui passe et le monde qui nous entoure, plutôt que de se complaire dans un vide qui nous angoisse.

À RETENIR

La télévision est la première coupable

Lorsqu'elle est trop souvent allumée, c'est une responsable de la prise de poids. D'abord parce qu'elle fait perdre conscience de ce que l'on mange et entraîne ainsi une alimentation excessive. Ensuite, la publicité est là pour créer le désir, sans rapport avec la faim. Enfin, la télévision fait souvent préférer la sédentarité à l'activité physique.

Trouvez-vous des occupations

Pour enrayer cette spirale du vide, il est nécessaire de s'organiser un emploi du temps rempli. S'adonner à des activités, notamment à l'apprentissage, est un excellent remède contre l'ennui. Cela monopolise l'esprit mais peut aussi, selon le type de l'activité que l'on choisit, occuper les mains et cela multiplie ainsi les chances d'oublier ses angoisses.

Ouvrez-vous aux autres

En vous tournant vers votre entourage, vous chasserez vos angoisses : vous vous occuperez à sortir leur rendre visite ou à les recevoir et vous occuperez votre esprit à échanger avec eux. Si manger comble chez vous un vide affectif ou intellectuel, vous trouverez certainement auprès d'autrui ce qui vous manque et que vous cherchiez auprès de la nourriture.

Apprenez les goûts, les textures et les odeurs

« Les connaissances gastronomiques sont nécessaires à tous les hommes puisqu'elles tendent à augmenter la somme des plaisirs qui leur est destinée. »

Jean Anthelme Brillat-Savarin

Témoignage

« Le problème que j'avais avec la nourriture, c'est que je la traitais comme un simple carburant. Dans mon enfance, on n'y attachait pas plus d'importance que ça. Les week-ends se finissaient souvent par des tartines de beurre devant la télévision et nous ne retirions pas forcément un grand plaisir à cuisiner ensemble. De fait, la plupart des membres de ma famille souffraient d'un léger embonpoint, à mon avis rétrospectif dû au peu de conscience de leur alimentation. J'aurais pu, à mon adolescence, me nourrir exclusivement de yaourts nature, si cela avait suffi à me fournir de l'énergie. Mes intérêts étaient ailleurs. Et un jour, j'ai découvert, complètement par hasard, un glossaire culinaire dans la bibliothèque de mes grands-parents. Étant, par ailleurs, un amoureux de la lecture et des mots, c'est par cette porte que je suis entré dans le vaste monde de la cuisine. C'est en lisant ces listes de goûts, de textures, ces mises en relation d'aliments n'ayant a priori rien à voir entre eux, que la curiosité m'a piqué et que j'ai eu envie d'en savoir plus. Petit à petit, j'ai entraîné quelques amis dans ma passion et nous avons commencé à écumer les restaurants gastronomiques, mais aussi les simples producteurs, experts en leur domaine, qui nous ont transmis avec un grand plaisir l'amour de leurs produits respectifs. Fromagers, charcutiers, mais aussi maraîchers m'ont appris à classifier,

décortiquer, évaluer, raconter chaque produit, son histoire, sa composition. Un vrai plaisir ! »

Jean-Luc, 42 ans

Un peu de théorie

Développez votre vocabulaire gustatif

Il est très important de savoir décrire ce que l'on mange, pour pouvoir le percevoir clairement et ainsi, ne pas différer la satiété. Se nourrir en ayant conscience de ses sensations permet de maîtriser la quantité, qui est une des clés de l'équilibre alimentaire.

Si nous oublions parfois de prêter attention à chaque impression provoquée par le fait de manger, c'est pour une bonne raison : la langue française fait défaut. En effet, le vocabulaire se rapportant aux sensations gustatives est très limité, alors que la palette des saveurs est infinie. Il est extrêmement difficile de décrire exactement chaque saveur et c'est une approche subjective la plupart du temps, qui se limite à la perception de chacun. Pourtant, il est possible de décortiquer vos impressions, en mettant en relation des aliments entre eux. Cela ouvre tout un champ de descriptions possibles. Par exemple, un champignon aura goût de terre humide, de sous-bois, de foin coupé. Une viande rouge aura des saveurs caramélisées, des accents chocolatés. Vous risquez de vous surprendre vous-même dans vos comparaisons, en interrogeant votre mémoire gustative ! Et de donner assez vite l'impression d'être un fin gourmet…

Prêtez également attention aux odeurs, aux textures, en interrogeant méthodiquement vos sens tour à tour. Quelle impression tactile cet abricot vous donne-t-il ? Que vous dit sa couleur sur sa maturité ? Si vous identifiez cela, vous maîtriserez mieux votre plaisir de manger.

Questionnez votre assiette

Le bénédicité, qui ne se pratique plus aujourd'hui que dans les milieux très religieux, est une bonne habitude. Revenez-y ! Plus sérieusement, il ne s'agit pas ici de remercier qui que ce soit pour ce repas que vous avez préparé, mais de s'arrêter un instant devant le plat que l'on s'apprête à déguster et de l'observer, de le questionner, seulement pour le déguster en pleine conscience. Afin de s'habituer à ressentir pleinement la nourriture que l'on consomme, commencez par appliquer une méthode, par questionner votre assiette en faisant appel à chaque sens. Peu à peu, vous vous habituerez à aborder chaque plat ainsi et n'aurez plus besoin de grille d'évaluation. Commencez par considérer l'aspect du plat, sa forme, la quantité de nourriture proposée. Non seulement cette première approche vous permettra de prendre conscience du plaisir à venir, mais aussi, cela vous obligera à patienter un peu, à ne pas vous jeter sur votre assiette sans rien savourer. Les odeurs dégagées par le plat parleront directement à votre cœur, avec leurs ressorts affectifs et les souvenirs qui vont avec. La texture est importante également : est-elle satisfaisante pour vous ? Le goût, évidemment, a une importance capitale sur laquelle nous ne reviendrons pas. Enfin, l'ouïe est le sens qui est considéré comme le parent pauvre de l'alimentation, mais il est pourtant bel et bien sollicité : écoutez craquer la croûte du pain, pétiller l'huile d'olive dans la poêle, vous saliverez à coup sûr…

Pourquoi est-ce important d'identifier ce que l'on mange ?

Avoir conscience des caractéristiques de ce que l'on mange est très important pour entretenir un lien apaisé avec la nourriture, la consommer en juste quantité et de manière équilibrée. D'abord, stimuler son cerveau par différents goûts, différentes textures, de manière consciente, permet d'activer la sensation de satiété. Inversement, lorsque l'on mange sans avoir faim, l'intensité de notre perception gustative des aliments diminue.

Ainsi, l'éducation au goût des enfants, par exemple dans les cantines scolaires lors de la semaine du goût, n'est pas faite pour le seul plaisir de transmettre une culture bien présente en France. C'est aussi un vrai moyen de prévention de la malnutrition et de l'obésité. La perception des saveurs est, en réalité, un remède d'utilité publique ! On y apprend la diversité des aliments, non seulement en les goûtant, mais aussi en les observant.
C'est d'autant plus difficile de militer pour le goût qu'il existe une sorte de loi de fait, qui veut que les aliments ayant le plus de goût soient les plus riches en calories. Le gras est le meilleur exhausteur de goût qui soit, talonné par le sel et le sucre. C'est pourquoi ils sont présents en excès dans les plats préparés. Cela constitue donc un vrai challenge de créer du goût en cuisinant des produits les plus sains possibles. Pour cela, il faut évidemment préférer la qualité et être vigilant quant au choix des produits, prendre le temps de s'y intéresser et apprendre à faire soi-même.

À RETENIR

Tous les goûts sont dans la nature, heureusement

En cuisine, il existe une variété immense, quasi infinie, de combinaisons de saveurs, de textures et d'odeurs. Malheureusement, la langue française ne suffit pas à les décrire et à les identifier précisément. Pour cela, ayez recours à la comparaison. Vous verrez qu'en y réfléchissant un peu, vous vous surprendrez vous-même par certaines associations.

Utilisez la grille des cinq sens pour manger

Ne négligez aucun des cinq sens ; tous sont mobilisés pendant le repas. Ils vous permettront d'aborder la nourriture sous des angles peu habituels, de l'appréhender pleinement. Cela contribuera à vous donner un sentiment de satiété, puisque tous les sens seront comblés simultanément. Vous aurez peut-être l'impression d'avoir été cinq fois plus gourmand !

De l'importance du goût et de sa difficulté

L'obésité est souvent traitée avec le réapprentissage du goût. C'est dire si cela constitue la base du rapport avec la nourriture : c'est le contenu du message que celle-ci nous envoie lorsque nous la consommons. C'est un exercice difficile que de créer du goût, car son vecteur principal est le gras. Il faut relever le défi du goût et privilégier la qualité.

CONCLUSION

Le lâcher-prise s'effectue étape par étape, c'est pourquoi vous pouvez reprendre à tout moment la lecture de ce guide lorsque vous devez franchir un nouveau stade.

Vous pouvez laisser de côté, momentanément, toutes les notions décrites ici. Il faut parfois un temps pour digérer l'information. Puis, le moment arrive où vous le reprenez, parce que vous ressentez le besoin de vous perfectionner. Vous pouvez alors approfondir les aspects que vous avez survolés lors de votre première lecture. Vous pouvez relire ce guide plusieurs fois. Il est destiné à vous accompagner.

Vous pouvez dès à présent mettre en pratique les principes du lâcher-prise. Si vous ne savez pas où commencer, cela n'a pas d'importance : commencez là où vous êtes et essayez d'appliquer les techniques au quotidien. Cultivez l'instant présent. C'est un peu ardu au début, mais c'est la voie qui mène au lâcher-prise. Prenez le temps d'être avec vous-mêmes, pour vous connaître, vous aimer et trouver la tranquillité. Sachez apprécier la vie pour qu'elle vous rende la pareille. Le bonheur se déclenche et s'entretient. Soyez confiant et efforcez-vous de rester positif. Cultivez votre bonne humeur et soyez bienveillant. N'oubliez pas de vous féliciter lorsque vous parvenez à franchir une étape. C'est très revigorant.

Le lâcher-prise est aussi la meilleure manière de perdre du poids à long terme. D'abord, parce que vous mincirez sans nuire à votre santé et en équilibrant votre manière de manger. Ensuite, parce que cela passera par le plaisir. Enfin, parce que vous ne reprendrez pas les kilos perdus. Voici quelques conseils afin de poursuivre dans cette voie. Faites des dînettes plutôt que des bacchanales : servez-vous dans une assiette de petite taille, vous habituerez ainsi votre cerveau à des quantités raisonnables. Privilégiez la qualité plutôt que la quantité : vous apprendrez en appréciant les saveurs à être plus vite rassasié et vous aurez au bout d'un certain temps naturellement tendance à moins manger. Préférez les dîners à la maison aux sorties au restaurant. Vous ferez ainsi des économies et vous maîtriserez aussi la préparation des produits, leur assaisonnement. Et vous irez forcément vers plus de simplicité, ce qui est une clé du lâcher-prise. Ne vous laissez pas influencer par les conseils de votre entourage, mincissez pour vous seul. Sachez apprécier ce que vous mangez et autorisez-vous à craquer de temps en temps. Une pâtisserie dégustée avec plaisir est bien meilleure que celle dévorée dans la culpabilité.

Bonne route sur le chemin du lâcher-prise !

Des astuces pour lâcher prise

Voici quelques exemples de situations concrètes et d'obstacles que vous pouvez rencontrer au quotidien. Pour mieux les vivre, il suffit de changer vos mécanismes habituels, de respirer profondément et de prendre du recul face aux événements.

C'était mieux avant…

Regretter le passé ne mène à rien. Le temps passe, les gens et les situations évoluent, vous n'avez pas de prise là-dessus. Les regrets empêchent de vivre pleinement le présent. Considérez le passé pour ce qu'il est et focalisez-vous sur le présent : soyez ici et maintenant, ne laissez pas le passé vous gâcher l'existence.

Le stress de l'avenir

Un examen, un entretien d'embauche, un rendez-vous galant… les raisons de stresser sont nombreuses. Il est tout à fait naturel de s'en faire pour l'avenir, mais attention à ce que cela ne vous gâche pas le présent. Quand vous sentez l'appréhension vous saisir, respirez profondément et concentrez-vous sur l'instant présent : observez ce qui vous entoure, écoutez, sentez et recentrez-vous.

Maudite routine

Tous les matins, c'est le même enfer. Le métro ou le bus bondé, la chaleur, la tension… Vous arrivez systématiquement sur les nerfs au travail. Ne subissez plus, agissez ! Il n'est pas en votre pouvoir de vider le bus, mais rien de vous empêche de changer de chemin, de partir plus tôt ou plus tard… Dites-vous bien que si vous ne faites rien, la situation n'évoluera jamais d'elle-même.

Lorsque l'enfant paraît

L'arrivée d'un premier enfant est un bouleversement pour tous les couples. Mener la même existence qu'avant est impossible. Prenez-en conscience, n'essayez pas à tout prix de faire « comme avant » : vous n'êtes plus la même personne. Mais rien ne vous oblige à faire le deuil de ce que vous aimiez, tout n'est qu'une question d'adaptation et d'organisation.

Gérer l'imprévu

Cette journée devait être parfaite, vous aviez tout prévu… sauf l'imprévisible. Quand ce genre de désagréments survient, on est désarmé : tant parce qu'on est déçu, que parce qu'on navigue à vue. Ne vous gâchez pas la vue parce qu'un grain de sable est venu se coincer dans l'engrenage. Adaptez-vous, changez de plan, il n'y a pas qu'une seule façon de profiter d'une journée.

C'est ça ou rien

Vouloir le meilleur pousse à se dépasser, à surmonter ses peurs. Mais il faut savoir rester indulgent avec soi-même. Il faut savoir admettre que tout ne dépend pas de nous et que nous ne pouvons pas toujours être au top. Dans toute entreprise, envisagez la réussite mais aussi l'échec et ses conséquences. Cela vous aidera à garder les pieds sur terre et à ne pas sombrer devant les difficultés.

Des enfants épuisants

Il faut tout le temps être derrière eux ! Entre le petit qui explore la maison, le moyen qui laisse traîner ses affaires et la grande qui oublie de faire ses devoirs, vous ne savez plus où donner de la tête. Et surtout, vous avez oublié ce qu'était un bon moment en famille. Vous n'en feriez pas un peu trop ? Essayez de relâcher votre vigilance durant une journée et accordez-leur votre confiance, vous serez sans doute surpris du résultat.

La poisse

Le mauvais sort n'existe pas. Ce qui est certain, en revanche, c'est que le fait d'y croire peut avoir des conséquences. Toutes les croyances personnelles n'ont de valeur que parce que nous leur en donnons, il convient donc de bien les identifier pour s'en affranchir. En prendre conscience, c'est se donner les moyens de changer pour aller de l'avant.

C'est typique des Balance, ça !

Pour celui qui y croit, l'astrologie peut avoir des côtés positifs. Elle peut donner courage et espoir à celui qui broie du noir. Mais elle peut aussi figer des croyances fausses (« je suis colérique, il n'y a rien à faire », « deux Scorpion ensemble, c'est la guerre assurée »). Ne vous laissez pas dicter votre conduite par des diseurs de bonne aventure. Votre comportement et vos actes ne tiennent qu'à votre volonté.

Le syndrome de la page blanche

Un rapport pour demain et une page désespérément blanche… Parfois s'acharner ne mène à rien. Acceptez d'être en panne et faites une pause, changez-vous les idées, vous serez plus productif après. N'oubliez pas que votre cerveau fonctionne tout le temps, soufflez. N'avez-vous jamais remarqué que c'est sous la douche que viennent les meilleures idées ?

Tabac : gérer la rechute

Se défaire d'une addiction, par définition, c'est difficile. Cela demande de la volonté, certes, mais aussi beaucoup d'indulgence. Vous avez le droit de ne pas réussir du premier coup. Souvenez-vous qu'aucun de vos efforts n'est fait en vain : fumer une fois, à une soirée, ne réduit pas à néant 15 jours d'efforts. Ne considérez pas vos rechutes comme des échecs, mais comme des accidents de parcours, signes de la difficulté de la démarche.

Ça va encore mal se passer !

Un dîner de famille, une réunion importante et voilà le stress et l'appréhension qui envahissent nos pensées. Stop ! Rien n'est écrit. Il ne tient qu'à vous de changer la donne. Identifiez les raisons profondes qui vous inquiètent et décidez d'une conduite à tenir pour éviter ce que vous redoutez. Essayez d'imaginer le pire et ses solutions d'urgence. Et recentrez-vous sur le présent.

Comment tenir un régime ?

Oubliez les régimes ! Vous souhaitez perdre du poids ? C'est possible en mangeant plus équilibré et en faisant un peu d'exercice… et surtout en relâchant la pression. Faites la paix avec votre corps et, au lieu de vous imposer restrictions et frustrations, misez sur la qualité. Fixez-vous des objectifs à long terme et ne cessez pas de vivre pendant ce temps : achetez-vous des vêtements à votre taille et prenez soin de vous.

L'angoisse de la retraite

Le jour où l'on ne travaille plus, la vie semble soudainement vide. C'est souvent parce qu'on a organisé sa vie autour du travail et que la retraite venue, on a gardé les mêmes habitudes, le travail en moins. Remettez tout à plat et organisez votre nouvelle vie : des choses les plus anodines comme l'heure du lever ou les courses, aux loisirs. Retrouvez le goût d'improviser et de découvrir.

Toujours célibataire ?

Vous n'avez pas envie d'être en couple ? C'est tout à fait votre droit. Ne vous laissez pas miner par ceux qui cherchent à tout prix à vous caser. Vous n'avez ni à vous sentir coupable ni à supporter les jugements d'autrui. C'est à votre entourage de lâcher prise : pour cela, une petite mise au point peut être salutaire. N'ayez pas honte d'être heureux.

Se remettre d'une rupture difficile

Guérir ses blessures ne va pas de soi. Il faut bien sûr du temps, mais il faut aussi avoir la volonté d'aller de l'avant, d'accepter de faire la paix avec son passé. Cessez de ressasser : faites un bilan honnête de votre relation, ses ratés, ses succès… et fermez le dossier. Bien sûr, il ne s'agit pas d'oublier, mais de se libérer d'un frein.

Ça ne se fait pas

Nous sommes souvent stoppés dans nos envies par l'idée que cela « ne se fait pas ». Pourtant, si l'on prend la peine d'y réfléchir quelques instants, on constate que rien d'objectif ne nous empêche de les réaliser. Avant de vous freiner, demandez-vous toujours si les raisons qui vous retiennent sont recevables ou s'il ne s'agit que d'une idée automatique… et lancez-vous !

Mal partout ?

Lâcher prise n'est pas qu'une question d'état d'esprit, cela passe aussi par le corps qui accumule toutes les tensions. Apprenez à recentrer votre corps. Consacrez quinze minutes par jour à la relaxation : isolez-vous, concentrez votre esprit sur votre respiration et détendez-vous, faites le vide. Cet exercice pratiqué quotidiennement vous aidera à oublier vos tensions.

L'éducation des petits-enfants

Les jeunes générations ne sont jamais éduquées comme on le souhaite, c'est vrai pour vous comme ça l'était déjà pour vos grands-parents. N'essayez pas d'intervenir : vos enfants seraient vexés et vos petits-enfants perdus sinon fâchés. Acceptez que leur éducation ne vous concerne pas (et sachez en apprécier les avantages), cherchez plutôt à profiter des moments que vous pouvez partager.

De vieux amis

Il y a des amitiés qui durent toute la vie. Et puis il y a des « amis » qui n'en ont plus que le nom, qu'on s'oblige à fréquenter de temps à autre mais à qui finalement tout nous oppose. Tout change, tout évolue, les sentiments, les goûts, les aspirations. S'obliger à entretenir de telles relations, c'est maintenir un lien qui n'a plus lieu d'être et s'exposer inévitablement à l'amertume.

Surmonter ses désaccords

Les couples qui durent ne sont pas d'accord sur tout mais ils savent surmonter leurs désaccords par le compromis. Il ne s'agit pas de céder ou de gagner mais bien de trouver un terrain d'entente où personne ne se sentira lésé. Remise en question et empathie sont les maîtres mots dans cette entreprise.

La culpabilité de la rupture

Se remettre d'une rupture, c'est difficile pour la personne quittée mais c'est aussi une épreuve pour celle qui a pris la décision. À tel point qu'elles s'interdisent toute relation ultérieure. Débarrassez-vous de cette culpabilité, si vous avez mis un terme à une relation, c'est qu'elle ne fonctionnait pas. Cet effort vous a donné l'opportunité d'aller de l'avant, il est vain si vous restez accroché au passé.

Le modèle du couple

Chaque couple est constitué de personnalités différentes et a donc un fonctionnement propre. Il est donc vain et toxique de chercher à ressembler à un modèle de couple. Ne cherchez pas à vous comparer aux autres, trouvez votre propre façon d'aimer et de vivre, c'est comme cela que vous vous épanouirez.

Harcelé ?

Le harcèlement professionnel n'est pas à prendre à la légère. Si vous vous sentez mal à l'aise au travail, constamment dévalorisé, ne gardez pas vos sentiments pour vous. Parlez-en, il s'agit peut-être d'un problème de communication : exposez clairement vos sentiments et vos attentes. Si la situation ne s'améliore pas, ne vous renfermez pas, prenez rendez-vous avec les ressources humaines pour exposer votre problème.

Les résultats scolaires

On voudrait tous que nos enfants réussissent à l'école. Mais parfois, les notes ne sont pas au diapason et les tensions autour des résultats scolaires viennent intoxiquer la vie de famille. Ne vous laissez pas empoisonner la vie, prenez les notes pour ce qu'elles sont : un instantané des connaissances scolaires de votre enfant à un instant T, pas une condamnation à l'échec perpétuel.

Le péché originel

« Si je n'avais pas fait ça, on n'en serait pas là aujourd'hui. » Avec des « si », on peut faire beaucoup de choses, mais pas dans la réalité. Cessez de vous morfondre sur vos erreurs passées, vous ne pourrez pas les effacer. Reconnaître ses erreurs est constructif si vous en tirez les leçons pour l'avenir.

Certains ont tout pour eux…

L'envie, la jalousie peuvent nous détruire à petit feu si nous n'y prenons pas garde. C'est sûr, certaines personnes donnent l'impression que tout est plus facile pour elles, elles ont un job passionnant, une belle maison, une famille et des amis aimants… Mais se focaliser sur leur bonheur ne vous aidera en rien à construire le vôtre… ou à en prendre conscience.

Une humilité handicapante

Demander une augmentation, une promotion, changer de travail… autant de démarches qui ne vont pas de soi pour tout le monde. La faute à des pensées et des croyances invalidantes que nous entretenons malgré nous : « je ne mérite pas plus », « je n'y arriverai pas ». Identifier ces pensées et les examiner de manière objective (avec un tiers, par exemple) permet de s'en affranchir pour aller de l'avant.

Paraître plus jeune ?

Lutter contre le temps qui passe est un combat perdu d'avance. Bien sûr, il y a les cosmétiques, le sport, la chirurgie même mais mieux vaut les envisager comme des moyens de mieux vivre son âge que comme des armes contre le temps qui passe. Chaque âge a sa beauté et ses bonheurs, il ne tient qu'à vous de les découvrir et d'en profiter.

Du temps pour ses amis

Le travail, les enfants, les responsabilités, le rythme quotidien font qu'à mesure que le temps passe, on a l'impression de n'avoir plus de temps pour ses amis et qu'on les perd de vue peu à peu. Ne vous laissez pas faire ! Faites le tri dans votre emploi du temps et dans vos relations, ne gardez que l'essentiel et reprenez contact avec ceux que vous aimez.

L'ombre de soi-même

Entre les obligations professionnelles, familiales, les stress de la vie quotidienne, on finit par s'oublier soi-même et l'on a l'impression de ne plus être acteur de sa propre vie. Pour vous recentrer, intégrez à votre planning des rendez-vous égoïstes : des heures où vous n'êtes tenu que de penser à vous-même, que ce soit en vous reposant, en lisant un livre, en déjeunant avec un ami cher… et respectez vos engagements.

Gérer ses émotions

On ne gère pas ses émotions en les niant. Ravaler ses sentiments, c'est la meilleure solution pour les voir ressurgir de manière inopportune et disproportionnée (fondre en larmes, éclater de colère). Acceptez vos sentiments et vos émotions et analysez les déclics qui les motivent. Il ne tient qu'à vous de les éviter ou de changer votre rapport à eux. Vous serez ensuite plus à même de reprendre le contrôle.

Héros ou martyr ?

« Si je ne le fais pas, ce ne sera jamais fait. » Ne devenez pas esclave de votre travail ou des taches ménagères sous ce fallacieux prétexte. Demandez-vous toujours la raison de ce dévouement : quel intérêt réel y trouvez-vous ? Quelle reconnaissance cherchez-vous ? N'y a-t-il pas d'autres moyens d'y parvenir ? Cette posture de sauveur est-elle réellement bénéfique (à vous, aux autres) ?

Mais il ne changera donc jamais !

Se focaliser sur les défauts de son entourage est un cercle vicieux. Plus vous vous concentrerez sur ce sujet, plus vous aurez de pièces pour alimenter le dossier à charge. Demandez-vous plutôt pourquoi ces défauts ont le don de vous énerver et si, tout compte fait, cela vaut vraiment la peine d'y attacher de l'importance – une importance telle qu'elle gâche vos rapports.

Mettre fin à une dispute

Un mot plus fort que l'autre, un reproche, et voilà la dispute enclenchée. Y mettre fin demande de l'humilité et une conscience objective de soi-même : acceptez que l'autre ait des raisons d'être énervé et qu'elles soient aussi recevables que les vôtres et considérez la situation de tous les points de vue, non pas pour déterminer qui a raison, mais quel est le problème réel et quelle en sera la solution.

Elle court, elle court, la rumeur

La vie en collectivité, à l'école, puis plus tard au travail, est le meilleur terreau pour que s'épanouisse la rumeur. Si vous en êtes la cible, sachez relativiser, laissez-la courir jusqu'à ce qu'elle s'éteigne naturellement. Les gens qui vous connaissent vraiment n'y accorderont pas d'importance ; quant aux autres, c'est à vous de ne pas leur accorder d'importance.

Avoir quelqu'un dans le nez

Celui-là, vous ne le supportez pas, sa présence vous incommode, ses propos vous énervent… Quoi que cette personne vous ait fait, cultiver des sentiments négatifs à son égard ne vous mènera à rien, sinon à vous pourrir l'existence. Ôtez-vous ce poids du cœur et classez le dossier. Crevez l'abcès si c'est nécessaire, acceptez, pardonnez, soignez vos blessures… et tournez la page.

Des rêves toxiques

Il n'y a rien de mal à avoir des rêves, sauf quand ceux-ci virent à l'obsession et qu'ils nous empêchent de profiter du moment présent. Cela vaut-il le coup de vivre chichement toute sa vie pour s'offrir une maison à l'âge de la retraite ? De refuser des opportunités d'emploi parce qu'elles ne correspondent pas à ce qu'on avait rêvé ? Tout change, tout évolue, acceptez de faire évoluer vos objectifs aussi.

Pour ne pas craquer

Quand on accumule le stress, les frustrations, le ressentiment… il y a forcément un point de non-retour où l'on éclate. Et les effets sont d'autant plus impressionnants que rien ne justifie objectivement un tel débordement. N'attendez pas d'en arriver là : exprimez-vous, dites « non », dites «stop » et arrêtez de ressasser.

Une ambiance de travail froide

On a souvent à cœur de s'attirer la sympathie de ses collègues, voire de s'en faire des amis. Mais cela ne fonctionne pas avec tout le monde et il se forme des alliances dont, par définition, beaucoup sont exclus. Ne vous morfondez pas, sachez faire la part des choses : vous avez sans doute déjà de vrais amis, et vous n'avez pas besoin de créer d'intimité avec vos collègues pour travailler avec eux de façon harmonieuse.

Jamais au grand jamais…

Une décision est toujours justifiée sur l'instant. Le temps passant, tout change et l'on se contraint souvent à maintenir des décisions périmées. De peur de paraître inconstant ? Bannissez « jamais » et « toujours » de votre vocabulaire et choisissez de vous adapter plutôt que de rester dans des postures que vous aurez peine à justifier et à garder. Vivez dans le présent, vous ne savez pas ce que l'avenir vous réserve.

Il ne mange rien !

C'est le refrain de bien des parents : leur enfant boude la nourriture, au mieux picore avec une moue dégoûtée. Pourtant la plupart de ces bambins sont en parfaite santé. Cessez de vous épuiser sur ce chapitre au risque de dégoûter votre enfant de la nourriture et de vous fatiguer moralement. Continuez à lui proposer une alimentation variée, mais diminuez les doses. Souvenez-vous qu'un enfant ne se laisse pas mourir de faim.

Notes

Notes

Notes

Auteurs : Frédérique Van Her, Charlotte Legris, Anne Guibert

EDITIONS ESI

60, rue Vitruve, 75020 Paris
Imprimé en République Tchèque par Finidr à Cesky Tesin
 - Dépôt légal : août 2012 - Achevé d'imprimer : août 2012
ISBN : 978-2-8226-0052-1 - N° Sofédis : S496020